FUNDAMENTAÇÃO DA METAFÍSICA DOS COSTUMES

Coleção Chaves de Leitura

Coordenador
Robinson dos Santos

Dados Internacionais de Catalogação na Publicação (CIP)
(Câmara Brasileira do Livro, SP, Brasil)

Sedgwick, Sally
Fundamentação da metafísica dos costumes : uma chave de leitura / Sally Sedgwick; tradução de Diego Kosbiau Trevisan. – Petrópolis, RJ : Vozes, 2017. – (Coleção Chaves de Leitura)

Título original : Kant's Groundwork of the metaphysics of morals : an introduction
Bibliografia
ISBN 978-85-326-5444-1

1. Filosofia 2. Kant, Immanuel, 1724-1804 – Metafísica I. Título. II. Série.

17-02303   CDD-170

Índices para catálogo sistemático:
1. Metafísica e ética : Filosofia   170

Sally Sedgwick

FUNDAMENTAÇÃO DA METAFÍSICA DOS COSTUMES

Uma chave de leitura

Tradução de Diego Kosbiau Trevisan

EDITORA VOZES

Petrópolis

© Sally Sedgwick, 2008.

Título original em inglês: *Kant's Groundwork of the Metaphysics of Morals – An Introduction*

Direitos de publicação em língua portuguesa – Brasil:
2017, Editora Vozes Ltda.
Rua Frei Luís, 100
25689-900 Petrópolis, RJ
www.vozes.com.br
Brasil

Todos os direitos reservados. Nenhuma parte desta obra poderá ser reproduzida ou transmitida por qualquer forma e/ou quaisquer meios (eletrônico ou mecânico, incluindo fotocópia e gravação) ou arquivada em qualquer sistema ou banco de dados sem permissão escrita da editora.

CONSELHO EDITORIAL

Diretor
Gilberto Gonçalves Garcia

Editores
Aline dos Santos Carneiro
Edrian Josué Pasini
Marilac Loraine Oleniki
Welder Lancieri Marchini

Conselheiros
Francisco Morás
Leonardo A.R.T. dos Santos
Ludovico Garmus
Teobaldo Heidemann
Volney J. Berkenbrock

Secretário executivo
João Batista Kreuch

Editoração: Fernando Sergio Olivetti da Rocha
Diagramação: Mania de criar
Revisão gráfica: Nilton Braz da Rocha
Capa: Renan Rivero
Ilustração de capa: Alexandre Maranhão

ISBN 978-85-326-5444-1 (Brasil)
ISBN 978-0-521-60416-1 (Reino Unido)

Editado conforme o novo acordo ortográfico.

Este livro foi composto e impresso pela Editora Vozes Ltda.

Para Peter.

Sumário

Prefácio, 9

Lista de abreviaturas, 13

1 Introdução, 15

2 Prefácio de Kant, 54

3 Seção I: Passagem do conhecimento racional moral comum para o conhecimento filosófico, 79

4 Seção II: Passagem da filosofia moral popular para a metafísica dos costumes, 129

5 Seção III: Passagem da metafísica dos costumes para a crítica da razão prática pura, 248

Referências, 293

Índice, 299

Prefácio

A *Fundamentação da Metafísica dos Costumes* de Immanuel Kant, publicada em 1785, é uma das obras mais profundas e importantes da história da filosofia prática. Nesta introdução à *Fundamentação*, eu ofereço um guia ao texto de Kant que segue o curso de sua argumentação virtualmente parágrafo a parágrafo. Meu objetivo foi o de transmitir as ideias e argumentos de Kant da forma mais clara e simples possível, sem perder-me em controvérsias de especialistas. Procurei produzir um guia que fosse fácil de usar. A organização de todos os capítulos, com exceção do primeiro, espelha aquela da argumentação de Kant no Prefácio e nas três seções da *Fundamentação*. Eu divido meus capítulos em tópicos que acompanham a progressão dos argumentos de Kant. Forneço com frequência as referências das páginas da *Fundamentação* na edição da Academia, de modo que o leitor pode cotejar minha discussão com as passagens relevantes no texto de Kant.

Embora eu tenha me empenhado em ser acessível ao longo deste trabalho, o leitor descobrirá que nem sempre fui bem-sucedida. Isso reflete, em parte, o fato de a própria narrativa de Kant na *Fundamentação* não ser uniformemente acessível. Kant é particularmente obscuro quando volta sua atenção para temas metodológicos. Ademais, ele por vezes apoia-se em argumentos que havia fornecido em outros textos. Isso se torna mais óbvio na terceira e mais desafiadora seção da *Fundamentação*, onde Kant procura demonstrar a realidade da liberdade humana.

No meu capítulo introdutório eu ofereço um panorama do projeto geral de Kant em filosofia prática. Procuro fornecer a meu leitor uma espécie de quadro geral. Ademais, eu retomo teses centrais que subjazem ao argumento de Kant na *Fundamentação* e que são defendidas por ele no contexto de sua filosofia teórica. Esse é o pano de fundo material que, assim espero, irá auxiliar meu leitor na compreensão de alguns dos argumentos mais difíceis da *Fundamentação*, incluindo o argumento da seção III. É inevitável que cada capítulo deste guia aborde temas de grande complexidade. O estudante não deve ser desencorajado por isso. É possível avaliar grande parte do projeto mais amplo da *Fundamentação* sem dominar cada um dos movimentos argumentativos de Kant. Da mesma forma, deve ser possível beneficiar-se de grande parte deste guia sem compreender todas as partes dele. Embora eu tenha escrito este livro prioritariamente para o estudante que está lendo a *Fundamentação* pela primeira ou segunda vez, algumas das minhas discussões provavelmente são de interesse apenas para o leitor mais experiente.

Acumulei uma série de dívidas ligadas a este trabalho. Primeiro, devo a Hilary Gaskin, da Cambridge University Press, o convite para assumir este projeto e também a assistência editorial em seu percurso. Agradeço igualmente os leitores anônimos contratados pela editora, que fizeram comentários à minha proposta inicial e, anos depois, ao manuscrito submetido. Sou grata ao College of Liberal Arts and Sciences na University of Illinois, Chicago (UIC), por ter reduzido minhas atividades de ensino ao longo dos últimos três anos, e a meu departamento na UIC por ter-me concedido o excepcional ambiente universitário no qual trabalho. Ademais, agradeço a Rolf-Peter Horstmann e a Alexander von Humboldt-Stiftung pelo auxílio que tornou possível um estágio de pesquisa na Alemanha no outono de 2004, quando o livro estava ainda em seu estágio inicial. Durante aquela visita, Manfred Baum concedeu generosamente parte de seu tempo para explorar comigo o formato potencial do projeto e alguns dos desafios que eu encontraria. Eu também me beneficiei dos conhecimentos filosóficos de Stephen Engstrom, David Hilbert, Tony Strimple e Rachel Zuckert, que comentaram esboços ou discutiram comigo dificuldades interpretativas. Sou grata a Cameron Brewer por ter me fornecido a assistência técnica indispensável para a preparação do manuscrito para o prelo. Finalmente, devo um agradecimento especial ao meu consultor mais querido, Peter Hylton, que viveu e apoiou este projeto diariamente. É desnecessário dizer que as imperfeições deste trabalho são de minha exclusiva responsabilidade.

LISTA DE ABREVIATURAS

Collins	Lições de filosofia moral "Collins" (AA 27).
CRP	Crítica da Razão Pura (AA 03 (B) e AA 04 (A)).
CRPra	Crítica da Razão Prática (AA 05).
IHU	Ideia de uma história universal de um ponto de vista cosmopolita (AA 08).
MC	Metafísica dos Costumes (AA 06).
MC I	Doutrina do Direito (AA 06).
MC II	Doutrina da Virtude (AA 06).
Prolegomena	Prolegômenos a toda a metafísica futura que queira apresentar-se como ciência (AA 04).
Religião	Religião no interior dos limites da simples razão (AA 06).
Suposto direito	Sobre um suposto direito de mentir por amor à humanidade (AA 08).

Nota do tradutor

Seguiu-se aqui o padrão de citação utilizado pela autora ao longo do livro: a inclusão, entre parênteses, do número da página da edição alemã da Academia, conhecida como Akademie Ausgabe (AA) (*Kants gesammelte Schriften: herausgegeben von der Deutschen Akademie der Wissenschaften*, anteriormente *Königlichen Preussischen Akademie der Wissenschaften*, 29 vols. Berlim: Walter de Gruyter, 1902-). No caso da *Fundamentação*, a autora cita as passagens da obra entre parênteses, no corpo do próprio texto, sem qualquer abreviatura. Para facilitar o trabalho da autora, indicamos acima os tomos da edição da Academia nos quais se encontra todas as obras de Kant citadas no decorrer do livro. A exceção são as citações da *Crítica da Razão Pura*, nas quais a página da edição da Academia é substituída pelas mais convencionais referências "A" e "B", correspondentes às páginas da primeira e da segunda edições da obra, respectivamente. Na maior parte das traduções das obras de Kant disponíveis em português encontram-se, via de regra, as referências às páginas da edição da Academia e, no caso das traduções da *Crítica da Razão Pura*, as referências "A" e "B", de modo que o leitor pode facilmente acompanhar a discussão da autora na edição e tradução que lhe aprouver. Todas as citações das obras de Kant feitas pela autora foram cotejadas e/ou traduzidas diretamente do original em alemão, procurando-se, com isso, manter uma necessária padronização na tradução dos conceitos centrais da filosofia kantiana para a língua portuguesa. Para a tradução das passagens da *Fundamentação da Metafísica dos Costumes* foi utilizada como base a excelente tradução de Guido Antônio de Almeida, publicada em 2009 (*Fundamentação da Metafísica dos Costumes*. São Paulo: Discurso Editorial/Barcarolla, 2009). Em muitos momentos, contudo, distanciei-me de Guido de Almeida, em especial na tradução de alguns importantes conceitos kantianos, tendo em vista a desejada padronização do vocabulário kantiano em português à qual se fez menção acima. Para as citações das outras obras de Kant foram ainda utilizadas e consultadas as seguintes traduções: *Crítica da Razão Pura*. Trad. de Fernando Costa Mattos. Petrópolis, Vozes, 2012. • *Crítica da Razão Prática*. Trad. de Monique Hulshof. Petrópolis, Vozes, 2016. • *Metafísica dos Costumes*. Trad. de Bruno Nadai, Clélia Aparecida Martins, Diego Kosbiau Trevisan e Monique Hulshof. Petrópolis, Vozes, 2013. A tradução de passagens extraídas das demais obras de Kant é de responsabilidade do tradutor.

1
INTRODUÇÃO

1 A vida de Kant: um breve esboço biográfico

Immanuel Kant nasceu no dia 22 de abril de 1724 em Königsberg (agora Kaliningrado), uma importante cidade portuária no mar báltico localizada no que era então a Prússia Oriental. Ele foi o quarto de nove filhos de um mestre fabricante de correias[1]. Seus pais eram devotos seguidores da seita protestante conhecida como pietismo[2]. Embora sua mãe tenha falecido quando ele tinha apenas 13 anos, ela teve um impacto profundo em sua vida. Ela reconheceu bem cedo seus talentos extraordinários e encorajou seu desenvolvimento. Como Kant escreveu em uma carta, ela "despertou e ampliou" suas ideias, e "implantou e nutriu" nele a "primeira semente do bom"[3].

---

1. KUEHN, M. *Kant*: A Biography. Cambridge University Press, 2001, p. 28. Uwe Schultz defende que Kant foi o quarto de onze filhos. *Immanuel Kant*. Reinbek bei Hamburg: Rowohlt Taschenbuch Verlag, 2003, p. 7.
2. Pietismo era um movimento protestante fundado na metade do século XVII para protestar contra a forma de luteranismo altamente escolástica e servil então presente na Alemanha. Pietistas enfatizavam boas ações em detrimento do sucesso mundano e a importância da vida devota pessoal em detrimento das manifestações públicas de fé. Sobre o pietismo à época e sua influência sobre Kant, cf. CASSIRER, E. *Kant's Life and Thought*. Trad. James Haden. New Haven, CT: Yale University Press, 1981, p. 18.
• GREENE, T.M. "The Historical Context and Religious Significance of Kant's Religion". In: sua tradução da *Religião no interior dos limites da simples razão*, p. xxviii-xxx.
• KUEHN, M. *Kant*: A Biography, p. 34-45.
3. A passagem completa é: "Eu nunca esquecerei minha mãe, pois ela implantou e nutriu a primeira semente do bom em mim; ela abriu meu coração para a influência

Dos 8 aos 13 anos Kant frequentou o Collegium Fridericianum, uma escola pietista dedicada ao ensino de matemática, história, geometria e, acima de tudo, latim. Embora tenha desfrutado estudar latim e também grego no Collegium, Kant descreveu sua experiência ali como uma "escravidão juvenil"[4]. A escola impunha a seus estudantes uma forma particularmente fervorosa de pietismo, e Kant resistia à sua insistência em demonstrações públicas de devoção. Desde jovem, Kant era atraído por ideais de tolerância e liberdade de consciência.

Em 1740, ano em que Frederico o Grande ascendeu ao trono da Prússia, Kant se matriculou na Universidade de Königsberg. Ainda que sua família tivesse recursos modestos, ele evitou temas mais profissionalizantes, como direito, medicina e teologia. Sob a inspiração de seu professor predileto, Martin Knutzen, Kant imergiu no estudo de ciência natural e filosofia. Foi Knutzen quem o introduziu aos escritos de dois pensadores que tiveram o maior impacto em seus primeiros desenvolvimentos intelectuais: Isaac Newton e Christian Wolff.

O pai de Kant morreu em 1746, deixando-o sem recursos financeiros para continuar seus estudos universitários. Por um certo tempo Kant obteve uma renda como tutor privado e então retornou à Universidade de Königsberg em 1755 para escrever a monografia exigida para completar seus estudos e obter o título. Nesse ensaio ele defende uma teoria própria dos átomos e de suas forças. Por aproximadamente quinze anos ele trabalhou na Biblioteca

---

da natureza; ela despertou e ampliou minhas ideias e seus ensinamentos tiveram um impacto duradouro e beneficente em minha vida" (Apud CASSIRER. *Kant's Life and Thought*, p. 13).
4. GREENE, J.M. "The Historical Context and Religious Significance of Kant's Religion", p. xxviii.

Real e também como docente na universidade, onde ele deu aulas sobre um amplo leque de temas, tais como matemática, ciência natural, lógica, antropologia, geografia, metafísica, filosofia moral e teologia. Contudo, apenas em 1770, quando contava 46 anos, Kant foi finalmente nomeado professor da Universidade de Königsberg[5]. Sua obra filosófica mais importante, a *Crítica da Razão Pura*, foi publicada apenas em 1781. Ele deu aulas na Universidade de Königsberg até 1797, sete anos antes de sua morte.

O gosto de Kant pela regularidade na rotina já foi objeto de muitos comentários. Ele estava de pé toda manhã às 5h para preparar suas aulas e ia para cama todas as noites às 22h[6]. Aparentemente ele era tão pontual em sua caminhada no final da tarde que as donas de casa de Königsberg acertavam seus relógios quando ele passava (diz-se que ele perdeu seu passeio diário apenas uma única vez, quando recebeu uma cópia do *Emílio*, de Rousseau, pelo correio). Embora se permitisse poucas frivolidades e governasse sua vida pelos princípios de trabalho duro e autodisciplina, conta-se que Kant tinha uma natureza jovial e até mesmo brincalhona[7]. Quando jovem, ele era um ávido jogador de bilhar. Mesmo antes de tornar-se um autor famoso, Kant era um dos convidados mais procurados de Königsberg. Ele frequentemente entretinha seus amigos na refeição do almoço, aguardando ansiosamente essas ocasiões como pausas dos duros trabalhos em filosofia. Parece que ele preferia a companhia não da família ou de colegas da universidade, mas sim de mercadores e homens de negócio[8].

---

5. Kant foi nominado "Professor Ordinário em Lógica e Metafísica". Tratava-se de uma nomeação da mais alta patente.
6. SCHULTZ, U. *Immanuel Kant*, p. 25.
7. CASSIRER, E. *Kant's Life and Thought*, p. 24.
8. SCHULTZ, U. *Immanuel Kant*, p. 49.

Kant morreu de causas naturais em 12 de fevereiro de 1804, quando contava 79 anos e dez meses.

2 O tema da *Fundamentação*

2.1 A *Fundamentação* como um tratado de filosofia prática

Em termos bem gerais, a filosofia prática tem como objeto as normas ou regras da conduta humana. Ela considera como *devemos* tratar os outros e a nós mesmos. Para Kant, a tarefa da filosofia prática é determinar, por um lado, o que é ser uma pessoa boa ou virtuosa. Como ele às vezes escreve, a filosofia prática busca descobrir as condições sob as quais somos dignos de ser felizes[9]. Contudo, na concepção de Kant, a filosofia prática também investiga a natureza e os limites do poder político. Quais leis um Estado deve impor com coerção? Quais instituições ele deve promover e quais direitos deve garantir?

Publicada em 1785, a *Fundamentação da Metafísica dos Costumes* é a primeira das três grandes obras de Kant sobre filosofia prática. Ele publicou a *Crítica da Razão Prática* em 1788 e as duas partes da *Metafísica dos Costumes* em 1797 e 1798. Porém, Kant não restringiu sua atenção ao âmbito da filosofia prática. Ele também fez importantes contribuições à metafísica, à filosofia da ciência, à estética e à filosofia da religião. Como um filósofo sistemático, Kant procurou demonstrar a interconexão destes vários domínios de pesquisa como parte de um todo mais amplo e abrangente. Uma das consequências desta insistência na unidade siste-

---

[9]. Cf., p. ex., a discussão de Kant que se inicia em A 805/B 833 na *Crítica da Razão Pura*. A questão "O que eu devo fazer?" pertence ao âmbito da filosofia "prática" ou "moral". A resposta a essa questão prática, em suas próprias palavras, é: "Faça aquilo que o torne digno de ser feliz".

mática é que os trabalhos de Kant em filosofia prática não podem ser adequadamente avaliados quando tomados de forma isolada em relação a seus outros escritos filosóficos. Essa característica da abordagem kantiana se tornará mais clara em nosso estudo da *Fundamentação*, pois Kant nesta obra frequentemente se apoia em alegações que discute apenas em outros lugares. A ideia da liberdade humana que ele defende na seção III, por exemplo, depende, para sua justificação, das suas considerações sobre as condições da experiência humana articuladas na *Crítica da Razão Pura*.

2.2 A *Fundamentação* não é um texto de ética aplicada

De um tratado de filosofia prática podemos esperar um compêndio sobre o que fazer ou deixar de fazer, um guia de como devemos nos portar em situações particulares. Ainda que Kant pretendesse que sua teoria tivesse relevância para a vida cotidiana, a *Fundamentação* não é em nada parecida com um manual. Em primeiro lugar, a obra contém muito pouca discussão de casos concretos. Nas raras ocasiões em que Kant considera um exemplo de um problema moral particular, seu tratamento é altamente abstrato. Ele não parece ter tido nenhum interesse em analisar casos em detalhe.

Entretanto, seria um erro concluir, do caráter abstrato da discussão de Kant na *Fundamentação*, que ele não tinha preocupação alguma em articular ou defender regras práticas nesse escrito. Pelo contrário, ele devota grande atenção a uma regra em particular, a regra que ele chama de "imperativo categórico". Ele identifica essa regra como o princípio mais básico pelo qual medimos o valor moral. Para Kant, é essa regra que em última instância determina o que devemos fazer em casos específicos. Não obstante, a *Fundamentação* não é uma obra de ética aplicada. Ao invés de fornecer uma análise caso a caso dos problemas morais concretos, ela se ocupa com uma tarefa diversa. Essa tarefa é sugerida no título da obra. A palavra alemã para "fundamentação" é "*Grundlegung*", que pode ser traduzida literalmente por "colocar o fundamento". A *Fundamentação* coloca o fundamento para a filosofia prática neste seguinte sentido: ela fornece a fundação ou justificação filosófica para a regra suprema sobre a qual toda filosofia prática se baseia. Como Kant escreve em seu Prefácio:

> A presente fundamentação [...] nada mais é do que a busca e estabelecimento do *princípio supremo da moralidade* (392).

Para Kant, o projeto de colocar o fundamento é não apenas diferente de, mas até *anterior* àquele de identificar e aplicar regras práticas específicas. Podemos ilustrar essa anterioridade por meio de um exemplo. Suponhamos que você esteja considerando ser desonesto em uma situação particular. Você pede conselho a um amigo e ele lhe fornece uma regra: "Não se deve jamais ser desonesto em casos como este". Você poderia responder simplesmente aceitando a regra de seu amigo e conformando seu comportamento a ela. Uma outra alternativa seria você exigir que seu amigo justificasse seu juízo. Se você optasse pela última alternativa, estaria então indagando pelo fundamento da regra; você estaria buscando o princípio sobre o qual a regra se baseia. Você estaria exigindo um argumento que estabelece a legitimidade da regra.

A tese de Kant é que, enquanto criaturas racionais, nós não devemos seguir regras morais de forma acrítica. Nós devemos, antes, nos satisfazer com o fato de que os princípios que governam nossa conduta sejam bem fundados ou justificados. Sua *Fundamentação* tem como pretensão satisfazer essa necessidade de justificação. Como Kant indica na passagem citada acima, a tarefa da *Fundamentação* é buscar o princípio supremo da moralidade e demonstrar que esse princípio é legítimo como a única lei moral suprema possível. Kant admite que aplicações específicas da lei sejam úteis para ilustrar que ela é adequada; contudo, no texto mesmo, ele oferece muito pouco no que diz respeito às aplicações da lei (392)[10].

2.3 Relação da *Fundamentação* com a *Metafísica dos Costumes*

No Prefácio à obra, Kant afirma que a *Fundamentação* é um trabalho preparatório. Segundo Kant, trata-se de um trabalho preliminar para uma "metafísica da moral", um escrito que ele diz pretender publicar algum dia (391). O escrito que ele diz pretender algum dia publicar é uma obra em dois volumes que veio a público em 1797 e 1798, a *Metafísica dos Costumes*. Como veremos na sequência, a *Fundamentação* fornece e justifica o princípio que propicia a fundação para aquela obra tardia. Podemos avaliar melhor a tarefa de Kant na *Fundamentação* se considerarmos primeiro o que ele tem em mente com uma "Metafísica dos Costumes".

---

10. A rigor, tampouco alguma das outras obras principais de Kant em filosofia prática é um escrito de filosofia prática aplicada. Ele proporciona uma discussão bem mais extensa sobre deveres particulares em sua *Metafísica dos Costumes*, mais do que na *Fundamentação* ou na *Crítica da Razão Prática*. Porém, seu nível de discussão na *Metafísica dos Costumes* é ainda bem abstrato. Kant considera deveres que se aplicam de forma geral à natureza humana, mas não especifica caso a caso os deveres que nos obrigam em situações particulares. Kant escreve na seção 45 da *Doutrina da Virtude* que uma explicação completa dos deveres exigiria um apêndice, no qual aplicações da lei moral fossem modificadas para servirem em circunstâncias cambiáveis (469). Contudo, Kant nunca providenciou um tal apêndice. Mary Gregor fornece uma informativa elucidação dos vários níveis de discussão em Kant na Introdução à sua tradução de 1964 da *Doutrina da Virtude*, p. xvii-xix.

i) Sobre as duas divisões da *Metafísica dos Costumes* de Kant

Kant escreve no Prefácio à *Metafísica dos Costumes* que seu objetivo era o de fornecer os "primeiros princípios metafísicos" de uma "doutrina do direito" e uma "doutrina da virtude" (*MC* 205). A *Metafísica dos Costumes* consiste, assim, em duas partes ou divisões: os *Primeiros Princípios Metafísicos da Doutrina do Direito* (1797) e os *Primeiros Princípios Metafísicos da Doutrina da Virtude* (1798)[11]. Tanto a *Doutrina do Direito* como a *Doutrina da Virtude* especificam deveres; isto é, ambas proporcionam regras de conduta que somos obrigados a obedecer. Cada *Doutrina*, contudo, especifica uma classe diferente de deveres.

Na Introdução à *Metafísica dos Costumes* Kant escreve que toda legislação prática pode ser distinguida com respeito ao "móbil" (*MC* 218). Com isso Kant pretende dizer que podemos distinguir as duas classes de dever com vistas ao modo pelo qual cada uma delas nos obriga a agir. No caso da classe dos deveres que Kant por vezes identifica como "éticos" – a classe que ele discute na *Doutrina da Virtude* –, a motivação para agir deriva tão somente da ideia de dever. Esses deveres ordenam que cultivemos em nós mesmos certas intenções. O dever nos obriga, por exemplo, a cultivar em nós as intenções de sermos bondosos com nossos semelhantes e de aperfeiçoar nossos talentos. Esses deveres nos obri-

---

11. A palavra alemã para o que se costuma traduzir por "Costumes" [*Morals*] no título da obra é "*Sitten*". Kant observa em sua Introdução à *Metafísica dos Costumes* que o termo "*Sitten*" se refere a "maneiras e formas de vida" (216). • A autora sugere na sequência que a tradução de "*Sittlichkeit*" por "moral" [*morals*], em paralelo ao que ocorre com o título em inglês da *Metafísica dos Costumes* [*Metaphysics of Morals*], não é equivocada, pois o próprio Kant usa os termos "*Sitten*" ou "*Sittlichkeit*" e "*Moralität*" como termos intercambiáveis (219). Contudo, diferentemente do que ocorre na língua inglesa, não é, infelizmente, possível reproduzir de forma tão clara em português essa constelação semântica, da qual a autora se servirá na sequência em sua discussão sobre a concepção kantiana de uma metafísica dos *costumes* ou da *moral*, *Sitten* ou *morals* [N.T.].

gam mesmo que não possamos ser externamente coagidos a cumpri-los. Não podemos ser externamente coagidos por duas razões. Primeiro, deveres éticos ou deveres de virtude não implicam um direito correlativo. Como não violamos o direito de ninguém se falharmos em satisfazer o comando desses deveres, o Estado não tem o direito de nos punir. Segundo, ainda que o Estado tivesse mesmo o direito de nos coagir, ele não poderia de fato fazê-lo. Isso ocorre porque os deveres de virtude exigem de nós algo que não é suscetível de coerção externa – a saber, intenções. Na concepção de Kant, não mais do que crenças e opiniões, intenções não podem ser externamente coagidas.

Consideremos agora a segunda classe de deveres, a classe que Kant discute na *Doutrina do Direito*. O móbil, para obedecer a esses deveres "jurídicos", não é apenas interno como também externo. Esses deveres, diferentemente dos deveres de virtude, admitem coerção externa. Eles admitem coerção externa, pois comandam ações ao invés de intenções ou propósitos. Se invado sua propriedade, o Estado pode legitimamente me punir. O Estado tem o direito de me punir, pois, na invasão de propriedade, minha ação é incompatível com seu direito de expressar sua liberdade externa (*MC1* 250, *MC2* 381).

ii) Ambiguidades no uso kantiano dos termos "moralidade" e "ética"

Utilizamos os termos "moralidade" e "ética" tanto em sentido amplo como em sentido estrito. O uso mais típico é talvez o estrito. Em sentido estrito os termos "moralidade" e "ética" referem-se a deveres que não podem ser coagidos pelo Estado, deveres cujo móbil é interno (deveres de virtude, como Kant então os denomina). Às vezes, entretanto, usamos os termos em um sentido mais amplo, para referir-nos a *todas* as obrigações práticas, incluindo obrigações externamente coercitíveis. Utilizamos o termo "ética" em sentido amplo, por exemplo, quando caracterizamos a questão do direito do Estado em impor a pena de morte como uma questão ética.

O leitor deve estar preparado para o fato de que também Kant usa os termos "moralidade" e "ética" não apenas no sentido estrito, mas também no amplo. Por exemplo, ele classifica tanto os deveres do direito como os deveres da virtude sob o título geral de uma "Metafísica dos *Costumes*" ou "Metafísica da *Moral*". Ele escreve na Introdução à *Metafísica dos Costumes* que todos os deveres pertencem, enquanto deveres, à "ética" (*MC* 219). No início do Prefácio à *Fundamentação* Kant identifica "ética" ou a "doutrina dos costumes" como a "ciência" das leis da liberdade (387). Ele não pretende que os termos "ética" ou "doutrina dos costumes" refiram-se, neste contexto, exclusivamente àquilo que pertence propriamente à esfera de uma doutrina da virtude.

iii) Elucidações adicionais sobre a relação entre a *Fundamentação* e a *Metafísica dos Costumes*

Nós agora nos voltamos à questão da relação entre as duas divisões da *Metafísica dos Costumes* e a *Fundamentação*. Como mencionado acima, a *Fundamentação* fornece o princípio de fundação sobre o qual repousam ambas as divisões da *Metafísica dos Costumes*. A *Metafísica dos Costumes* especifica os deveres gerais (de virtude e jurídicos) que os seres humanos têm para consigo mesmos e para com os outros. A *Fundamentação* fornece o princípio que justifica estes deveres enquanto deveres. A *Fundamenta-*

ção "busca" e "estabelece" o princípio prático supremo, o princípio que governa ou fundamenta ambas as classes de deveres. Esse princípio supremo é o imperativo categórico[12].

Como a tarefa da *Fundamentação* consiste em fornecer o princípio que em última instância justifica tanto os deveres de virtude como os jurídicos, era de se esperar que esta obra dedicasse igual atenção a ambos os tipos de deveres. Estranhamente, porém, não é este o caso. A *Fundamentação* não contém praticamente nenhuma menção ao papel do princípio supremo para determinar se uma ação é ou não conforme ao direito. Ao invés disso, o foco de Kant recai sobre o papel do princípio supremo para determinar se nossos propósitos ou motivos se conformam à virtude. Os exemplos por ele discutidos na *Fundamentação* para ilustrar a aplicação da lei suprema pertencem propriamente à esfera da *Doutrina da Virtude*[13].

---

12. Kant escreve na *Metafísica dos Costumes* que o imperativo categórico ou princípio prático supremo "enuncia o que é obrigação" (225). Obrigação ou coerção pode ser meramente interna (como no caso dos deveres de virtude) ou externa (como no caso dos deveres de direito). Em ambos os casos, contudo, é o imperativo categórico que define esta coerção. Para uma outra passagem na qual Kant claramente identifica o imperativo categórico como princípio supremo de ambas as partes da doutrina dos costumes [*Sittenlehre*], cf. sua Introdução à *Metafísica dos Costumes* (226). Manfred Baum explora a novidade da ruptura de Kant com a tradição dos direitos naturais por ocasião da divisão dos deveres jurídicos e de virtude em seu artigo "Recht und Ethik in Kants praktischer Philosophie" (In: STOLZENBERG, J. (ed.). *Kant in der Gegenwart*. Berlim/Nova York: Walter de Gruyter, 2007). Cf. tb. a Introdução de Gregor para sua tradução da *Metafísica dos Costumes*, p. 7-10.
13. No centro da *Fundamentação* está a boa vontade, e uma boa vontade é definida não com referência às suas ações (externamente coercitíveis), mas, inversamente, com referência à sua disposição interna ou motivos. Para uma útil elucidação das razões de Kant para restringir sua atenção na *Fundamentação* aos deveres de virtude, cf. o início do 2º capítulo do livro de M.J. Gregor: *Laws of Freedom*. Nova York, NY: Barnes & Noble, 1963.

3 Alguns elementos peculiares da abordagem kantiana em relação à filosofia prática

3.1 A doutrina substancial

Kant argumenta que o imperativo categórico é a lei ou princípio fundamental por meio do qual determinamos o que é e o que não é exigido praticamente de nós, o que é e o que não é nosso dever. Em nosso capítulo dedicado à seção II da *Fundamentação*, consideraremos em algum detalhe as várias formulações kantianas da lei. Para os propósitos atuais, contudo, basta apenas uma exposição mais geral. Fundamentalmente, o que o imperativo categórico comanda é que nós respeitemos a dignidade de todas as naturezas racionais. De acordo com Kant, dignidade é algo que todas as naturezas racionais possuem. Para ele, um ser tem dignidade não devido a seu estatuto sociopolítico, crenças religiosas, sexo ou raça. Um ser tem dignidade devido à sua racionalidade prática; ele possui a faculdade que Kant denomina "razão prática". Estes são termos técnicos, e teremos de eventualmente considerá-los com cuidado. Neste momento precisamos apenas notar que Kant não identifica razão prática e inteligência ou sapiência. A capacidade de razão prática refere-se, antes, à faculdade da vontade livre ou autodeterminação. Dizer que o imperativo categórico nos comanda respeitar a dignidade de todas as naturezas racionais significa, pois, dizer que ele nos comanda respeitar e promover a expressão da racionalidade prática ou liberdade. Para Kant, a fonte de todo valor prático é a liberdade.

3.2 A universalidade da lei prática suprema

A lei prática suprema ou imperativo categórico é universal com respeito a dois pontos:

i) A lei prática suprema é universal com respeito ao escopo de sua aplicação

Tanto o próprio imperativo categórico como os deveres específicos que derivam dele exigem de nós que respeitemos e tratemos com dignidade *todas* as naturezas racionais. Dito de outra forma, o respeito pela dignidade, de acordo com Kant, aplica-se imparcialmente à natureza racional. Nenhum ser racional não é digno de respeito e nenhum ser racional merece mais respeito do que um outro. Não surpreende que Kant concentre sua atenção nos deveres que temos para com as naturezas racionais *humanas*. Não obstante, ele afirma repetidas vezes que *todas* as naturezas racionais são, sem exceção, dignas de respeito.

ii) A lei prática suprema é universal com respeito ao escopo de sua validade

Kant argumenta que a lei prática é válida para – isto é, obrigante para – todas as naturezas racionais. Trata-se de um padrão, válido para todas as naturezas racionais, por meio do qual é possível determinar se uma intenção ou vontade é boa e se uma ação é correta. Contudo, embora válida para todas as naturezas racionais, a lei não necessariamente *comanda* todas as naturezas racionais. Kant admite que pode haver seres racionais cuja natureza está em perfeita conformidade com o dever e que, portanto, não têm de ser comandados a respeitar o dever. A lei prática suprema precisa assumir a forma de um comando ou imperativo apenas para naturezas racionais finitas ou imperfeitas, como as naturezas humanas[14].

---

14. Kant discute esse ponto na seção II da *Fundamentação*, de (413) em diante.

3.3 A necessidade da lei prática suprema

Quando o imperativo categórico determina que temos um dever de realizar alguma ação, somos necessariamente obrigados a realizar aquela ação. Isto não significa que somos apenas mais ou menos obrigados a realizá-la, ou que somos obrigados a realizá-la apenas se isso nos dá na telha. Kant sustenta, por exemplo, que temos um dever de não mutilar nossos corpos por prazer ou lucro. Por termos esse dever nós precisamos necessariamente obedecê-lo. Não nos é nem solicitado nem permitido usar nossa discrição para decidir se temos ou não de obedecê-lo. Embora alguns desejem contestar a visão de que temos tal dever, o importante sobre a necessidade envolvida é o seguinte: se algo é determinado como sendo um dever em um dado caso, este algo, segundo Kant, obriga incondicionalmente[15].

3.4 A fundação racional da filosofia prática

As implicações precisas da fundação racional da filosofia prática de Kant são difíceis de compreender e exigem, assim, uma introdução mais extensa. Kant insiste que sua filosofia prática é fundada na (i. é, justificada pela) razão. A lei prática suprema ou o imperativo categórico sobre o qual sua filosofia prática está baseada é ele mesmo, na visão de Kant, uma lei racional. Enquanto uma lei

---

15. Kant distingue, como fiz até aqui, os aspectos de universalidade e necessidade, mas nem sempre de forma clara. Quando ele insiste na necessidade da lei prática suprema em (389) da *Fundamentação*, p. ex., ele passa a caracterizar a necessidade em termos de validade universal. No entanto, Kant distingue os dois aspectos em sua explicação sobre as formas de juízo na *CRP* A 70/B 85. Caracterizar um juízo como universal significa especificar sua quantidade; caracterizar um juízo como necessário (ou "apodítico") significa especificar sua modalidade. Em uma passagem anterior da primeira *Crítica*, Kant alega novamente que os dois aspectos são distintos, mas acrescenta que ambos "pertencem inseparavelmente um ao outro" (B 4).

da razão (enquanto *a priori*), o imperativo categórico não repousa na experiência nem em sua origem nem para sua justificação.

Ao insistir em uma fundação *a priori*, Kant vira as costas para séculos de esforços em justificar um princípio prático supremo. Uma abordagem popular que ele rejeita procura fundar a moralidade nos fatos observados sobre a natureza humana – digamos, os fatos sobre aquilo que todos os seres humanos desejam. Desde o século III a.C., epicuristas afirmam, por exemplo, que todos os seres humanos desejam a felicidade e que, portanto, temos um dever em relação àquilo que produz ou promove felicidade. Por razões que consideraremos a partir da seção 5, abaixo, Kant se opõe a todo tipo de fundação empírica. Ele acredita que, ao invés de tentar fundar a filosofia prática naquilo que a observação nos revela sobre a natureza humana, é essencial que nos apoiemos em um apelo à razão e às suas leis.

Kant igualmente recusa a proposta de fundar a filosofia prática em apelos à autoridade divina. Como veremos em breve, isso não significa, contudo, que a autoridade religiosa não seja, de acordo com Kant, fundada naquilo em que repousa a filosofia prática. Para expor de outra maneira o que foi dito acima, para Kant o imperativo categórico não tem na autoridade religiosa a sua fonte e tampouco sua legitimação.

A ideia de que a filosofia prática precisa ter a razão como sua base pode nos soar como não usual. Trata-se de um aspecto fundamental da teoria de Kant; no entanto, por que ele insiste nisso? Nas páginas que restam deste capítulo introdutório eu dedicarei boa parte da minha atenção na tentativa de responder a essa questão. Eu começo com uma breve análise de duas das razões de Kant para rejeitar a fundação teológica da filosofia prática.

4 A fundação da filosofia prática tem de ser a razão, não a religião

Em meu esboço biográfico de Kant chamei atenção para a sua criação protestante. Embora ele nem sempre tenha aprovado a forma pela qual o cristianismo era praticado em seu tempo, e embora tenha negado que a existência de Deus pudesse ser provada, Kant era, não obstante, religioso. Sua formação religiosa torna-se patente na *Fundamentação*, ainda que ela seja menos evidente nesta do que em algumas de suas outras obras. A insistência de Kant no dever de não cometer suicídio e no dever de amar seu semelhante, por exemplo, trazem à tona valores da tradição cristã (valores que, decerto, não são exclusivamente cristãos)[16]. Alguns dos termos por ele empregados são por vezes tomados de empréstimo à religião, por exemplo, quando Kant contrasta o "reino" ou "domínio da natureza" com o ideal "reino dos fins" (438). Em outras ocasiões ele é bem explícito ao insistir no papel da religião na filosofia prática. Este é o caso especialmente nas obras em que ele afirma que a moralidade leva inelutavelmente à religião, a saber, na *Crítica da Razão Prática* e na *Religião nos Limites da Simples Razão*[17]. Grosso modo, o argumento de Kant é o de que nós precisamos da noção de uma vida para além desta vida e da noção de um criador divino, para conceber ou imaginar adequadamente o fim que procuramos realizar quando agimos

---

16. Em uma passagem da *CRPra* Kant sugere que o seu princípio supremo da moralidade é essencialmente o mesmo que o princípio cristão da moral (129). Para um apanhado da influência cristã na filosofia prática de Kant, cf. PATON, H.J. *The Categorical Imperative*: A Study in Kant's Moral Philosophy. Filadélfia, PA: University of Pennsylvania Press, 1971, p. 196. Para um tratamento mais aprofundado sobre esse tema, cf. GREENE, T.M. "The Historical Context and Religious Significance of Kant's Religion", em sua tradução para o inglês da *Religião nos Limites da Simples Razão*, de Kant.
17. Cf. *CRPra* (124-132) e o prefácio à edição de 1793 da *Religião nos Limites da Simples Razão*, esp. o § 2.

segundo a lei moral. A filosofia prática, assim, necessariamente nos leva aos "postulados práticos" ou "crenças racionais" por ela pressupostos, e até mesmo os exige[18].

Ainda assim Kant repetidas vezes enfatiza que a filosofia prática não pode ser baseada ou fundada em tais noções. A filosofia prática é fundada na razão – mais precisamente, na razão prática, na capacidade de o agente determinar livremente suas próprias ações. Nós encontramos uma expressão particularmente clara desta posição no prefácio da edição de 1793 da *Religião*:

> Na medida em que a moral é fundada no conceito do homem enquanto um ser livre, mas que justamente por isso é obrigado, por si mesmo através de sua razão, a uma lei incondicional, não é necessária nem uma ideia de um outro ser acima do homem, para que ele reconheça seu dever, nem de um outro móbil além da lei, para que ele a obedeça (03).

As razões de Kant para insistir que a moralidade não pode ser fundada na religião podem facilmente preencher as páginas de um comentário separado. Para nossos propósitos, contudo, basta simplesmente mencionar os pontos centrais de dois de seus argumentos[19].

Kant rejeita uma fundação "teológica" em primeiro lugar, pois tal fundação, como ele a entende, admite não apenas que a fonte de todos os deveres é Deus, mas também que é possível demonstrar a existência ou realidade de Deus. Uma vez que Kant nega que tal

---

18. *CRPra* (126). Para uma discussão dos postulados práticos e da relação da religião com a moralidade em Kant, cf. capítulo XIV de BECK, L.W. *A Commentary on Kant's Critique of Practical Reason*. Chicago/Londres: University of Chicago Press, 1960.
19. Eu retorno a esse tópico em minhas observações às páginas finais do tema da *Fundamentação*. Cf. minha discussão no capítulo 4, seção 18.6.

demonstração possa ser fornecida, ele também rejeita o esforço de fornecer uma fundação teológica[20]. A segunda razão de Kant para recusar uma fundação teológica está ligada às implicações que, segundo ele, tal abordagem teria na forma como entendemos nossa motivação para respeitar o dever. Fundar a moralidade teologicamente significa derivá-la, como ele escreve na *Fundamentação*, "de uma vontade divina perfeitíssima" (443). A preocupação de Kant é que, segundo tal concepção, nossa motivação para respeitar o dever seria a de responder ao comando de uma vontade divina. Nós cumpriríamos nosso dever para agradar Deus, e desejaríamos agradar Deus seja por medo de punição, seja para antecipar alguma recompensa futura. Em última instância, nosso móbil para agir por dever seria o de assegurar nossa própria felicidade[21]. Na visão de Kant, contudo, a moralidade não é uma doutrina sobre como nós devemos nos tornar felizes; ela é, pelo contrário, uma doutrina sobre como nós nos tornamos *dignos* da felicidade[22].

5 Fundando a filosofia prática na razão, não na experiência: argumento I

Como mencionado anteriormente na seção 3.4, Kant rejeita também os esforços para fundar a filosofia prática na experiência. Na *Fundamentação* ele está muito mais preocupado com esta última estratégia de fundação da filosofia prática do que com a

---

20. Cf. a discussão de Kant sobre esses pontos em *MC II* (443ss.), seção 18, e a partir de (486).
21. Kant avança esse argumento também na *CRPra* (129). Uma fundação teológica é inaceitável, ele afirma, pois o móbil para o dever seria, assim, a felicidade (ou os resultados esperados). Cf. tb. *CRPra* (147).
22. *CRPra* (130). Para reformular o que foi dito em termos mais técnicos, uma fundação teológica da moralidade seria, para Kant, uma fundação "heterogênea". Kant defende isso explicitamente nos parágrafos finais da seção II da *Fundamentação* (442-445) e na *CRPra* (39-41).

contraparte teológica. A oposição de Kant a essa estratégia torna-se evidente em praticamente todas as páginas da obra. É crucial, pois, atingirmos um entendimento básico de suas razões para estar insatisfeito com essa abordagem. Para fazê-lo, precisamos trazer à tona alguns dos seus compromissos filosóficos mais gerais. Eu já notei anteriormente que Kant é um filósofo sistemático. Ao opor-se à fundação empírica da filosofia prática, Kant se serve de teses que crê ter defendido com sucesso no contexto de sua filosofia teórica.

Kant fornece dois argumentos em defesa da tese segundo a qual a filosofia prática tem de ser fundada na razão e não na experiência. Eu considero aqui o primeiro e na seção 6 abaixo eu volto minha atenção para o segundo. O primeiro argumento pode ser representado da seguinte maneira:

i) Se fundarmos a moralidade na experiência, nós abrimos mão da universalidade e necessidade.

ii) Nós não podemos abrir mão da universalidade e necessidade.

Portanto, a moralidade não pode ser fundada na experiência.

Passagens que expressam esse argumento estão por todas as partes da *Fundamentação*. Uma das tais passagens aparece na seção II[23]:

> Princípios empíricos não servem, de modo geral, para fundar leis morais sobre eles. Pois a universalidade com a qual elas devem valer para todos os seres racionais sem distinção, [a saber,] a necessidade prática incondicionada que lhes é por meio disso imposta, não tem lugar, se o fundamento das mesmas é extraído da constituição específica da natureza humana ou das circunstâncias contingentes nas quais ela está colocada (442).

---

23. Para outras passagens, cf. *Fundamentação* (408, 411, 425, 441-445).

Nas seções 3.2 e 3.3 nós consideramos o compromisso de Kant com a universalidade e necessidade da lei prática suprema. Nós precisamos agora determinar por que ele estava convencido de que universalidade e necessidade não podem ser derivadas de princípios empíricos. Em outras palavras, por que ele sustentou a premissa "i" acima?

Nossa primeira tarefa é elucidar como Kant entende o esforço de fornecer uma fundação empírica da filosofia prática. Como uma fundação, ela tem como objetivo justificar ou legitimar um ponto de vista prático. Como uma fundação *empírica*, ela repousa na evidência obtida a partir da experiência – evidência, por exemplo, sobre a natureza humana. Essa evidência factual é então tomada para justificar um princípio prático supremo. A tese factual que Kant cita com mais frequência na *Fundamentação* é esta: "Todos os seres humanos desejam a felicidade"[24]. Partindo dessa tese factual, proponentes dessa abordagem derivam o princípio segundo o qual "*devemos* promover a felicidade".

Kant não coloca sob disputa o fato em que tal derivação se baseia, a saber, o fato de que todos os seres humanos desejam a felicidade[25]. Ele tampouco coloca em dúvida a afirmação de que temos, todos, um dever de promover a felicidade. O que ele coloca em questão é, por sua vez, o raciocínio que supostamente nos permite inferir o princípio prático supremo a partir da premissa factual. Ele acredita que, se argumentarmos dessa forma, o princípio prático que constitui a conclusão do argumento não pode deter o

---

24. Kant discute essa tese em vários lugares da *Fundamentação*, porém cf. esp. (441-445). Cf. tb. sua discussão na *CRPra* (34-41).
25. Evidências de que Kant concorda com a afirmação de que os seres humanos necessariamente desejam a felicidade podem ser encontradas, p. ex., na *Fundamentação* (415), onde ele escreve que a felicidade como um propósito "pode ser certamente pressuposta, e, *a priori*, em todos os seres humanos".

estatuto de universalidade e necessidade. Segundo Kant, apenas com base nisto o argumento tem de ser rejeitado.

Nossa questão deve ser agora esta: Por que Kant estava convencido de que qualquer fundação empírica, mesmo aquela baseada em fatos muito bem certificados, é incapaz de assegurar o estatuto de universalidade e necessidade para nossos princípios morais? Se estivermos persuadidos (como ele está) de que "todos os seres humanos desejam a felicidade", por que não é possível derivar desta premissa factual o dever, universal e necessariamente válido, de promover a felicidade?

Nós não podemos responder essa questão sem realizar algum trabalho preparatório. De acordo com Kant, juízos empíricos ou juízos a partir da experiência não podem *nunca* ser conhecidos como universal e necessariamente válidos. Na *Crítica da Razão Prática* ele chega até mesmo a afirmar que "é uma contradição direta pretender, de uma proposição da experiência, extrair necessidade" (12). Essa observação revela a influência do filósofo escocês do século XVIII, David Hume, sobre seu pensamento. Servirá aos nossos propósitos um breve exame dessa influência, particularmente com respeito ao impacto de Hume sobre a compreensão kantiana da natureza do raciocínio empírico. Para preparar nosso caminho, precisamos primeiro lançar luz sobre alguns aspectos dos juízos empíricos.

5.1 Juízos empíricos *versus* não empíricos

Em primeiro lugar, por "juízo empírico" eu entendo neste contexto juízos como aquele que foi mencionado há pouco: "Todos os seres humanos desejam a felicidade". Outros exemplos são: "fumar causa câncer" ou "a *bouillabaisse* de Peter é deliciosa". Notemos que esses juízos são *generalizações* empíricas. Dessa forma, eles são diferentes de outra classe de juízos empíricos, a saber, os juízos que meramente relatam nossas experiências passadas e presentes. Exemplos dessa segunda classe de juízos são os seguintes: "agora a maçã tem pra mim gosto doce" ou "ontem a maçã teve para mim gosto doce". Esses últimos juízos relatam nossas experiências, mas eles não inferem ou generalizam a partir de nossas experiências. Minhas observações aqui dirão respeito apenas às generalizações empíricas.

O que faz de uma generalização algo empírico? A resposta a essa questão tem a ver com o modo como conseguimos fornecer evidências em seu suporte. Dito de forma simples, nós consultamos a experiência. Consideremos este exemplo de um juízo empírico: "fumar causa câncer". Cientistas justificam essa afirmação referindo-se a testes por eles realizados que sugerem uma correlação entre fumo e câncer. Eles percebem que fumantes têm maior chance de desenvolver câncer. Eles generalizam a partir de seus estudos de caso e afirmam, com probabilidade, que "fumar causa câncer".

Contrastemos esse tipo de juízo com um exemplo típico de um juízo *não* empírico: "A = A" (o princípio de identidade). A maioria dos filósofos não classifica esse juízo como empírico. Eles argumentam que sua verdade não depende, de forma alguma, da evidência dos sentidos. Eles a identificam como uma verdade conceitual – uma verdade de razão ou "relação de ideias" (tomando de empréstimo a terminologia de Hume). Segundo essa interpretação, a verdade de "A = A" não reflete nada daquilo que nossos sentidos nos desvelam sobre o mundo. Inversamente, sua verdade revela uma lei que governa a natureza do pensamento. A maioria das pessoas diria sobre esta lei que ela governa o pensamento *necessariamente*, isto é, absoluta ou incondicionalmente. A maioria das pessoas diria, ademais, que, por a lei expressar um aspecto de *todo* o pensamento, independente do universo físico no qual o pensamento ocorre, a lei é válida para o pensamento *universalmente*.

5.2 Razões para duvidar que possamos conhecer juízos empíricos como universal e necessariamente válidos

Lembremos que, segundo Kant, nós *nunca* podemos legitimamente atribuir universalidade e necessidade a juízos empíricos. Para ele, trata-se de outra forma de dizer que nós nunca podemos legitimamente conferir aos juízos empíricos o estatuto de lei. Se considerarmos novamente a generalização "todos os seres humanos desejam a felicidade", podemos esclarecer melhor esse raciocínio.

Em primeiro lugar, por que somos tentados a conferir a um juízo como "todos os seres humanos desejam felicidade" o estatuto de lei? Uma das razões poderia dizer respeito ao grau de generalidade do juízo. O juízo predica a felicidade não apenas de alguns, mas de todos os "seres humanos". Ele tem aquele escopo bem amplo, pertencente a juízos que identificamos como leis. Uma outra razão poderia refletir o fato de que temos evidência observacional abundante para apoiar a generalização e ainda não encontramos uma exceção a ela. Consideraríamo-nos, então, legitimados para afirmar que conhecemos o juízo com necessidade.

Filósofos já avançaram um considerável número de razões para duvidar de que possamos legitimamente atribuir universalidade e necessidade a juízos empíricos. Quando se indaga por que não podemos conhecer como universalmente válidos juízos como "todos os seres humanos desejam felicidade", um argumento costumeiramente evocado é este: enquanto uma generalização empírica, o juízo deriva uma conclusão sobre "todos os seres humanos" de observações de apenas alguns seres humanos. Com todas as generalizações empíricas ele compartilha a propriedade de ir além da evidência da experiência. Um argumento tipicamente dado quando se indaga por que não podemos conhecer o juízo com necessidade é o de que nossos métodos e ferramentas perceptivos são imperfeitos. Pode ser que nós "vejamos" apenas o que desejamos ver, ou que o que nós vemos seja uma mera sombra ou aparência do real.

A esses argumentos Hume acrescentou suas próprias dúvidas a respeito de nossas pretensões ao conhecimento empírico. Suas dúvidas tiveram como resultado conclusões bem mais radicais sobre o estatuto dessas pretensões, e, como mencionei, tais conclusões tiveram um poderoso impacto sobre Kant. Hume argumentou que não estamos autorizados a afirmar que nossas generalizações empíricas são sequer contingentes ou provavelmente verdadeiras. Até mesmo se nossas observações fossem perfeitamente completas e exatas, se pudéssemos observar o comportamento de todas as pessoas que viveram até agora e tivéssemos controle de todos os possíveis fatores que possam comprometer a exatidão de nossas observações, a experiência, segundo Hume, não pode fornecer sequer a *mais insignificante* base de evidência para tais juízos. Hume notou que, quando enunciamos uma generalização empírica como "todos os seres humanos desejam felicidade", nós assumimos, com efeito, que as regularidades observadas no passado nos informam, com algum grau de probabilidade, sobre regularidades futuras. Ele insistiu, contudo, que a observação nos legitima apenas a extrair conclusões sobre correlações ocorridas *até este momento*. A pretensão especificamente humeana é esta: nós não podemos excluir a possibilidade de que as leis da natureza possam mudar, o que retira às observações passadas qualquer significado de evidência. Esse é o motivo de, em sua visão, nossas generalizações empíricas não poderem ter sequer uma legitimação provável. E se não podem ser legitimadas, elas tampouco têm necessidade.

5.3 Kant aceitou a conclusão de Hume por completo

Kant foi completamente persuadido pelo argumento de Hume. Se um juízo é empírico (derivado da experiência, ou derivado *a posteriori*), ele não pode ser conhecido como universal ou necessariamente válido. A rigor, como notado por Hume, o juízo não pode ser demonstrado como sendo sequer contingentemente verdadeiro. Mesmo se o juízo "todos os seres humanos desejam felicidade" relata de forma exata nossas observações até aqui, não temos fundamento algum para predicar sequer com probabilidade o que seres humanos desejarão no futuro. O máximo que podemos esperar obter dos princípios empíricos, princípios baseados em observações, é aquilo a que Kant se refere como "universalidade comparativa" ou universalidade "por meio de indução". Para juízos como a generalização segundo a qual todos os seres humanos desejam felicidade, somos autorizados a afirmar apenas que, "até onde agora percebemos, não há exceção" a essa regra[26].

Com isso completamos nossa discussão em torno de uma das razões de Kant para insistir que a fundação da filosofia prática tenha de ser a razão e não a experiência. A filosofia prática precisa repousar em uma base racional ou *a priori*, uma vez que esta é a única esperança para que sejam produzidos

---

26. Kant discute a distinção entre universalidade "comparativa" e "estrita" em *CRP* B 3ss. Aqui Kant nos diz que um princípio é estritamente universal se nenhuma exceção a ele é "permitida como possível". Segundo Kant, a única classe de juízos que têm essa propriedade são os juízos *a priori*, juízos que são derivados da razão pura.

comandos que podemos justificar como universal e necessariamente válidos[27].

6 Fundando a filosofia prática na razão, não na experiência: argumento II

Kant oferece um segundo argumento em defesa de sua conclusão de que não podemos fundar a filosofia prática na experiência. Esse segundo argumento concerne sua concepção peculiar de liberdade humana. Podemos esboçar o argumento da seguinte forma:

i) Se fundarmos a moralidade na experiência, não podemos sustentar a possibilidade da liberdade humana.

ii) A liberdade humana tem de ser pressuposta como condição de possibilidade da moralidade.

Portanto, a moralidade não pode ser fundada na experiência.

Nenhuma das premissas acima é evidente por si mesma. Não é óbvio, por exemplo, o motivo de o apelo à experiência na fundação da filosofia prática representar uma ameaça à liberdade humana. Podemos avaliar melhor a argumentação de Kant aqui se começarmos considerando sua defesa da segunda premissa.

6.1 A liberdade tem de ser pressuposta como condição de possibilidade da moralidade

Lembremos o que dissemos acima a respeito da tarefa de fundo de Kant na *Fundamentação*. Ele escreve no Prefácio que pretende "buscar" e "estabelecer" o princípio supremo da moralidade

---

27. Para uma discussão mais longa sobre a concepção kantiana acerca dos juízos empíricos, cf. PATON, H.J. *The Categorical Imperative*, p. 82-84.

(392). Para naturezas imperfeitamente racionais, como a natureza humana, o princípio supremo da moralidade ou imperativo categórico é formulado como um comando. Ele não descreve como *de fato* agimos; ele *exige* que ajamos de uma certa forma. Ele expressa um *dever* [*ought, sollen*]. Como notado acima, ele nos comanda respeitar a dignidade humana.

Kant nos lembra frequentemente que somente é razoável sermos *comandados* a fazer aquilo que de fato *podemos* fazer. A exigência do imperativo categórico para que respeitemos a dignidade humana depende, assim, da admissão de que é *possível* para nós agir segundo tal exigência. Ou seja, ela depende da admissão de que somos livres. Imaginemos por um momento que isso não fosse assim. Imaginemos que todo o nosso comportamento, mesmo nossos pensamentos, fosse completamente determinado por forças sobre as quais não temos controle algum. Se assim fosse, nós seríamos como fantoches, somente reagindo a forças que nos governam. Nesta situação não seria correto afirmar que temos realmente um arbítrio e uma escolha sobre quais ações realizar e quais evitar. Não seria razoável atribuir a nós responsabilidade pelas nossas ações. Não seria razoável, pois, dizer a alguém, à luz de seu mau comportamento, "você não deveria ter feito isso". Se nossos pensamentos e comportamentos fossem completamente determinados, o "dever" [*ought, sollen*] moral não teria então significado algum.

O cenário que acabamos de esboçar é aquele em que consideramos todo pensamento e ação humanos como sendo determinados. Aplica-se, aqui, a tese conhecida como "determinismo universal" ao domínio do comportamento humano. De acordo com a tese do determinismo universal, nada acontece na natureza sem que seja causado por uma condição ou condições antecedentes. Formulada de forma mais técnica, a tese é esta:

Para todo evento y há uma condição ou um conjunto de condições antecedentes x, de tal forma que, dado x, y teve de ocorrer.

Suponha que um dia o seu carro comece a emitir nuvens negras de fumaça. Nós acharíamos bem curioso caso a resposta do seu mecânico fosse: "Eu não consigo consertar o problema porque nada está causando a fumaça preta que sai do escapamento". Nós acharíamos essa resposta estranha porque não supomos que a fumaça simplesmente surja espontaneamente. Pelo contrário, nós assumimos que algo é a causa de seu surgimento. Nós começamos a buscar a condição ou o conjunto de condições antecedentes sem as quais ela não existiria. Nós buscamos, em outras palavras, a causa suficiente da fumaça.

Kant nunca hesitou em sua adesão à tese do determinismo universal. Ao mesmo tempo, contudo, ele estava profundamente preocupado com suas implicações para a liberdade humana. Ele estava consciente de que a verdade do determinismo implicava que o comportamento humano não fosse em nada diferente do de uma máquina biológica. Ele estava convencido de que, segundo essa concepção do comportamento humano, não havia como defender a ideia de que temos genuinamente um arbítrio. Por Kant estar comprometido tanto com a tese da liberdade humana como com a do determinismo universal, ele procurou provar que as duas posições podiam ser verdadeiras.

De maneira a avaliar o que é peculiar no argumento de Kant para reconciliar liberdade e determinismo, precisamos distinguir, de seu argumento, um outro esforço semelhante – um esforço que hoje em dia identificaríamos como aquele do "compatibilismo" ou "determinismo fraco". Kant rejeitou essa abordagem por ela depender de uma concepção meramente "comparativa" ou "psicológica" de liberdade[28]. Embora talvez não esteja ainda claro, após entendermos as razões de Kant para se opor à concepção "comparativa" ou "psicológica" de liberdade, compreenderemos melhor sua adesão à assunção "i" acima:

> Se fundarmos a moralidade na experiência, não podemos sustentar a possibilidade da liberdade humana.

6.2 Rejeição kantiana da tese da liberdade "comparativa" ou "psicológica"

O proponente da liberdade "comparativa" ou "psicológica" aceita a tese do determinismo, de acordo com a qual nada acontece na natureza que não seja causado. Ele aplica essa tese à natureza humana. Ao mesmo tempo ele afirma que, mesmo o determinismo sendo verdadeiro, também é o caso de sermos capazes da liberdade. Ele acredita, ademais, que essas duas teses não entram em conflito.

Segundo a análise de Kant, o preço que esta abordagem paga para obter a compatibilidade de determinismo e liberdade é uma concepção drasticamente enfraquecida da liberdade humana. Para esse compatibilista ou determinista fraco, a liberdade é simplesmente a ausência de coerção externa. Tomemos, por exemplo, minha decisão neste momento de digitar esta sentença. Nada está me prevenindo de fazê-lo; ninguém amarrou minhas mãos às minhas costas. Eu refleti sobre as palavras que iria digitar e então levei a cabo minha decisão. De acordo com o compatibilista, eu me comprometi em uma atividade livre. O que Kant nota, contudo, é que da ausência de coerção *externa*, como no caso acima, não se segue

---

28. Kant emprega esses termos na sua discussão em *CRPra* (96).

que não haja coerção alguma. O determinismo sustenta que, se algum evento, *x*, acontece, é preciso que haja uma causa suficiente sem a qual *x* não poderia ter acontecido. É preciso haver uma causa suficiente, mesmo se o evento em questão é uma escolha ou decisão. Para o determinista consequente, mesmo estados mentais são determinados ou causados. Assim, eles não são livres em sentido genuíno; eles são simplesmente "causados internamente", nas palavras de Kant[29].

Kant nos exorta então a avaliar todas as consequências da hipótese determinista. Como ele escreve na *Crítica da Razão Prática*, trata-se de um "subterfúgio miserável" identificar como livres aquelas ações que são determinadas por uma causa interna[30]. Trata-se de um "subterfúgio miserável", pois, se o determinismo for verdadeiro, então o comportamento que procuramos explicar não é livre – ele certamente não é livre em qualquer sentido no qual poderia ser possível legitimar atribuições de responsabilidade. Ainda que a causa seja interna, nós nos equivocaríamos, no entanto, caso afirmássemos que o agente poderia ter agido de outra forma. Da mesma forma, nós nos equivocaríamos caso julgássemos que o agente não deveria ter feito o que fez. Para Kant, em suma, liberdade "psicológica" ou "comparativa" é muito fraca para mostrar a possibilidade do "dever" [*ought, sollen*] moral.

Nós temos agora uma explicação para a adesão de Kant à premissa "i" acima:

> Se fundarmos a moralidade na experiência, não podemos sustentar a possibilidade da liberdade humana.

---

29. *CRPra* (96).
30. *CRPra* (95ss.).

Kant sustenta que, se considerarmos a natureza humana como consideramos outros objetos da natureza ou experiência, a saber, do ponto de vista da ciência da natureza, teríamos então de admitir que as únicas leis que a governam são leis determinísticas da natureza. Portanto, precisamos garantir que não temos base científica para assumir que a natureza humana é livre. É por isso que ele escreve na *Crítica da Razão Prática* que a liberdade é a "pedra de tropeço" do empirismo[31].

7 A estratégia de Kant para salvar a liberdade

7.1 O determinismo de Kant

É importante ter em mente que a crítica de Kant à forma de compatibilismo descrita acima não o levou a uma rejeição completa do determinismo. Na trilha de Newton, Kant aderiu à concepção de que tudo na natureza é causado por forças mecânicas[32]. Ele acreditava que a tarefa das ciências naturais era explicar o comportamento dos fenômenos, incluindo o comportamento humano, com referência àquelas forças. Assim, ele admitia que, à medida que procuramos uma explicação científica do comportamento humano, nós temos de trabalhar no interior do quadro do determinismo.

7.2 Concepção kantiana de liberdade

Em virtude de sua adesão ao determinismo Kant tinha um formidável problema para resolver. Ele queria salvar a liberdade,

---

31. *CRPra* (7).
32. O determinismo de Kant é explicitado, p. ex., em sua adesão ao seguinte princípio, a Segunda Analogia da Experiência: "Todas as modificações acontecem segundo a lei da conexão de causa e efeito" (*CRP* B 232).

e a liberdade que ele queria salvar tinha de ser algo diferente de uma liberdade "psicológica" ou "comparativa"; ela tinha de equivaler a algo mais do que a mera ausência de coerção externa. Kant, assim, procura defender a possibilidade do que ele denominou liberdade "transcendental". De acordo com sua definição, liberdade transcendental é uma capacidade especial de autodeterminação, uma capacidade que, nas palavras de Kant, envolve "independência de tudo o que é empírico e, portanto, da natureza em geral"[33]. Como sugerido anteriormente, Kant acreditava que tinha de salvar esse tipo mais radical de liberdade, pois, para ele, essa era a única forma de sustentar a possibilidade de imputação prática. Ele também pensava que salvar a liberdade em sentido transcendental era necessário para assegurar uma concepção particular que temos de nós mesmos, a saber, como seres detentores de uma genuína capacidade de agir. Este último ponto merece ser desenvolvido.

Na *Crítica da Razão Pura*, Kant considera o caso de uma pessoa que conta uma verdade maliciosa[34]. Kant primeiramente nos pede para que pensemos sobre o que significa examinar esse caso empiricamente, isto é, do ponto de vista da ciência da natureza. Ao fazer isso, nós nos fiamos em métodos das ciências da psicologia empírica, sociologia, talvez até mesmo genética, para explicar como a mentira surgiu. Nós damos uma explicação das várias causas possíveis, tais como a problemática educação do agente, o temperamento natural, circunstâncias sociais, e assim por diante. Mas Kant vai mais além e enfatiza o seguinte ponto: mesmo se nossas ciências fossem capazes de dar uma explicação completa das causas da mentira, mesmo assim nós culparíamos o agente. Nós insis-

---

33. *CRPra* 97.
34. *CRP* A 554/B 582.

tiríamos que o agente *poderia ter agido de outra forma*. Nós assim faríamos, pois pensamos a respeito de nós mesmos como mais do que meras peças na engrenagem da natureza; nós pressupomos que temos a capacidade da liberdade.

Kant pretendia, com esse exemplo, ilustrar o que ele assumiu como um fato *necessário* sobre a natureza humana. Segundo ele, nós necessariamente nos consideramos a partir de duas perspectivas. Por um lado, nós nos pensamos como criaturas da natureza, determinadas por leis da física, biologia e psicologia – leis sobre as quais não temos controle algum. Por outro lado, nós atribuímos a nós mesmos a capacidade de autodeterminação[35]. Novamente, por autodeterminação Kant entende mais do que simplesmente o poder de refletir e deliberar. A menos que seja apropriadamente classificada, essa última concepção de liberdade humana nada mais é do que uma versão da liberdade "psicológica" ou "comparativa" que Kant rejeita como um "subterfúgio miserável". Para Kant, a liberdade humana exige independência em relação ao domínio da natureza. Ele insiste repetidas vezes nesse ponto, por exemplo, quando nos diz na primeira *Crítica* que, quando age livremente, a razão age "sem ser [...] determinada, na cadeia das causas naturais, por fundamentos externos ou internos, mas anteriores no tempo"[36].

---

[35]. Kant escreve na *Fundamentação* (455) que "todos os seres humanos se pensam como livres quanto à vontade".
[36]. *CPR* A 553/B 581. Uma defesa convincente de que a concepção kantiana de liberdade transcendental implica independência em relação ao domínio da natureza é fornecida no capítulo II de ALLISON, H.E. *Kant's Theory of Freedom*. Cambridge University Press, 1990, p. 207.

7.3 A estratégia de Kant para harmonizar liberdade e natureza

Kant reconheceu que precisava de alguma forma defender a seguinte posição, anunciada na *Crítica da Razão Pura*:

> A causalidade segundo leis da natureza não é a única a partir da qual os fenômenos do mundo podem ser deduzidos em seu conjunto [...]. [É] também necessário assumir uma causalidade por meio da liberdade (*CRP* A 444/B 473).

Como acabamos de ver, Kant sustentava que nós necessariamente nos pensamos como livres no sentido transcendental. Ele precisava apenas de um argumento que demonstrasse ser *legítimo* para nós considerarmo-nos dessa forma. Ele precisava mostrar que, ao considerarmo-nos dessa forma, incorremos em algo mais do que apenas um caso de agradável autoengano.

Fundamentalmente, sua estratégia consistia em argumentar que a perspectiva científica é insuficiente ou limitada de uma forma significativa. Ela é insuficiente não apenas por ser incapaz de sustentar a possibilidade da liberdade humana, mas também com respeito a seus próprios objetivos. O objetivo da investigação científica ou teórica é conhecer a natureza. Mas ela não pode ser bem-sucedida nessa empreitada, Kant argumenta, se se ater apenas aos seus próprios recursos. Ela depende de outras formas de investigação – em particular, investigação prática – para a sua conclusão.

Kant dedica a seção III da *Fundamentação* à tarefa de estabelecer que somos justificados ao pensarmo-nos como livres. Seus argumentos ali resumem essencialmente os resultados da discussão empreendida na seção sobre a Terceira Antinomia, da *Crítica da Razão Pura*. Na sequência eu me dedicarei a esboçar brevemente dois desses argumentos.

7.4 Salvando a liberdade: argumento I

No Prefácio de 1787 à *Crítica da Razão Pura*, Kant nos informa que uma tarefa central do texto é a de traçar os limites precisos do conhecimento teórico ou científico. Ele afirma que irá traçar os limites do conhecimento de forma a "dar lugar para a *fé*"[37]. Ele alega que uma vantagem considerável dessa limitação é a de que ela dá sustentação à possibilidade da liberdade humana.

Kant traça os limites de nosso conhecimento teórico ou científico ao restringir o escopo dos possíveis objetos desse tipo de conhecimento. De acordo com Kant, objetos do conhecimento teórico ou científico são o que ele chama de "fenômenos". Este é um termo técnico para Kant. Ele não o utiliza como nós poderíamos talvez utilizá-lo – para designar ilusões ou fantasmas. Na definição de Kant, um fenômeno é um possível objeto do sentido interno ou externo. De objetos do sentido interno (tais como minha consciência, agora, da progressão dos meus pensamentos) temos necessariamente experiência no tempo. De objetos do sentido externo (tais como a cadeira sobre a qual estou sentada) temos necessariamente a experiência no espaço e também no tempo.

Kant argumenta que espaço e tempo são "formas *a priori* da intuição". Eles são *a priori* na medida em que os trazemos à experiência, ao invés de dela os abstrair. Eles são partes daquilo que poderíamos chamar de núcleo duro cognitivo. Eles são formas da "intuição" na medida em que são a condição através da qual objetos têm de ser dados a nós na sensação. Kant distingue entre formas *a priori* da intuição e formas *a priori* do entendimento. As últimas são conceitos ("categorias") sem os quais não poderíamos *pensar*

---

[37]. CRP B xxx.

objetos. As primeiras são as condições pelas quais nós *sentimos* ou *intuímos* objetos.

Mas como a tese de que espaço e tempo são formas *a priori* da intuição implica uma limitação do escopo de nosso conhecimento? A resposta é que espaço e tempo, segundo a concepção de Kant, são constrangimentos necessários quanto ao que pode ser um objeto possível da experiência para nós. Se removermos as condições de espaço e tempo, Kant prossegue, o que permanece são as "coisas em si". Ao passo que coisas em si são *pensáveis* sem contradição, elas são objetos não empíricos ou "transcendentes" por não poderem ser dadas no espaço e no tempo. Como elas não podem ser dadas no espaço e no tempo, nós não podemos ter um conhecimento empírico delas; elas são, assim, completamente incognoscíveis de um ponto de vista científico ou teórico. Isso significa que, para nossa forma de conhecimento, objetos "transcendentes", como Deus, liberdade e imortalidade não são objetos possíveis de um conhecimento científico.

Kant não apenas limita dessa forma o escopo de nosso conhecimento teórico ou científico como também reconhece que pode haver outros seres finitos cujas formas de intuição são distintas das nossas. *Nós* precisamos ter a experiência de objetos da natureza no espaço e tempo. Contudo – e este é o ponto crucial –, nós não temos fundamento algum para assumir que nossa forma da experiência é a única forma existente[38]. Ao negar que nós podemos

---

38. Kant ressalta isso na Estética Transcendental, em *CRP* B 72. Em suas palavras: "Também não é necessário que limitemos o modo de intuir no espaço e no tempo à sensibilidade do ser humano; pode ser que todo ser pensante finito tenha necessariamente de coincidir nisso com o ser humano (*por mais que não possamos decidi-lo*)" (grifo meu). Ele nos lembra desse ponto na seção III da *Fundamentação*, em (451). O "mundo sensível", ele escreve aqui, pode ser "muito diverso, segundo a diversidade da sensibilidade nos vários espectadores do mundo".

conhecer as coisas em si, Kant assim "dá lugar" para a especulação sobre a causalidade da liberdade. A liberdade não é um possível objeto de nosso conhecimento científico, mas isto não é uma razão para negar dogmaticamente sua realidade para outras formas de experiência. Considerações teóricas sobre os limites de nosso conhecimento permitem, portanto, especulações sobre a ideia de liberdade como uma forma alternativa de causalidade. Embora não possamos conhecer que somos livres, nós podemos legitimamente pensar-nos como livres. À luz do fato de que a liberdade é uma condição de possibilidade da moralidade, há óbvias vantagens práticas em fazê-lo.

7.5 Salvando a liberdade: argumento II

Se lançarmos mais um olhar para a passagem citada na seção 7.3. acima, desta vez incluindo a frase que eu omiti, descobrimos uma pista para um argumento adicional de Kant para salvar a liberdade:

> A causalidade segundo leis da natureza não é a única a partir da qual os fenômenos do mundo possam ser deduzidos em seu conjunto. Para explicá-los é também necessário assumir uma causalidade por meio da liberdade (*CRP* A 444/B 473).

Notemos como Kant observa que é "para explicar [os fenômenos]" que é necessário assumir uma causalidade por meio da liberdade. Assim como no caso do primeiro argumento, ele mais uma vez procura nos convencer de que a liberdade tem de ser pressuposta com base não apenas em fundamentos práticos, mas também teóricos. Ao passo que o primeiro argumento depende da restrição do escopo dos objetos de nosso conhecimento teórico ou científico, a estratégia do segundo argumento é a de persuadir-nos de que a investigação científica repousa em teses difíceis de serem justificadas. Nesse sentido, a investigação científica não é autossuficiente.

Para avaliar um aspecto pelo qual a investigação científica não é autossuficiente, consideremos a tese de que a causalidade da natureza é a única forma de causalidade existente. Kant nos diz que a regra expressando a causalidade da natureza é "que nada acontece sem uma causa suficientemente determinada *a priori*"[39]. Distanciando-se de Hume, Kant insiste que essa regra é uma lei *a priori* da natureza, ao invés de uma mera generalização empírica. Segundo ele, por ser *a priori*, tal lei é universal e necessariamente válida. Tudo o que é um objeto da natureza tem de se conformar a ela.

Porém Kant está também convencido de que a investigação científica é, em última instância, incapaz de justificar a assunção de que a causalidade da natureza é a única forma de causalidade existente. Ele argumenta aqui chamando nossa atenção para tudo o que a lei da natureza mencionada acima implica. Como vimos, a pretensão de que nada aconteça "sem uma causa suficientemente determinada *a priori*" é equivalente à pretensão de que para todo evento *y* haja uma condição ou conjunto de condições, *x*, tal que, dado *x*, *y* tenha de ocorrer. Agora, ao procurarmos a condição suficiente para um evento *y*, nossa investigação regressa do condicionado à condição. Assim como a criança que tem curiosidade, primeiro, pela causa de sua existência e, então, pela causa da existência de seus pais, e assim por diante, nós fazemos nossa investigação recuar na busca pelo ponto em que nossas questões possam finalmente cessar. Isso é o que está envolvido na busca pela condição suficiente de um evento. Em última instância, nós buscamos uma "condição incondicionada", uma causa que é, ela

---

39. CRP A 446/B 474.

mesma, não causada. Porém, Kant observa, dado que aquilo que buscamos é uma condição incondicionada, nós temos de conceder que o objeto de nossa investigação não é, ele mesmo, um possível objeto do conhecimento científico. Uma causa genuinamente suficiente ou condição incondicionada não pode ser um objeto do conhecimento científico, porque objetos do conhecimento científico são governados pela causalidade da natureza. A lei de causalidade da natureza, como vimos, é a de que nada na natureza acontece "sem uma causa suficientemente determinada *a priori*". A lei da natureza implica, com efeito, que uma condição incondicionada, ou uma causa que seja verdadeiramente suficiente, não possa ser descoberta na natureza. Embora a lei da natureza postule a ideia de uma causa que é suficiente ou não causada, essa ideia se refere a um objeto que não é, ele mesmo, um objeto possível do conhecimento científico.

A lei expressando a causalidade da natureza exige, assim, que pensemos um objeto que a ciência mesma não pode nunca conhecer. Kant se refere a esta ideia como aquela de um "começo absoluto". Trata-se de um começo que é "espontâneo" ou não no tempo. Kant identifica essa ideia de um começo absoluto ou espontâneo como aquela da "liberdade transcendental"[40]. Ele argumenta, assim, que, em prol não apenas da investigação prática, mas também da teórica, nós não temos outra opção senão pressupor, além da causalidade da natureza, uma causalidade por meio da liberdade transcendental.

---

40. *CRP* A 446/B 747.

2
Prefácio de Kant

1 Introdução

A tarefa de Kant em seu Prefácio à *Fundamentação* é tripla. Em primeiro lugar, ele procura esclarecer seus objetivos centrais no texto. Em segundo lugar, ele fornece pistas quanto ao método que utilizará para realizar seus objetivos. Em terceiro lugar, ele indica como pretende organizar a obra. Dedica seus primeiros parágrafos à explicação do título do livro, um título que ele admite ser "intimidante" (391). A *Fundamentação*, ele escreve, não é um trabalho de física ou lógica, mas sim uma obra da área a que ele se refere como "costumes" [*Sitten*] ou "ética" [*Ethik*]. Kant observa que o livro é um tipo especial de tratado em costumes ou moral, ou ainda em ética: trata-se de uma "fundamentação" da "Metafísica" dos Costumes. Esses últimos termos são termos técnicos; nós precisaremos considerar o que Kant entende por eles.

1.1 O objetivo da *Fundamentação*

Como observei em minha Introdução, Kant descreve a tarefa principal da *Fundamentação* com a seguinte passagem:

> A presente fundamentação [...] nada mais é do que a busca e estabelecimento do *princípio supremo da moralidade* (392).

"Buscar" o princípio supremo significa procurar descobrir o princípio que é apropriado e adequado como o padrão moral último ou fundamental. "Estabelecer" o princípio significa justificá-lo ou fundá-lo. Portanto, Kant pretende claramente oferecer um argumento na *Fundamentação* para o motivo de o princípio por ele identificado como supremo ser, de fato, supremo. Ele enfatiza no Prefácio que esta tarefa de buscar e estabelecer o princípio é diferente, em importantes aspectos, daquela de aplicar de fato o princípio. Kant admite que a aplicação do princípio a casos particulares seria útil na demonstração da adequação do princípio, mas ele também nos diz que a aplicação não é sua preocupação aqui (392).

Kant fornece um modo preliminar de expressar o princípio supremo da moralidade na seção I (em (402)). Na seção II, ele nos dá sua primeira formulação oficial do princípio e o identifica como o "imperativo categórico" (416). Ele "estabelece" o princípio ao argumentar que tem tanto seu fundamento como sua fonte na razão pura. O fato de o princípio ter tanto seu fundamento como sua fonte na razão pura significa, para Kant, que o princípio é *a priori*. Do fato de o princípio ser *a priori*, contudo, não devemos concluir que a ética de Kant não contém absolutamente nenhum elemento empírico. No Prefácio Kant aborda o problema sobre o que é e o que não é empírico em sua filosofia prática. Como veremos, ele insiste na importância de manter separados os elementos *a priori* e os elementos *a posteriori* ou empíricos da filosofia prática. Ele enfatiza esse ponto em seu Prefácio e nos lembra disso frequentemente em todas as três seções do texto.

1.2 Sobre a necessidade de um princípio supremo

A filosofia prática necessita de um princípio supremo, diz Kant, pois "enquanto faltar aquele fio condutor e norma suprema de seu [dos costumes] correto ajuizamento", os costumes "permanecem sujeitos a toda sorte de corrupção" (390). O contexto no qual é feita essa observação torna claro que Kant procura garantir que, quando julgamos o valor moral de ações ou de pessoas, nós temos à nossa disposição o padrão *correto* e não algum substituto aparentemente adequado. Ele tem consciência de que os filósofos ao longo do tempo propuseram vários princípios como o padrão supremo. A audaciosa pretensão de Kant, porém, é que somente o seu princípio nos fornece a lei moral suprema em sua "pureza e autenticidade".

1.3 Sobre a necessidade de uma fundação ou justificação

Uma fundação do imperativo categórico é necessária, de acordo com Kant, porque não devemos ficar satisfeitos com a mera asserção de que o imperativo categórico é o princípio supremo da moralidade. A *Fundamentação* fornece um argumento em apoio a tal asserção. Kant considera como sua missão filosófica convencer-nos de que sua lei suprema – assim como sua concepção geral de filosofia prática – é a única adequada. Ele procura convencer-nos disso conforme a boa prática filosófica: não a partir do emprego de truques sofísticos ou falácias persuasivas, mas, antes, apoiando suas afirmações em boas razões e sólidas evidências. Ele acredita que as razões por ele fornecidas a favor de sua teoria são razões que cada um de nós achará convincentes.

1.4 O método de Kant para buscar e estabelecer o princípio supremo

Nós podemos extrair pistas sobre o método kantiano do fato de Kant estar convencido de que o princípio supremo da moralidade tem tanto sua fonte como sua justificação na razão. Isso nos permite antecipar que sua fundação do imperativo categórico não envolverá um apelo à evidência empírica. Embora Kant por vezes note que as pessoas de fato reconheçam, ao menos implicitamente, a validade da lei moral suprema, ele também insiste que a validade da lei não é estabelecida por meio de fatos derivados empiricamente a respeito de como as pessoas realmente se comportam ou sobre crenças que elas venham a ter. Ao fundar a lei, o argumento de Kant será mais conceitual em sua natureza. Ele envolverá a análise de conceitos centrais, tais como os de boa vontade, dever e razão prática. Em última instância, ele também exigirá reflexão sobre as condições *a priori* e limites do conhecimento humano.

2 Ética, física, lógica (387ss.)

Haja vista que um dos objetivos de Kant no Prefácio é o de esclarecer seu argumento, ele anuncia nas sentenças que abrem o Prefácio sua intenção de primeiramente considerar o princípio responsável por distinguir as ciências da Ética (ou costumes), Física e Lógica. Ele compara a Ética à Lógica e à Física segundo dois aspectos: primeiro, sua comparação se baseia nos tipos de objetos próprios a cada uma dessas ciências. Segundo, ele refere as ciências às fontes de suas leis fundamentais. Ainda que, como Kant observa, a divisão das ciências em Física, Ética e Lógica possa ser remontada aos gregos antigos, Kant pretende oferecer sua própria explicação das bases dessa divisão. Ele inicia repartindo todo "conhecimento racional" nas categorias de "material" e "formal". Dentre as três ciências, ele diz, apenas a Lógica é, a rigor, formal.

2.1 A natureza "formal" da lógica

De acordo com Kant, a lógica é formal em virtude do tipo de objeto com o qual lida. Seu objeto, ele diz, é a "forma do entendimento e da razão", as "leis universais e necessárias do pensamento". Dito de maneira mais simples, seu objeto é o próprio pensamento. Uma ciência material, pelo contrário, "tem a ver com objetos determinados e com as leis às quais eles estão sujeitos" (387). O objeto específico da física é a natureza (ou os objetos da natureza). O objeto específico da ética é a "vontade do ser humano".

Kant se alonga sobre a natureza formal da lógica na *Crítica da Razão Pura*[41]. Ali ele escreve que a lógica (geral) não tem de ocupar-se "com nada além de si mesma e de sua forma". Ela faz abstração "de todos os objetos do conhecimento e de suas diferenças"[42]. A lógica estabelece as funções do pensamento sem considerar os objetos particulares ou o conteúdo do pensamento. Ela especifica, por um lado, as regras do raciocinar ou inferir. Com a lógica aprendemos, por exemplo, que se assumirmos que todos os homens são morais e assumirmos, ademais, que Sócrates é um homem, então podemos legitimamente concluir com necessidade que Sócrates é mortal. Além disso, a lógica compara e classifica juízos no que diz respeito àquilo que Kant denomina sua "forma lógica" – isto é, no que diz respeito às várias formas pelas quais conceitos podem ser combinados entre si. Entre as várias formas lógicas do juízo, Kant inclui, por exem-

---

[41]. O que Kant denomina lógica "formal" na *Fundamentação* é o equivalente à "lógica geral pura" na *CRP*. Cf. B 78ss./B 54ss.
[42]. *CRP* B ix.

plo, a forma da *quantidade*. Nós distinguimos juízos universais ("Todo S é P") de juízos particulares ("Algum S é P"). Juízos necessariamente têm também alguma *qualidade*: um juízo expressa "realidade" ("S é P"), "negação" ("S não é P") ou limitação ("S é não P"). Kant sustenta que essas formas lógicas são válidas para todo pensamento em geral, a despeito dos objetos específicos do pensamento. As formas lógicas e regras da inferência são, pois, válidas independente de o objeto pensado ser um número, um objeto da natureza ou Deus.

2.2 A natureza "material" da física e da ética

A física e a ética são materiais, pois estes dois campos de investigação restringem sua atenção a "objetos específicos" e às leis específicas que os governam. Os objetos da física são objetos da natureza. Um objeto da natureza, segundo Kant, é um objeto dado no espaço e tempo; esse objeto é o que ele denomina um "fenômeno". Fenômenos (ou, como também podemos nos referir a eles, objetos empíricos ou objetos da experiência) são governados por leis naturais ou forças. A ciência que investiga esses objetos e as leis que lhes são específicas é a Física, uma "doutrina da natureza".

O objeto da ética é a vontade humana (387). Às leis que governam a vontade, Kant dá o nome de "leis da liberdade", e nos diz que a ciência de tais leis é a Ética [*Ethik*] – também conhecida, ele diz, como a "doutrina dos costumes" [*Sittenlehre*][43]. Ao passo que as leis da natureza descrevem como os objetos da natureza *de fato* se comportam, as leis da liberdade ditam como nós *devemos* nos comportar.

---

43. Aqui temos exemplos daquilo a que, em minha introdução (2.3, ii), referi-me como o uso kantiano do termo "ética" e "moralidade" em sentido amplo.

São aqui necessárias duas observações sobre como Kant identifica o objeto da ética nessa passagem. Em primeiro lugar, notemos que ele diz não pura e simplesmente que a ética determina as leis da vontade humana, mas que ela determina as leis da vontade humana "na medida em que esta vontade é afetada pela natureza" (387). Com isso Kant reconhece o fato de que os seres humanos, embora sejam capazes da liberdade, existem ao mesmo tempo na natureza e, portanto, são determinados pelas leis da natureza. Essa passagem dirige nossa atenção, assim, para um dos maiores desafios de nossa discussão. Kant precisa fornecer um argumento que demonstre que esses dois aspectos aparentemente contraditórios da natureza humana – somos tanto livres como "afetados pela natureza" – podem coexistir. Ao afirmar logo no início do Prefácio que o objeto da ética é a vontade humana "na medida em que esta vontade é afetada pela natureza", Kant nos expõe sua concepção de que, embora sejamos autorizados a pensar-nos como livres, não somos capazes de descartar inteiramente as determinações da natureza.

Em segundo lugar, notemos que Kant algumas vezes amplia o escopo do objeto da *Fundamentação*. Embora em (387) ele diga que o objeto da ética é a vontade humana, em outros lugares ele afirma que a validade dos princípios práticos que pretende estabelecer se estende não só à vontade humana, mas a "todo ser racional enquanto tal" (412)[44]. Dessa forma, ele oscila entre a pretensão de que o objeto de sua investigação seja a natureza racional humana e a pretensão de que seu objeto seja a natureza racional em geral.

---

44. Em (410n.) da *Fundamentação* Kant escreve que os princípios morais por ele defendidos "não são fundados nas propriedades da natureza humana". De tais princípios, ele continua, "é preciso ser possível derivar regras práticas também para a [natureza] humana". Cf. tb. *Fundamentação* (408, 425, 442) e *CRPra* (32).

2.3 Lógica não apenas formal, mas também "pura"

A lógica é "pura" com respeito à fonte de suas leis. Suas leis são, sem exceção, derivadas da razão e não da experiência. Como são derivadas da razão, essas leis são *a priori*, não empíricas ou *a posteriori*. Kant escreve que a lógica é um exemplo de filosofia pura, pois qualquer ciência que "apresente suas doutrinas meramente a partir de princípios *a priori*" é um exemplo de "filosofia pura" (388)[45].

2.4 A física e a ética, embora "materiais", têm, ambas, uma parte "pura" (e portanto "metafísica")

Como vimos, Kant sustenta que a Física e a Ética são ciências materiais, pois cada uma delas lida com um tipo particular de objeto, ao invés de lidar com a forma e as regras do pensamento em geral. Ao acrescentar a esta característica a pretensão de que cada uma delas tenha uma parte pura, Kant deseja chamar nossa atenção para o fato de que cada um desses campos de investigação repousa inteiramente em princípios *a priori*. Essa é uma característica que física e ética compartilham com a lógica. Eu chamei atenção para esse aspecto da ética de Kant em minha introdução. Como uma das doutrinas substanciais da filosofia prática de Kant, destaquei a tese de que a lei moral suprema tem sua fonte na razão (e seja, assim, *a priori*).

Nesses primeiros parágrafos do Prefácio, Kant elucida, ademais, o que ele entende por parte "metafísica" de uma ciência. Ele

---

[45]. Ainda que as leis da lógica sejam, sem exceção, puras, Kant reconhece que a experiência desempenha um papel significativo na determinação de como de fato aplicá-las. A distração e a negligência, p. ex., podem interferir em nossa habilidade de inferir corretamente. Conforme Kant nos conta na *CRP*, é função da lógica "aplicada" estudar as "condições empíricas sob as quais nosso entendimento é usado" (B 77/A 53). Cf. tb. A 54ss./B 79.

escreve que apenas uma ciência material pode ter uma parte metafísica. A parte metafísica de uma ciência material é sua parte pura[46]. Como só uma ciência material pode ter uma parte metafísica, pode então haver uma metafísica da física e da ética, mas não da lógica (388).

2.5 Diferentemente da lógica, tanto a física como a ética têm uma parte "empírica"

A física repousa em leis puras ou *a priori*, mas tem também uma parte empírica na medida em que os objetos governados por suas leis são objetos da experiência ("fenômenos"). Como Kant observa aqui, as leis da física "têm de determinar as leis da natureza enquanto objeto da experiência". Kant sugere que nós nos equivocaríamos caso assumíssemos que as leis da física também legislam sobre objetos que *não* podem ser descobertos no domínio da experiência, objetos como Deus ou a alma imortal.

A ética tem uma parte empírica de acordo com este mesmo sentido. Seu objeto, a vontade humana, é igualmente um objeto da experiência. Essa é a mensagem que Kant pretende transmitir quando ele escreve que a ética tem a ver com "leis da vontade do ser humano na medida em que esta vontade é afetada pela natureza" (387). A vontade humana "afetada pela natureza" é a vontade de um objeto no espaço e tempo, governado por forças naturais e motivado, em sua conduta, por móbiles que derivam de sua natureza empírica. Decerto, nós sabemos pelas observações acima (na seção 2.2.) que Kant crê que podemos legitimamente pensar-nos não meramente como objetos da natureza, determinados pelas leis

---

[46]. Kant também fornece essa caracterização de metafísica também na *CRP*. Cf., p. ex., A 841/B 869.

da natureza, mas também como livres. Como livres, nossa vontade tem a capacidade de elevar-se acima das forças da natureza; ela pode iniciar ações a partir de um ponto de vista fora do tempo. Por conseguinte, dito mais precisamente, o objeto da ética, de acordo com Kant, é uma vontade que é *tanto* empírica *como* não empírica; ela é tanto um objeto da natureza como um objeto capaz de transcender a natureza. Mais especificamente, o objeto da ética de Kant é a vontade humana considerada a partir de cada um desses dois pontos de vista.

Kant chama a nossa atenção para um segundo aspecto pelo qual a ética tem uma parte empírica. Esse segundo aspecto merece ser considerado em detalhe. Kant faz alusão a ele *en passant* em (388) e com mais vagar em (389), assim como em outras partes do texto[47]. Em (388) ele escreve que a filosofia moral tem uma parte empírica na medida em que "leva em conta" condições sob as quais a lei moral "muito frequentemente" não consegue determinar a vontade. Sua sugestão parece ser a de que a filosofia moral tem uma parte empírica na medida em que se ocupa com fatores que interferem em nossa motivação para agir por dever. Obviamente, a lei moral nem sempre determina suficientemente nossa vontade. A maioria de nós, nem que seja ocasionalmente, se comporta de forma errada ou nutre pensamentos imorais. Em alguns casos, condições externas nos induzem a não respeitar o dever (p. ex., nós sucumbimos à pressão dos nossos semelhantes). Em outros casos, nosso comportamento é em parte causado por uma predisposição genética (um "mau gene" nos inclina à violência). A parte da filosofia moral que considera os muitos fatos empíricos contingentes que desempenham algum papel na determinação do

---

47. P. ex., na seção II em (412).

efeito da lei moral sobre nossa vontade é a parte a que Kant se refere como "antropologia" (389).

Como já mencionado, Kant nos fornece uma explicação mais detalhada sobre essa parte empírica da ética em (389). Em uma passagem ele designa à antropologia não apenas o papel que acabamos de discutir, mas também uma função adicional. A passagem merece ser citada integralmente:

> [T]oda filosofia moral repousa inteiramente sobre sua parte pura e, aplicada ao homem, não toma de empréstimo o mínimo que seja ao conhecimento do mesmo (antropologia), mas antes dá a ele, enquanto ser racional, leis *a priori* que exigem, decerto, uma capacidade de julgar aguçada por meio da experiência para, em parte, distinguir a quais casos elas têm a sua aplicação, e, em parte, assegurar-lhes acesso na vontade do ser humano e reforço para a execução, pois o ser humano, na medida em que é afetado por muitas inclinações, é, decerto, capaz da ideia de uma razão pura prática, mas não está tão facilmente em condição de torná-la eficaz *in concreto* na conduta de sua vida.

Uma observação contida nesta passagem pode levar a potenciais equívocos. Kant escreve que a filosofia moral "não toma de empréstimo o mínimo que seja" à antropologia. Conforme revelam as sentenças seguintes a essa passagem, a observação é exagerada e não deve, pois, ser considerada literalmente. Muito provavelmente Kant exagera aqui, pois deseja que tenhamos em mente que a filosofia moral não toma nada de empréstimo à antropologia *para sua fundação*. Em sua concepção não há nada empírico acerca da *origem* ou *justificação* da lei suprema.

A passagem citada atribui à antropologia dois papéis. Um deles é o que acabamos de considerar. Uma "capacidade de julgar aguçada por meio da experiência" é necessária, Kant nos diz, de modo a assegurar às leis morais "acesso na vontade do ser humano e reforço para a execução". Kant novamente ressalta aqui a utilidade que a antropologia pode ter no esclarecimento das condições necessárias para que as leis morais possam realmente nos motivar. Como Kant argumenta em outro lugar, a antropologia nos ensina que instituições sociais como a educação podem despertar em nós as formas corretas de atitude relativamente à lei moral e nos inspiram a agir a partir delas[48].

Porém, a antropologia desempenha uma função adicional. Ela pode também nos ajudar na aplicação da lei moral a casos concretos. Tão essencial quanto saber que somos motivados a agir a partir da lei é saber como aplicar a lei. Para tanto nós precisamos, dentre outras coisas, de conhecimento sobre a natureza humana. Eu não posso realizar de forma eficaz o dever de desenvolver meus talentos, por exemplo, se sou incapaz de identificá-los realisticamente. Tampouco posso agir por dever para ajudar meu semelhante, se ignoro suas carências particulares ou o tipo de ajuda que melhor lhe beneficiaria. Sem o conhecimento da natureza humana nossas boas intenções estão sujeitas a resultar em atos que são ineficazes ou até mesmo contraprodutivos.

Notemos que, se a filosofia prática não tivesse uma parte empírica conforme o primeiro sentido – ou seja, se seu objeto não fosse a vontade humana "afetada pela natureza" –, ela então não

---

48. Kant oferece uma útil elaboração desse ponto na Introdução à MC. A antropologia moral lida, ele escreve, "com as condições subjetivas tanto impeditivas como favorecedoras da realização das leis da primeira na natureza humana: a produção, difusão e consolidação dos princípios morais (na educação e no ensino escolar e popular) e, de igual modo, outros ensinos e prescrições fundados na experiência. Desta antropologia não se pode prescindir, mas ela não deve de modo algum preceder aquela metafísica dos costumes ou ser a ela misturada" (217).

exigiria uma parte empírica conforme o segundo sentido. Ou seja, a filosofia prática não teria a necessidade da antropologia[49].

3 A "Metafísica" dos Costumes (388)

Nós sabemos agora que, para Kant, a parte metafísica dos costumes e a da física são sua parte "pura" ou (como ele por vezes a denomina) "racional". A parte "pura" ou "racional" de ambas é aquela parte de seus preceitos que é *a priori*. A parte metafísica dos costumes, pois, refere-se a suas leis ou princípios *a priori*.

Kant argumenta que o princípio *a priori* supremo da filosofia prática é o imperativo categórico. Em minha introdução eu expus uma representação preliminar desta lei. Eu disse que ela necessariamente nos comanda respeitar a dignidade de toda natureza racional. A lei mesma é bem geral, mas Kant crê que ela seja capaz de ensejar comandos mais específicos. Ele sustenta que, quando aplicada à natureza humana, tal lei justifica um certo número de imperativos morais. Esses imperativos mais específicos exigem, por exemplo, que sejamos sinceros e benevolentes, que respeitemos a propriedade alheia, e assim por diante. De acordo com Kant, esses imperativos são também leis ou princípios metafísicos. A exemplo da própria lei moral suprema, eles têm seu fundamento e fonte na razão. Por conseguinte, eles são também *a priori*.

---

49. Em (412) Kant escreve que, ao passo que as leis morais "devem valer para todo ser racional enquanto tal", a antropologia é necessária para a "aplicação" das leis morais especificamente a seres humanos. Para uma discussão sobre o papel da antropologia na filosofia prática de Kant, cf. LOUDEN, R. *Kant's Impure Ethics*: From Rational Beings to Human Beings. • SCHMIDT, C.M. "The anthropological dimension of Kant's Metaphysics of Morals". *Kant Studien*, 96, 2005, p. 42-62. • WOOD, A. *Kant's Ethical Thought*, part II.

Nós podemos agora entender de forma mais adequada o título da obra que estamos analisando. A *Fundamentação* coloca o fundamento para a parte metafísica dos costumes. Sua tarefa é buscar e estabelecer a lei *a priori* que se encontra na base da filosofia prática, a lei que Kant denomina "imperativo categórico".

3.1 Ambiguidades no uso kantiano do termo "metafísica"

Nos primeiros parágrafos da *Fundamentação*, Kant usa o termo "metafísico" para referir-se àquela parte, derivada *a priori*, dos preceitos de uma ciência. Em outros contextos, contudo, ele usa o termo "metafísico" para designar uma coisa diferente. Por exemplo, na *Crítica da Razão Pura* ele ocasionalmente utiliza o termo para referir-se a uma forma particular de investigação, a saber, uma forma de investigação dedicada ao exame dos objetos que Kant designa como "suprassensíveis"[50]. Como mencionei na introdução, Kant argumenta na primeira *Crítica* que esses objetos não podem ser conhecidos por nós. O metafísico que assume que objetos como Deus, liberdade e alma imortal podem ser conhecidos é, segundo Kant, culpado de "dogmatismo" (CRP A xiv). Mas Kant também argumenta que nossas ideias acerca dos objetos tradicionais da metafísica podem ter um uso valioso – e até mesmo indispensável.

Esse último ponto é central não apenas para a filosofia teórica de Kant, mas também para sua filosofia prática. Na base de sua filosofia prática encontra-se a tese de que, embora não possamos ter o conhecimento de que somos livres, temos de, não obstante, pensar-nos como livres. Isso sugere a existência de um segundo

---

50. Cf., p. ex., B xiv da primeira *Crítica*, onde Kant define a metafísica como um "conhecimento especulativo da razão que se eleva inteiramente para além dos ensinamentos da experiência". Em B 395n. ele identifica como o "verdadeiro fim" da metafísica as três ideias de Deus, liberdade e imortalidade.

sentido pelo qual a *Fundamentação* pode ser considerada como contendo um componente metafísico. Sua abordagem em relação à filosofia prática é metafísica não apenas por ser baseada em leis *a priori*. A obra é também metafísica na medida em que investiga a "ideia e os princípios" de um objeto que não pode ser descoberto no domínio da experiência, a saber, a "vontade *pura*" (390). Ainda que a principal tarefa da *Fundamentação* seja "colocar o fundamento", isto é, buscar e estabelecer o imperativo categórico e, ao fazê-lo, fornecer uma fundação *a priori* para a filosofia prática, toda a empresa depende da ideia de que não somos meras peças nas engrenagens da natureza. O projeto da *Fundamentação* depende do fato de que necessariamente nos pensamos como tendo uma vontade que é pura. Ele apoia-se, ademais, no estabelecimento de que somos autorizados a pensar-nos dessa forma.

4 Sobre a necessária separação das partes pura e empírica da filosofia (388ss.)

Uma das principais passagens do Prefácio de Kant, um trecho ao qual frequentemente retornaremos ao longo do texto, diz respeito à importância de não confundir as partes pura e empírica da filosofia prática. Como já sabemos, a parte pura é a parte que é metafísica nos dois sentidos discutidos acima. Ela se refere, por um lado, às leis *a priori* na base da filosofia prática e, por outro, a um objeto com o qual a obra prioritariamente lida: a vontade pura. A parte empírica da filosofia prática, segundo Kant, refere-se tanto ao fato de que suas leis governam uma vontade humana que não é *apenas* pura, mas também "afetada pela natureza", e à função desempenhada pela antropologia.

4.1 Sobre a importância da divisão de trabalho (388-390)

A insistência de Kant sobre a necessidade de manter separadas as partes pura e empírica da filosofia prática surge já no sexto parágrafo do Prefácio. Ele faz menção aqui aos benefícios da divisão do trabalho para "todas as ocupações, ofícios e artes", benefícios estes que também premiam aqueles que resistem à tentação de tornarem-se um "faz-tudo". Kant sugere nesta passagem que a filosofia faria bem se seguisse tal exemplo. Aqueles envolvidos na parte empírica da filosofia deveriam ater-se aos seus afazeres, e aqueles envolvidos na parte pura deveriam ater-se aos seus. Ele então aconselha:

> que a parte pura seja sempre cuidadosamente separada da parte empírica, e que antes da física propriamente dita (empírica) seja anteposta uma metafísica da natureza e antes da antropologia prática [seja anteposta] uma metafísica dos costumes, que teria de ser cuidadosamente depurada de todo elemento empírico, para saber quanto a razão pura pode realizar em ambos os casos e de quais fontes ela mesma extrai *a priori* seus ensinamentos (388ss.).

Trata-se aqui de um tema recorrente na *Fundamentação*. Kant retorna a ele alguns parágrafos adiante, quando afirma que toda investigação que "mistura princípios puros com empíricos sequer merece o nome de filosofia" (390). Por ser de grande importância para Kant, precisamos esclarecer com detalhes o significado desse ponto.

Na passagem que acabamos de citar sobre a necessidade de manter a filosofia pura "purificada" de "tudo que somente pode ser empírico", Kant adverte que não percamos de vista a fundação metafísica ou pura da ética. Obviamente ele pensa que perdemos algo importante se basearmos a ética em um fundamento *empíri*-

co. Eu discuti longamente esse ponto em minha introdução. Sugeri ali que Kant fornece dois argumentos para negar que a moralidade seja baseada em um fundamento empírico. Será útil relembrar esses argumentos brevemente.

O primeiro argumento é exposto nessa importante passagem[51]:

> Todos têm de admitir que uma lei, se ela deve valer moralmente, isto é, como fundamento de uma obrigação, tem de trazer consigo necessidade absoluta; que o comando: tu não deves mentir, não vale apenas para o ser humano, que outros seres racionais não teriam a ver com ele, e assim todas as outras leis morais propriamente ditas; que, por conseguinte, o fundamento da obrigação aqui não tenha de ser buscado na natureza do ser humano ou nas circunstâncias do mundo nas quais aquele está colocado, mas antes *a priori* meramente em conceitos da razão pura (389).

Kant assume nessa passagem que concordamos que as leis morais são universalmente válidas. Como Kant escreve, elas são válidas não apenas para naturezas racionais humanas, mas para a natureza racional enquanto tal. Ele sugere que também concordamos que as leis morais obrigam com necessidade. Se eu tenho um dever de ser sincero em uma determinada circunstância, eu sou obrigado a agir a partir desse dever incondicionalmente. Minha obrigação não é nem parcial e nem negociável. Pelas razões mencionadas em minha introdução, Kant está convencido de que, se dermos à filosofia prática uma fundação empírica, nós perdemos sua validade universal e necessária. Esse é o motivo de ele insistir que "uma metafísica dos costumes é indispensavelmente necessária" (389).

---

[51]. Para passagens semelhantes, cf. *Fundamentação* (408, 411, 425, 441-445).

O segundo argumento de Kant a favor da tese de que a filosofia prática tem de ser "depurada" de "todo elemento empírico" refere-se ao papel da liberdade. Ele sustenta que toda a empresa de uma filosofia prática é minada, se não tivermos nenhuma justificação para atribuir-nos a capacidade da liberdade. Esse segundo argumento não é explicitamente mencionado em nenhuma passagem do Prefácio, porém é insinuado na seguinte observação:

> [A] metafísica dos costumes deve investigar a ideia e os princípios de uma possível vontade *pura*, e não as ações e condições do querer humano em geral, as quais são em sua maior medida extraídas da psicologia (390ss.).

A filosofia prática tem de fundar-se na razão, de modo a assegurar que seus princípios sejam universal e necessariamente válidos. Entretanto, a filosofia prática exige ainda, como uma condição de possibilidade, a pressuposição de uma vontade que é pura ou livre. Se considerarmos a natureza humana apenas de um ponto de vista empírico – se tomarmos a vontade humana como nada mais do que uma vontade "afetada pela natureza" –, nós negamos, com efeito, nossa capacidade de agir por motivos que são não empíricos ou puros. Nós não teríamos, pois, a opção de defender a tese de que temos liberdade. Se não pudermos defender esta tese, então nossas atribuições de responsabilidade e capacidade de ação são vazias.

5 Enveredando por um campo inteiramente novo: a vontade pura (390ss.)

Dada a centralidade da ideia de uma vontade pura no projeto kantiano da *Fundamentação*, é estranho que ele escreva tão pouco sobre ela no Prefácio à obra. Assim, ele mal nos prepara para o foco de boa parte de suas discussões na seção I. O principal objetivo dessas discussões é o de delinear elementos de um tipo especial de motivação, aquela cuja fonte não é a natureza, mas, sim, a liberdade. Dito em outros termos, o objetivo central de Kant na seção I é elucidar o que significa ser motivado pela vontade pura.

A única indicação que Kant nos dá no Prefácio acerca da importância dessa ideia é sua observação de que, com a ideia de vontade pura, ele está se enveredando por um "campo inteiramente novo". Segundo ele, o que é novo é a noção de uma vontade "plenamente determinada por princípios *a priori*, sem quaisquer motivos empíricos". Aqui, Kant nos alerta para o fato de que sua filosofia prática se escora em uma concepção de motivação humana sem precedentes na história da filosofia. A vontade pura, como Kant a designa, não pode ser examinada ou elucidada a partir do ponto de vista da "psicologia", já que ela não pertence à espécie de objeto suscetível de um estudo empírico ou científico. A vontade pura é um objeto "metafísico", um objeto que não pode ser encontrado em nenhum lugar no domínio da experiência. Ela é capaz de nos motivar a agir; porém, ela o faz de maneira singular, a saber, a partir de um ponto de vista localizado fora do espaço e tempo.

Dessa forma, Kant nos alerta que sua ideia de vontade pura exige que pensemos a vontade humana de uma forma radicalmente nova. Sua concepção de liberdade não é redutível àquela de um compatibilista comum, para o qual a liberdade é meramente a ausência de coerção externa. Ela tampouco é inteiramente identificada como a capacidade de autodeterminação, de ação deliberada ou, ainda, de ação governada por razões que damos a nós mesmos. Essas caracterizações apontam para – sem capturá-la inteiramente – a concepção de liberdade que Kant considera necessária para fundar a filosofia prática. Elas deixam de lado um componente essencial do que é metafísico sobre sua "metafísica dos costumes", a saber, a ideia de uma vontade que é pura[52].

6 A organização da *Fundamentação* (392)

Kant divide a *Fundamentação* em três seções que se seguem ao Prefácio:

I. Primeira seção: Passagem do conhecimento racional moral para o conhecimento filosófico.

II. Segunda seção: Passagem da filosofia moral popular para a metafísica dos costumes.

III. Terceira seção: Último passo da metafísica dos costumes para a crítica da razão prática (392).

Tudo o que Kant escreve no Prefácio a respeito da organização da obra é que ele irá ali "tomar o caminho que vai analiticamente do conhecimento comum até a determinação do princípio supremo do mesmo e que, por sua vez, volta sinteticamente do exame desse princípio e das fontes do mesmo até o conhecimento comum, no qual encontra-se seu uso" (392). No último parágrafo da seção II Kant afirma que ambas as seções I e II são "analíticas". As seções I e II são, pois, "analíticas", e a seção III é "sintética" (ou "prossegue sinteticamente"). O que significam esses termos?

Para elucidá-los, podemos tirar proveito de algumas pistas fornecidas por Kant em outras obras. Nos *Prolegômenos para toda metafísica futura que queira apresentar-se como filosofia*, de 1783,

---

52. Eu concordo, assim, com Henry Allison, que escreve em seu *Kant's Theory of Freedom* que "a filosofia moral de Kant repousa, em última instância, em uma concepção 'espessa' de liberdade e não em uma concepção 'fina', relativamente não problemática, de capacidade racional de ação".

Kant escreve que proceder analiticamente significa começar de um conceito não controverso ou aceito de modo geral e então investigar suas condições de possibilidade[53]. Tanto nos *Prolegômenos* como no § 117 da *Lógica de Jäsche*, de 1800, Kant descreve essa forma de investigação como "regressiva": nós "regressamos" de um conceito até os princípios ou assunções que têm de ser pressupostos para explicá-lo e também fundá-lo ou condicioná-lo. O objetivo desse procedimento é obter uma melhor compreensão do conceito em questão, assim como das condições sobre as quais este repousa.

Já que Kant afirma que as seções I e II da *Fundamentação* são "analíticas", nós podemos primeiramente tratá-las como uma unidade. Qual é o conceito que Kant sujeita à análise em ambas as seções? O último parágrafo da seção II é informativo. Ali, Kant pondera o que ele realizou até então no texto. Ele escreve que até aquele ponto da discussão ele já havia explicado o "conceito da moralidade universalmente aceito" e revelado que a autonomia da vontade "subjaz a ele" (445). A seção I da *Fundamentação* começa com o "conceito da moralidade universalmente aceito" (trata-se do "conhecimento racional moral comum" mencionado no texto). Kant aplica seu procedimento analítico e determina assim, ao final da seção II, que na base daquele conceito universalmente aceito está a tese ou assunção de que a natureza humana é dotada de autonomia ou liberdade da vontade. No momento em que atinge o final da seção II, portanto, Kant já havia completado a passagem do

---

53. Kant escreve nos *Prolegômenos* que ele começará com algo "que se conhece como seguro, a partir do qual se possa partir com confiança e alçar-se até as fontes que não são ainda conhecidas e cuja descoberta não apenas nos esclarece o que se sabia, mas também, ao mesmo tempo, nos apresentará a extensão de muitos conhecimentos que surgem, em seu conjunto, destas mesmas fontes" (§ 4 (275)). Alguns poucos parágrafos adiante, Kant descreve o procedimento analítico desta forma: "Parte-se do que é buscado, como se já fosse dado, e se alça até as únicas condições sob as quais ele é possível" (§ 5 (276n.).)

conceito "comum" de dever até a "metafísica dos costumes", mencionada no título da seção II. Por conseguinte, podemos dizer que as seções I e II constituem, juntas, as duas partes da investigação analítica que começa com o conhecimento comum da moralidade e regressa até a ideia sobre a qual o conhecimento comum em última instância repousa: a ideia de uma vontade livre ou autônoma.

As seções I e II, contudo, abrangem temas diferentes. Dessa forma, o regresso analítico em cada seção se dá através de etapas distintas. O título da seção I anuncia que ali haverá uma "passagem" do "conhecimento racional moral comum" até o "conhecimento moral filosófico". Como já mencionado, a seção I começa com um exame do conceito comum de moralidade, o conceito de uma boa vontade. O movimento da argumentação é o de uma regressão até o conhecimento "filosófico" do conceito. O objetivo de Kant com isso é dizer-se capaz de, graças ao exame do conceito comum, revelar as teses ou assunções que subjazem em sua base. Ao fazê-lo, Kant aprofunda nossa compreensão do conceito em questão. Por exemplo, aprendemos que no julgamento de uma vontade como boa está implicado que ela age por dever, não por inclinação. Levando nossa análise um pouco mais além, também aprendemos que na afirmação de que uma pessoa age por dever está implicado que ela é motivada por uma lei prática *a priori*, a saber, o imperativo categórico.

O título da seção II indica que devemos esperar aqui uma passagem diferente, desta vez de uma "filosofia moral popular" até uma "metafísica dos costumes". Diferentemente do que poderíamos esperar, o conceito de "filosofia moral popular" não é idêntico ao conceito de "conhecimento racional comum" com o qual Kant abre a seção I. De fato, segundo a concepção de Kant, o conceito popular de moralidade não é confiável. Ele o introduz no início da seção II apenas para nos advertir que não devemos confundi-lo com o "julgamento moral comum", que, em suas palavras, é "digno de todo respeito" (412). A concepção popular faz uma breve aparição na seção II, mas depois desaparece da discussão de Kant.

Assim, uma etapa da passagem, na seção II, da "filosofia moral popular" para uma "metafísica dos costumes" desqualifica a primeira como uma guia confiável até o conceito de moralidade. Depois de desqualificar a concepção "popular" nos primeiros parágrafos da seção II, Kant então retorna ao trabalho que iniciara na seção I: ele continua a conduzir sua análise do conhecimento "comum". O regresso culmina em uma concepção da moralidade que é metafísica em dois sentidos: (i) Ela revela, como um resultado do trabalho analítico da seção I, que a lei que exprime o dever é *a priori*, não empírica; (ii) ela revela, como um resultado da análise da seção II, que a própria possibilidade do dever ou da obrigação prática tem "em seu fundamento" a ideia de uma vontade que é autônoma ou livre.

Ainda temos que comentar o contraste que Kant realiza entre as duas primeiras ("analíticas") e a terceira ("sintética") seções da *Fundamentação*. O título da seção III é "Passagem da metafísica dos costumes até a crítica da razão prática pura". Em outro lugar Kant observa que uma investigação "sintética" é "progressiva" ao invés de "regressiva"[54]. Sua breve descrição do método sintético no Prefácio, contudo, parece sugerir justamente o contrário. O que Kant nos diz aí é que ele irá "*voltar* sinteticamente do exame desse princípio [o princípio moral supremo] e das fontes do mesmo até o conhecimento comum, no qual encontra-se seu uso" (392; grifo meu). Ora, de que forma o movimento da argumentação na seção II é sintético ou progressivo?

---

54. *Prolegomena* § 5 (276n.)).

Por ser particularmente difícil de entender a natureza do argumento de Kant na seção III, é melhor adiar um tratamento detalhado dele até termos avançado mais em nosso comentário[55]. Não obstante, algumas poucas observações são bem-vindas aqui. No final da seção II, Kant crê ter-nos persuadido de que o conceito comum de dever depende da ideia de uma vontade que é autônoma. Ele crê ter demonstrado isso ao ter tornado explícito, por meio de um procedimento analítico, o que é já pensado no conhecimento comum da moralidade. A tarefa da seção III é diferente. Não se trata aqui de tornar explícitas as teses ou assunções que estão implícitas em um dado conceito. Pelo contrário, o papel desta seção é de justificação. À altura do final da seção II, Kant já havia revelado que necessariamente nos pensamos como autônomos. Na seção III ele vai além e demonstra que essa concepção de si é legítima. Ele procura estabelecer que podemos legitimamente considerar-nos como determinados a agir não apenas por leis da natureza, mas também por leis da liberdade. Ele busca mostrar que essa concepção de si é mais do que apenas uma ilusão para autointeresse.

A única pista que Kant nos dá quanto ao método de argumentação da seção III – para além de dizer que ele não é analítico – está contida no título da seção. O título indica que será realizada uma passagem da "metafísica" (da ideia de uma vontade pura) para uma "crítica da razão prática". Ele se refere ao esforço de Kant para demonstrar que a razão pura pode ser a fonte de leis que governam nosso comportamento – que a razão pura pode ser prática[56]. Em outras palavras, a frase se refere ao projeto kantiano de estabelecer

---

55. Eu começarei a abordar esse tema na seção final de minha discussão da seção II.
56. No Prefácio à *CRPra*, Kant escreve que a tarefa de uma "crítica da razão prática" é a de demonstrar "que há uma razão prática pura" (3). Dito de outra maneira, sua tarefa é a de estabelecer [*establish*] que a "liberdade é real".

que somos autorizados a nos pensar como determinados a agir por leis da vontade pura[57]. Quanto ao método utilizado para assegurar essa autorização, basta dizer, por ora, que a prova consiste em argumentar que nossa consideração de nós mesmos como criaturas meramente empíricas, como determinadas por leis da natureza em tudo o que fazemos, é criticamente incompleta. Como observei na introdução, Kant toma de empréstimo argumentos que ele havia defendido na *Crítica da Razão Pura* para alegar que o conhecimento científico, incluindo o conhecimento científico da natureza humana, em última instância e necessariamente tem de basear-se em ideias que ele mesmo não pode justificar.

Como vimos, Kant sugere que o argumento da seção III não é apenas progressivo, mas também envolve um passo para trás. Ele sugere isso ao escrever que sua argumentação irá "voltar sinteticamente do exame desse princípio [o princípio moral supremo] e das fontes do mesmo até o conhecimento comum, no qual encontra-se seu uso" (392). Ele não explica como a seção III nos leva de volta ao conhecimento comum da moralidade, mas podemos arriscar um palpite. Quando Kant chega ao final da seção III, ele crê ter conseguido estabelecer que podemos legitimamente pensar-nos como autônomos ou livres. Uma vez estabelecido isso, Kant pode voltar e refletir sobre seu ponto de partida e satisfazer-se por ter realizado seu trabalho. Ele pode afirmar que, graças a seus esforços, o conhecimento comum da moralidade com o qual sua investigação tem início está agora seguramente fundamentado.

---

57. Kant identifica a vontade (pura) e a razão prática na *Fundamentação*, em (412).

3

Seção I: Passagem do conhecimento racional moral comum para o conhecimento filosófico

1 Introdução

1.1 O título da seção I

Nos parágrafos finais do último capítulo nós vimos como Kant declara que irá, na seção I, proceder "analiticamente" do "conhecimento racional moral comum" até a "determinação de seu princípio supremo" (392). A "passagem" a que Kant faz referência no título da seção I é, pois, a passagem do que ele supõe ser um conceito universalmente aceito – neste caso, o conceito de uma vontade boa – para as teses ou assunções nas quais tal conceito está fundado ou baseado. O movimento é regressivo: de um conceito condicionado para as suas condições[58].

Contudo, na concepção de Kant, o que qualifica um conhecimento como "comum" na concepção? Essa questão é particularmente premente à luz do fato de que Kant insistirá, na seção II, na distinção entre um conhecimento "comum" e um "popular" da boa vontade. Em nossa discussão do Prefácio vimos que Kant está

---

58. Para uma explicação do que significa que um conceito seja condicionado, cf. minha discussão na seção 6 do capítulo 2, incluindo a nota de rodapé correspondente.

convencido de que apenas o conhecimento comum enseja um discernimento confiável da boa vontade. Nós examinaremos com maior detalhe os argumentos de Kant quando nos voltarmos, no próximo capítulo, à discussão sobre os primeiros parágrafos da seção II. Por ora, notemos apenas que Kant parece identificar "conhecimento moral comum" com algo próximo a uma intuição ou discernimento moral[59]. O conceito popular de boa vontade não é confiável, segundo Kant, pois ele deriva o conceito de dever de uma fonte diferente, a saber, da experiência.

Conforme veremos mais adiante, a *Fundamentação* contém um significativo número de referências ao conhecimento comum. Por exemplo, bem provavelmente Kant tem em mente o conhecimento comum quando escreve, no Prefácio, que:

> Todos têm de admitir que uma lei, se ela deve valer moralmente, isto é, como fundamento de uma obrigação, tem de trazer consigo necessidade absoluta (389).

Por repetidas vezes na *Fundamentação*, Kant nos diz que a razão humana comum (ou "são entendimento natural", como ele por vezes chama[60]) concorda com a natureza do dever e seu princípio subjacente[61]. Portanto, tomando como ponto de partida na seção I o conceito comum de boa vontade, sem dúvida Kant crê estar iniciando sua discussão com um conceito que é incontroverso. A razão comum sabe distinguir a boa da má conduta, ele nos diz no final da seção I (404). Ela sabe isso sem a ajuda da ciência

---

59. Isso é confirmado pela primeira sentença da seção II, onde Kant escreve enfaticamente que o conceito "comum" de dever não é um conceito da experiência (406). Como ele mesmo nota alguns parágrafos adiante, a origem do conceito comum de dever repousa, "antes de toda experiência", na razão (408).
60. Cf. *Fundamentação* (397).
61. Kant levanta uma pretensão semelhante em A 807/B 835 da CRP.

ou da filosofia ou mesmo da experiência mundana (403s.). A razão humana comum concorda sobre o que deve ser feito para que sejamos "honestos e bons, e até mesmo sábios e virtuosos" (404).

Como já indicado, Kant afirma que realizamos a passagem do conceito comum para o filosófico de uma boa vontade ao empregarmos o método de análise. Quando analisamos o conceito e refletimos sobre ele, devemos ser capazes de descobrir as teses ou assunções sobre as quais ele repousa. À medida que a argumentação da seção I progride, Kant gradualmente desvela essas assunções. De sua análise do conhecimento comum da boa vontade nós descobrimos que:

i) O caráter bom da boa vontade tem a ver com sua motivação, não com o que ela efetivamente realiza (394).

ii) Uma boa vontade é motivada pelo dever (398).

iii) O dever "é a necessidade de uma ação por respeito à lei" (400).

iv) A lei prática, que merece nosso respeito, é o imperativo categórico (402).

Apenas na seção II Kant denomina explicitamente "imperativo categórico" a lei que merece nosso respeito. No entanto, ele fornece já na seção I a primeira formulação da lei:

> Eu nunca devo proceder de outra forma senão de tal modo que *eu também possa querer que minha máxima deva tornar-se uma lei universal* (402).

Ao final da seção I, Kant afirma ter completado a passagem do "conhecimento racional moral comum" para o "conhecimento moral filosófico". Ele analisou o conhecimento comum de uma boa vontade e aprofundou com isso nossa compreensão do sentido desse conceito. Ele revelou as principais teses ou assunções que repousam em sua base. Como ele observa nos parágrafos finais da seção, uma "passagem" do entendimento comum para o filosófico do conceito é necessária, pois a razão humana comum ou filosófica engana-se facilmente (404ss.). Embora saiba a diferença entre boa e má conduta, a razão humana comum por vezes é tentada a agir contrariamente ao dever. Ela procura formas de racionalizar suas ações quando sucumbe a essa tentação. Ela é propensa a enganar a si mesma sobre o que é exigido pelo dever. Uma passagem para o conhecimento moral filosófico é necessária, Kant argumenta, para proteger o conceito de dever contra corrupção. Um entendimento filosófico nos mantém honestos sobre o significado ou "correta determinação" do conceito (405).

1.2 Os parágrafos iniciais da seção I: O conhecimento comum de uma boa vontade

O "conhecimento racional moral comum" com o qual a seção I se inicia é a ideia de uma boa vontade. Como vimos, a única menção de Kant à vontade no Prefácio é esta:

> a metafísica dos costumes deve investigar a ideia e os princípios de uma possível vontade *pura* (390).

Decerto, esse comentário se refere à vontade pura, não à boa vontade. Mas Kant pretende estabelecer uma conexão entre esses dois conceitos; com efeito, uma de suas principais tarefas nas seções I e II é a de estabelecer tal conexão. Como notado anteriormente, ele argumenta na seção I que uma boa vontade é boa por causa de sua motivação. Uma boa vontade age "por dever" e por "respeito" à lei. Quando Kant nos diz que uma boa vontade age por dever e por respeito à lei, ele pretende com isso distinguir esse tipo de motivação de outros tipos de motivação. Ele está particularmente preocupado em contrastar o motivo do dever com aquele da liberdade. Eu já discuti na introdução os argumentos de Kant em relação a esse ponto. Eu chamei atenção ao fato de que, quando agimos pela felicidade, somos motivados, segundo Kant, por móbiles que são empíricos. Embora tenhamos a liberdade de decidir se permitimos ou não que esses móbiles governem nossa ação, não podemos, a rigor, escolhê-los. A natureza nos determina a tê-los. Ademais, para Kant, móbiles que não são puros, mas sim empíricos, não podem servir de suporte a comandos que têm o estatuto de lei, comandos que são universal e necessariamente válidos[62].

2 Nada é bom sem restrição, a não ser a boa vontade (393-396)

A discussão começa com essa sentença:

> Não há nada em lugar algum, no mundo e até mesmo fora dele, que se possa pensar como sendo bom sem restrição, a não ser tão somente uma *boa vontade*.

Kant indica aqui que a marca distintiva de uma boa vontade é ela ser boa "sem restrição". Por si mesma esta caracterização

---

62. Minha caracterização de móbiles como "empíricos" pode parecer redundante à luz da observação de Kant na seção II (427), segundo a qual ele usou o termo "móbil" [*Triebfeder*] para referir-se a fins "subjetivos" (i. é, empíricos ou contingentes). Kant, porém, não é perfeitamente consistente no uso desse termo. Em (440), p. ex., ele identifica "respeito" pela lei moral como um "móbil". Quanto ao uso de Kant do termo "motivo" [*Bewegungsgrund*], ele nos diz em (427) que esse termo é reservado para fins que são objetivos. Em minha discussão eu me distancio de Kant e utilizo "motivo" para referir-me a fins ou propósitos em geral, sejam eles subjetivos (contingentes) ou objetivos (necessários). Para uma discussão sobre a importância da distinção entre motivo e móbil em Kant, cf. o capítulo 10 de ALLISON, H. *Kant's Theory of Freedom*, p. 186ss.

não diz muita coisa; ela não indica o aspecto preciso pelo qual a boa vontade, segundo Kant, não tem restrições. Kant introduz a seguinte comparação para explicar isso: todos os outros bens, ele nos diz, são bons apenas relativamente. Ele menciona três conjuntos de bens relativos ou condicionais e classifica os dois primeiros sob a designação "dons da natureza". Dentre os vários dons da natureza incluem-se aqueles referidos por Kant como "talentos da mente". Entendimento, engenho e poder de julgar são contados como dons da natureza, presumivelmente, pois nós devemos a posse deles, ao menos em parte, a alguma capacidade inata. Eles são bens na medida em que proporcionam algum benefício seja àqueles que os detêm, seja a outros. Da mesma forma, Kant identifica as "propriedades do temperamento" como dons da natureza. Estes incluem traços de caráter tais como "coragem, resolução e perseverança nos propósitos".

Kant se refere à segunda classe de bens relativos como "dons da fortuna". Estes dons são concedidos a nós não por natureza, mas pelas circunstâncias. Alguns de nós, em algum momento de nossas vidas, somos afortunados o suficiente para gozar de bens tais como poder, riqueza, honra, saúde e felicidade. Porém, segundo Kant, nem mesmo a felicidade, definida aqui como o "completo bem-estar e contentamento com o próprio estado", é um bem incondicional.

Por que Kant caracteriza os bens acima como apenas relativa ou condicionalmente bons? É tentador responder essa pergunta a partir da observação de Kant de que, embora eles possam ser "bons e desejáveis para vários propósitos", esses bens podem também tornar-se "extremamente maus e nocivos" (393). Seria possível interpretar essa passagem da seguinte forma: ora, o valor relativo daqueles bens liga-se ao fato de eles poderem levar a más consequências. Pode sempre ocorrer, por exemplo, que uma pessoa afortunada o suficiente para possuir grande poder use este poder para oprimir os outros. Da mesma forma, uma pessoa naturalmente muito inteligente pode decidir dedicar seus dons para fins destrutivos. Porém, nós interpretamos equivocadamente Kant se entendemos que aqueles dons da natureza ou da fortuna são bens condicionais somente, pois eles, em alguns casos, resultam em más consequências. Se assim o fosse, Kant teria então de dizer sobre a vontade incondicionalmente boa que ela sempre produz bons efeitos. Mas esta não é a visão de Kant. Pelo contrário, ele afirma que o caráter bom de uma boa vontade não tem relação alguma com "o que ela efetua ou obtém".

Para melhor compreender o que Kant tem em vista ao afirmar que alguns bens são apenas condicionalmente bons, será útil retornar à observação com a qual iniciamos, desta vez citando-a integralmente. Kant diz dos bens condicionais ou relativos que eles podem tornar-se "extremamente maus e nocivos", se a vontade que deve utilizá-los "não for boa". A alegação de Kant aqui é que os bens são apenas condicionalmente bons, pois eles não são necessariamente acompanhados de uma boa vontade ou um bom "caráter". A menos que sejam acompanhados de uma boa vontade, tais bens podem tornar-se "extremamente maus". Para Kant, mesmo os bens que são "favoráveis" à boa vontade e "tornam seu trabalho mais fácil" (bens como "moderação nos afetos e paixões" e "autocontrole") são desprovidos de valor incondicional. Eles são desprovidos de valor incondicional, pois pode ocorrer que essas características sejam acompanhadas de uma vontade que *não* é boa. Como Kant observa, um "malfeitor" ou "vilão" pode possuir qualidades de autocontrole e sangue-frio, qualidades que o ajudam a atingir seus fins. Mas essas qualidades são apenas relativamente boas. Longe de pertencerem a uma vontade que é boa, elas pertencem à vontade de um malfeitor (394).

Kant claramente sustenta que o caráter incondicionalmente bom de uma boa vontade é uma função do que a motiva. Ele é explícito sobre esse ponto quando escreve que uma boa vontade é incondicionalmente boa não devido ao "o que ela efetua ou obtém [...], mas tão somente pelo querer" (394). Kant tem em mente situações em que os dons da natureza ou da circunstância não são acompanhados pelo bom caráter ou guiados pelos "princípios básicos" corretos. Por essa razão ele afirma que nem mesmo a felicidade é incondicionalmente boa; mesmo a felicidade pode ser obtida por pessoas de mau caráter. O que *é* incondicionalmente bom, segundo Kant, é a pessoa que, devido a seu caráter admirável, é *merecedora* da felicidade (393). Uma tal pessoa é motivada da maneira certa.

É bem possível que nesse momento surjam questões sobre a forma como Kant trata os efeitos de nossas ações. Baseando-se nas passagens que acabamos de ver, é inegável que Kant aceita a tese de que os efeitos das ações não são relevantes para avaliarmos um caráter. Em suas palavras, o valor de uma boa vontade tem a ver "apenas" com seu querer. A "utilidade ou inutilidade" de uma boa vontade não pode nem adicionar nem subtrair nada de seu valor. Mesmo se lhe "faltassem todos os recursos para levar a cabo seus propósitos", Kant escreve, a boa vontade continuaria a "brilhar" "como uma joia" (394). Esse aspecto da posição de Kant pode nos soar enigmático, pois não é difícil imaginar uma pessoa que é pura de coração – cujos propósitos são sempre bons –, mas é, ao mesmo tempo, um "zero à esquerda" quando tenta realizar aqueles propósitos. Ao invés de espalhar sua bondade interna, essa pessoa parece não causar outra coisa do que dano à sua volta. Ela é como aquela pessoa que cria plantas, mas as mata regularmente, ou que ama crianças, mas sempre as faz chorar. Nós acharíamos apropriado caracterizar a vontade dessa pessoa como incondicionalmente boa? Kant não parece ter dúvidas que sim. Afinal de contas, o problema em tais casos não é a volição ou o querer do agente, mas, antes, sua inabilidade em efetivamente levar a cabo os fins de seu querer. O que falta a tal pessoa não é boa vontade, mas um bom julgamento[63].

Kant admite que, mesmo o "entendimento comum" aceitando a ideia de uma vontade cujo caráter bom não tem nada a ver com sua utilidade, tal ideia, não obstante, é, ela mesma, "estranha" (394). Kant está consciente de que precisa detalhar mais o que motiva uma boa vontade. Nos três parágrafos que se seguem Kant se inclina a fazê-lo, porém de forma indireta. Com efeito, esses parágrafos não parecem ter, à primeira vista, conexão alguma com a discussão que imediatamente lhes precede. Kant nos chama a atenção para os poderes únicos de nossas faculdades instintivas e racionais, bem como para as suas funções específicas. Ainda que, à primeira vista, isto não seja claro, esses comentários são parte de seu esforço em elucidar a motivação de uma boa vontade. Kant inclui essas observações sobre os respectivos papéis da razão e do instinto, pois irá, em seu devido tempo, afirmar que o que motiva uma boa vontade é a razão.

---

[63]. Com efeito, não seria incorreto caracterizar o querer de uma boa vontade, na concepção de Kant, como necessariamente bom. A boa vontade, a rigor, não pode causar más consequências; apenas um mau julgamento pode produzir maus efeitos. Novamente, o problema não reside no querer, mas na implementação do que é desejado. Sobre esse ponto, cf. PATON, H. *The Categorical Imperative*, p. 40. • ENGSTROM, S. "Kant's conception of practical wisdom". *Kant-Studien*, 88, 1997, p. 16-43.

2.1 A "verdadeira destinação" da razão (395-396)

Esses parágrafos contêm um considerável número de teses e assunções sobre nossas faculdades de razão e instinto, e sobre o papel que a natureza lhes designou. Kant não se dá aqui ao trabalho de defender essas teses, uma vez que já o fizera em outros textos. Como acabei de mencionar, Kant conclui esses parágrafos com a pretensão de que a boa vontade é motivada pela razão. De maneira a preparar o caminho para tal conclusão, Kant introduz sua concepção sobre a natureza e função da razão[64].

Kant parte da afirmação de que a natureza designou fins às nossas várias faculdades, fins para os quais cada uma das faculdades é melhor adaptada. A natureza não designa à nossa faculdade de razão a tarefa de assegurar nossa felicidade (nossa "conservação" e "prosperidade"). Se assim o fosse, a natureza teria "tomado muito mal suas providências". Como Kant enfaticamente escreve, o "discernimento" da razão é muito fraco para formular um plano de obtenção da felicidade ou determinar os meios para obtê-la.

Por "razão" Kant tem em mente nesses parágrafos não a faculdade teórica de conhecimento, mas uma faculdade "prática", uma faculdade capaz de influenciar nossa conduta. Porém, o fato de Kant estar descrevendo aqui a função da razão prática torna ainda mais misterioso o motivo de ele achar essa faculdade pouco apropriada para assegurar nossa felicidade. Se a razão pode nos determinar a agir, por que ela é incapaz de nos determinar de uma maneira que satisfaça o interesse por nossa prosperidade? Por que Kant quer tanto nos convencer de que o "instinto" (ou o que ele também denomina "inclinação") é mais indicado para esse serviço?

---

[64]. Paton fornece uma útil discussão sobre esses parágrafos em *The Categorical Imperative*, p. 44.

Novamente, esses parágrafos contêm meras asserções que não são defendidas ou mesmo explicadas. Kant simplesmente alega que a razão não é apta para ocupar-se com a felicidade. Quando uma razão "cultivada" busca avidamente os "prazeres da vida" e a "felicidade", Kant observa, ela tende a errar o alvo. Não apenas a razão é mal-equipada para satisfazer essas necessidades como também está preocupada com necessidades próprias. Ela adiciona ou "multiplica" as necessidades ou fins colocados pelo instinto, e os fins que ela adiciona são diferentes daqueles da felicidade. Esta é uma das principais teses que Kant pretende que retenhamos dessa discussão: os fins ou propósitos colocados pela razão prática são distintos dos fins colocados pelo instinto ou pela inclinação.

Kant aprofunda esses temas em dois ensaios que apareceram nos anos imediatamente anteriores e posteriores à publicação da *Fundamentação*: os ensaios *Ideia de uma história universal de um ponto de vista cosmopolita*, de 1784, e *Começo conjetural da história humana*, de 1786. Em *Ideia de uma história universal* Kant descreve a razão como a "faculdade de ampliar as regras e os propósitos do uso de todas as forças muito além do instinto natural"[65]. Caso a natureza não nos tivesse dado razão, Kant sugere, nós não teríamos então nunca "nos elevado [...] da máxima rudeza à máxima destreza e à perfeição interna do modo de pensar"[66]. A faculdade de razão é responsável, portanto, pelo progresso que a humanidade fez para além da animalidade natural.

Contudo, como Kant continua argumentando, esse progresso tem seu preço. As criaturas governadas por instinto satisfazem suas

---

65. IHU (18). Segunda proposição.
66. IHU (20). Terceira proposição.

necessidades no momento em que respondem ao chamado da natureza (ao obter comida, abrigo e assim por diante). Os fins ou propósitos dessas criaturas são dados pela natureza e não produtos do arbítrio. Criaturas detentoras de razão, porém, são capazes de imaginar e criar fins. Esses fins criados ou "artificiais" (como, p. ex., o desejo de estima) são mais complicados e também mais difíceis de satisfazer[67]. O dom do arbítrio e da autodeterminação que vem com a posse da razão traz consigo, pois, um novo conjunto de responsabilidades e fardos. Kant nota na *Fundamentação* que muitos reagem a esses fardos e à inabilidade da razão em assegurar nossa felicidade com uma atitude de "misologia", um ódio à razão (395).

Quando Kant no parágrafo seguinte da *Fundamentação* passa a expor em detalhe sua concepção sobre o fim particular que a natureza designou à faculdade da razão prática, o que ele pretende nos dizer é que a função da razão prática não consiste em assegurar a liberdade ou produzir uma vontade que é boa meramente como meio para a felicidade. Pelo contrário, a função da razão prática é produzir uma vontade que é *"boa em si mesma"*. Essa é, ele diz, a "verdadeira destinação" da razão. No que diz respeito ao que Kant entende por uma vontade que é boa em si mesma, nós sabemos até agora apenas que seu caráter bom não tem nada a ver com o esforço de assegurar fins colocados pela inclinação ou instinto. Não apenas o fim colocado pela razão prática é diferente dos fins colocados pela inclinação ou instinto, como também o fim colocado pela razão prática exige algumas vezes que sacrifiquemos aqueles outros fins. Em outras palavras, uma vontade que é boa

---

67. Como o próprio Kant nota, a concepção sobre fins da razão prática que ele discute, em 1786, no *Começo conjetural da história humana* é tomada de Rousseau. Conforme veremos, Kant nos oferece sua própria variação da concepção de Rousseau na *Fundamentação*.

em si mesma tem de agir em alguns casos de uma maneira que limita ou interfere na obtenção da felicidade[68].

2.2 Os efeitos efetivos *versus* os pretendidos do querer (395-397)

Passemos rapidamente em revista o que vimos nas últimas páginas. Nós começamos a seção 2 introduzindo a concepção kantiana da boa vontade. Nós descobrimos que o caráter irrestritamente bom da boa vontade tem a ver com seu querer ou motivação, não com o que ela "efetua ou obtém" (394). Nós notamos que dessa concepção resulta que uma vontade pode ser boa sem qualificação ou restrição mesmo se os efeitos de seu querer sejam "maus" ou "nocivos". Nós então exploramos as primeiras dicas que Kant nos deu sobre a motivação da boa vontade. Vimos que, segundo a definição de Kant, uma boa vontade é motivada por fins da razão prática, não por fins do instinto ou inclinação.

É importante que não percamos de vista que, quando Kant afirma que a boa vontade brilha "como uma joia", independente dos efeitos de seu querer, ele está se referindo aos efeitos *efetivos* do querer (394). Ele pretende com isso reconhecer que a melhor das intenções pode sair pela culatra, e isto não devido a alguma falha por parte do agente. Ao acompanhar um idoso pela rua, o vizinho bondoso não poderia ter previsto estar levando o idoso diretamente para a linha de fogo de um *sniper*.

Porém, a insistência de Kant de que os efeitos *efetivos* do querer de um agente são irrelevantes na avaliação do caráter bom ou não da vontade de um agente não deve ser interpretada como se

---

68. Para uma discussão mais detalhada dessas passagens da *Fundamentação*, cf. o artigo de Christoph Horn: "Kant on Ends in Nature and in Human Agency". In: HORN, C. & SCHÖNECKER, D. (eds.). *Groundwork for the Metaphysics of Morals*, p. 45-47.

com isso Kant desejasse dizer que os efeitos *pretendidos* são irrelevantes na avaliação da vontade de um agente. Por vezes Kant parece dar a impressão de que nem mesmo os efeitos pretendidos são moralmente significantes. Por exemplo, nas passagens que consideramos acima na seção 2.1, Kant contrasta uma vontade que é "em si mesma" boa com uma vontade que é boa "como meio para outro propósito" (396). É possível entender que Kant pretende dizer com isso que uma vontade que é boa em si mesma é boa independentemente de seus objetivos ou propósitos. Podemos até mesmo ser levados à versão mais extrema da concepção de Kant, segundo a qual uma vontade que é boa em si mesma não *teria nenhum* objetivo ou propósito.

Mas essas duas interpretações são equivocadas. Se lermos essas passagens mais cuidadosamente, descobrimos que Kant na realidade diz que uma vontade que é em si mesma boa é boa não "*como meio* para *outro* propósito" (396; o segundo grifo é meu). Ele realiza essa mesma qualificação no parágrafo seguinte. Ele escreve ali que uma boa vontade é boa à parte de qualquer "propósito *adicional*" (grifo meu). Portanto, Kant não defende a tese de que uma boa vontade age sem propósito algum. Ele tampouco acha que o caráter bom de uma boa vontade independe de seus propósitos. Ele apenas argumenta que uma certa classe de propósitos é irrelevante para o caráter bom de uma boa vontade, a saber, propósitos colocados pelo instinto ou inclinação. O que motiva uma boa vontade, em outras palavras, é algo diferente do desejo de obter felicidade.

2.3 Elementos deontológicos e teleológicos da filosofia prática de Kant

As teorias morais são comumente classificadas seja como "teleológicas", seja como "deontológicas". Uma teoria teleológica (algumas vezes também chamada de "consequencialista") define o bom com referência aos fins ou propósitos efetivamente obtidos. De acordo com esse tipo de teoria, uma ação é boa se ela produz o tipo correto de consequência. Um exemplo de tal teoria é o utilitarismo. Para um utilitarista, uma ação é boa se ela maximiza a felicidade do maior número de pessoas. Uma teoria deontológica, por outro lado, mede o caráter bom de ao menos alguns atos com referência a outra coisa que não suas consequências efetivas. Os atos são julgados como bons, pois se conformam a ou exemplificam alguma regra ou princípio moral.

À luz da pretensão kantiana de que o caráter bom de uma boa vontade seja derivado não do que ela "efetua ou obtém", mas de seu "querer", é fácil entender por que sua teoria moral é frequentemente classificada como deontológica. De fato, é correto atribuir a Kant a visão de que as consequências efetivas do querer de um agente são irrelevantes na determinação do caráter bom do querer deste agente. Como acabamos de ver, contudo, é equivocado concluir desse aspecto da teoria moral de Kant que as consequências não têm absolutamente nenhuma importância para sua filosofia prática. Alguns pontos merecem ser destacados aqui. Primeiro, lembremos que a filosofia prática de Kant tem duas divisões, a saber, uma doutrina da virtude (ou uma "teoria moral" em sentido estrito) e uma doutrina do direito. No contexto da doutrina da virtude, o objeto da avaliação moral é a vontade do agente ou o princípio do seu querer. No contexto da doutrina do direito, contudo, o objeto de avaliação moral é o comportamento de um agente. Dessa forma, a doutrina do direito faz abstração de toda consideração acerca do princípio do querer subjacente a uma ação qualquer. Sua tarefa é determinar se nossas "ações externas" estão ou não em conformidade com o direito e se, assim, lesam ou não a liberdade de outrem[69]. À luz do teor específico da doutrina do direito, não seria exato caracterizar a teoria prática de Kant em seu todo como uma teoria não interessada em julgar as consequências efetivas de nossas ações.

Contudo, mesmo se restringirmos nossa atenção à doutrina da virtude, cujo objetivo é avaliar volições ou quereres e nem tanto ações ou comportamentos, seria equivocado atribuir a Kant a visão de que a boa vontade não tem interesse nas consequências efetivas de seu querer. A concepção kantiana de boa vontade é por vezes retratada justamente dessa forma. Uma vez que o caráter bom da boa vontade é ligado não ao que ela "efetua ou obtém", mas apenas a seu querer, ele supostamente consistiria, segundo os críticos de Kant, na mera obediência às regras ou princípios. De acordo com essa leitura, uma boa vontade seria, para Kant, nada mais do que uma competente seguidora de leis. Uma boa vontade não estaria preocupada com as consequências de seu querer; seu único objetivo seria fazer o que a razão prática exige. Ela age por dever por causa do próprio dever.

Já deveria aqui ser óbvio que essa leitura nada mais é do que uma caricatura de Kant. Ora, do fato de o caráter bom de uma boa vontade não estar ligado às consequências efetivas de seu querer não se segue que uma boa vontade não se *importa* com as consequências efetivas de seu querer. Para Kant, uma boa vontade age com propósitos em vista; ela age para realizar certos fins. Como vimos, os fins que ela procura realizar são colocados pela razão prática. Kant ainda não especificou ou preencheu o conteúdo desses fins; contudo, o fato de ele ainda não os ter especificado não

---

69. Kant formula o "princípio universal do direito" da seguinte forma: "É conforme ao direito toda ação que permite, ou cuja máxima permite, à liberdade do arbítrio de cada um coexistir com a liberdade de todos segundo uma lei universal" (*MC* I 230).

deveria nos levar ao erro de pensar que a boa vontade não *tem* nenhum fim ou propósito. Dito de outra forma, não devemos ser levados ao erro de pensar que a boa vontade não busca outra coisa senão fazer seu querer concordar com uma lei[70].

2.4 O "sumo bem" *versus* o "único e completo bem" (396)

Notemos que Kant observa que, embora uma boa vontade é o "sumo bem", ela não é o "único e completo bem". Kant não explica aqui essa distinção; ele apenas diz que o "sumo bem" é a "condição de todo outro [bem]"[71]. O sumo bem é a condição de outros bens no sentido por nós já discutido. Se é verdade que o malfeitor pode possuir muitas boas qualidades (autocontrole, sangue-frio), sob uma perspectiva moral estas são, na melhor das hipóteses, bens condicionais ou relativos. Eles são acompanhados de uma vontade que não é boa (por um mau caráter). A boa vontade, em contraste, é o único bem que é bom em si mesmo. Ela não exige nenhum outro bem como condição de seu caráter bom. Nesse sentido, ela é o "sumo bem".

Kant elucida a distinção entre "sumo" bem e "único e completo" bem na *Crítica da Razão Prática*. Ele observa ali tratar-se de um infortúnio para a existência humana que a posse de uma

---

70. Para discussões adicionais sobre os elementos teleológicos da teoria moral de Kant, cf. PATON, H. *The Categorical Imperative*, capítulo X, seção 5. • HERMAN, B. "Leaving Deontology Behind". In: *The Practice of Moral Judgment*. Cambridge, MA/Londres: Harvard University Press, 1993, p. 208-240. • WOOD, A. *Kant's Ethical Thought*, p. 115. Cf. tb. a hoje já clássica interpretação do que Kant entende por uma vontade que é "boa em si mesmo" no artigo de Christine Korsgaard, "Two Distinctions in Goodness", em sua compilação de artigos *Creating the Kingdom of Ends*, p. 249-274.

71. Como Kant escreve na *CRPra*, a virtude "(enquanto dignidade de ser feliz) é a *condição suprema* de tudo o que possa nos parecer aspirável e, portanto, também de toda a nossa procura por felicidade" (110).

vontade boa e virtuosa não é garantia da liberdade. Assim como qualquer outra pessoa, o virtuoso fica doente, sofre perdas, é vítima de imoralidade e injustiça. Por essa razão, uma vontade que é boa não é o "único e completo bem". Este último tipo de bem contém como ingrediente necessário tanto a felicidade como a virtude. Ele não apenas contém ambos, como também neste único e completo bem a felicidade é "distribuída em proporção exata" com a virtude (110)[72].

3 Explicações adicionais sobre a natureza da boa vontade: quatro tipos motivacionais (397-399)

Kant inicia essa discussão nos lembrando que o conceito de uma vontade que é boa em si mesma não é uma invenção sua. Enquanto um conhecimento comum, Kant diz, o conceito "se encontra no são entendimento natural" (397). Ele já havia afirmado que uma boa vontade é boa devido ao seu querer. Ele também já havia dito que uma vontade é boa apenas se deseja um fim posto pela razão prática. Kant agora prossegue e fornece uma primeira indicação do que seria esse fim. Segundo ele, o fim da razão prática é o dever. Uma boa vontade, então, é uma vontade que age *por dever*.

Nos três parágrafos seguintes Kant distingue uma vontade que age por dever de uma vontade que é motivada de outras formas. Ele fornece exemplos de quatro tipos de fundamentos de motivação da ação. Somente o quatro descreve uma vontade que age por dever. Somente o quatro, portanto, é um exemplo de motivação de

---

72. Há uma mudança de vocabulário na *CRPra*, em (110). Kant não se refere à virtude ali como o "sumo bem" da mesma forma como fizera na *Fundamentação*. A virtude é o bem "supremo", mas não o "sumo bem", o qual é a "a felicidade distribuída em exata proporção com a moralidade".

uma boa vontade. Kant discute os outros três tipos para contrastá-los com este último.

3.1 Caso 1: Agir de uma maneira que é obviamente contrária ao dever (397)

Kant escreve que ele irá "passar por cima" das ações que "já são reconhecidas como contrárias ao dever". Ele passará por cima delas por serem os casos mais óbvios do que uma boa vontade *não* é. Embora Kant não forneça exemplo algum, ele provavelmente tem em mente algo assim: suponha que você, enquanto faz uma prova, perceba que um colega de classe está colando de você. Presumivelmente ele faz isso por acreditar que colar irá ajudá-lo a tirar uma nota melhor. Ao colar, ele claramente não se preocupa em estar apropriando-se do trabalho de alguém e desarranjando a distribuição justa das notas. Em um caso como este, Kant escreve, "nunca surge" a questão de se a ação realizada é ou não um dever. A questão nunca surge porque ninguém, por um momento que seja, consideraria apropriado caracterizar a vontade do trapaceiro como boa. Seu comportamento fraudulento é uma clara evidência de que ele age de forma contrária ao dever.

3.2 Caso 2: Agir em conformidade ao dever, mas não por uma inclinação imediata (397)

Kant alega que nessa segunda classe de caso é novamente "fácil" determinar que o agente não agiu por dever. Embora as ações não sejam aqui realizadas por dever, elas são, não obstante, "conformes ao dever" [*pflichtmässig*].

Vejamos agora o exemplo dado por Kant:

> É certamente conforme ao dever que o dono de uma loja não cobre de um comprador inexperiente um preço exagerado e, onde há muito comércio, o comerciante prudente tampouco faz isso, mas observa um preço fixo universal para todos, de tal sorte que uma criança compra em sua loja tão bem quanto qualquer outro. Todos, portanto, se veem servidos *com honestidade*; todavia, isso nem de longe é suficiente para acreditar que, só por isso, o comerciante tenha procedido por dever e por princípios da honestidade (397).

Em que sentido a ação do comerciante é conforme ao dever? Apenas neste sentido: ele conserva "preço fixo universal para todos" e não cobra a mais. Como Kant escreve, seus clientes são, pois, "servidos *com honestidade*".

Notemos que aquilo identificado por Kant como conformidade ao dever não é aqui a intenção ou princípio do querer do comerciante, mas antes seu comportamento – sua ação considerada à parte de sua intenção. O objetivo principal de Kant com a discussão desses casos, contudo, é determinar o que significa que uma pessoa tenha uma boa *vontade*. Para determinar se o comerciante tem uma boa vontade, nós precisamos, para além do mero comportamento, considerar o que o *motiva*, considerar o princípio do seu querer. Por isso Kant nota que o comerciante só mantém o "preço fixo universal para todos", pois "sua vantagem assim exigia". O comerciante havia definido que a honestidade compensa. Ele calcula que, se se tornar do conhecimento de todos que ele cobra a mais de clientes inexperientes, ele arriscaria manchar sua reputação e, assim, seu negócio. Ele cobra um preço justo não por estar comprometido com os "princípios da honestidade", mas "meramente para proveito próprio". Se ele não tivesse motivo de temer ser exposto por preço excessivo, ele iria cobrar a mais.

Por que as duas classes de caso são diferentes? Kant diz sobre a segunda, mas não sobre a primeira classe de caso, que a ação é "conforme ao dever". A ação do comerciante prudente é conforme ao dever, pois ele cobra um preço justo. Como já notado, o que é conforme ao dever é sua conduta – seu comportamento considerado à parte de sua intenção. Considerada à parte de sua intenção, a ação do comerciante não é uma violação do dever. Nesse sentido, o caso do comerciante é diferente do trapaceiro. Sobre a primeira classe de casos, Kant diz que eles "já são reconhecidos como contrários ao dever". No exemplo que eu mencionei acima, nós já reconhecemos que, com o ato de colar, o colega de classe não age em conformidade com o dever. Em casos como este, nós podemos seguramente inferir do comportamento do agente uma intenção nem um pouco honrável. Esse é bem provavelmente o motivo de Kant observar que, na primeira classe de casos, "nunca surge" a questão de se o agente age ou não por dever.

Kant associa um elemento adicional à segunda classe de ações. Ele nos diz que estas são ações "para as quais os seres humanos não têm *nenhuma inclinação* imediata, mas, no entanto, as executam porque são impelidos a isso por outra inclinação". O que Kant quer dizer quando declara que os seres humanos não têm "*nenhuma inclinação* imediata"? No exemplo de Kant, o comerciante não recebe *nenhuma gratificação imediata* por tratar seus clientes de forma honesta. Ele não quer de fato servi-los honestamente; neste instante preciso ele não está particularmente *inclinado* a fazê-lo. Ele certamente não é honesto, Kant diz, "por amor" a seus clientes. Ele age honestamente apenas, pois ele é "impelido a isso por outra inclinação". Kant quer dizer com isso que o comerciante espera alguma recompensa futura. Ele realiza um cálculo de prudência para determinar que seu bom comportamento irá eventualmente beneficiá-lo. Ele venderá mais carros, terá mais lucro e, talvez, se aposentará mais cedo. Ele age por inclinação, mas a inclinação que o motiva é a de uma recompensa futura. Neste sentido, a inclinação não é "imediata". Kant volta sua atenção para exemplos de ações por inclinação imediata no caso 3.

3.3 Caso 3: Agir em conformidade ao dever e por inclinação imediata (397-398)

Segundo Kant, pelo menos na maior parte do tempo todos os seres humanos têm uma "inclinação imediata" para conservar a própria vida (397). Chamando essa inclinação de "imediata", Kant pretende sugerir que, ao menos na maior parte do tempo, nós conservamos ou cuidamos de nós mesmos de modo a satisfazer o interesse que temos, agora, em fazê-lo. Isso serve a nossos interesses agora, não apenas futuramente (como no caso do comerciante prudente). A preocupação central de Kant em sua discussão da terceira classe de casos é a de sublinhar que há uma diferença importante entre conservar a própria vida por uma inclinação imediata e fazer isso por dever. Ele quer nos convencer que a pessoa que conserva sua vida por inclinação imediata não tem "valor intrínseco" e sua máxima ou princípio de intenção não tem "teor moral". Por que não? Kant pede que contrastemos o caso de uma pessoa que conserva sua vida por ter prazer nisso com o de uma pessoa que conserva sua vida mesmo padecendo de "adversidades e amargura sem esperança". Se esta segunda pessoa conserva sua vida "sem amá-la", ela o faz por alguma outra razão que não satisfazer uma inclinação imediata. Segundo Kant, o que a motiva é o dever.

Para elucidar com mais detalhes o contraste entre agir por dever e agir por inclinação imediata, Kant descreve uma alma solidária que, "mesmo sem outro motivo de vaidade ou proveito próprio", encontra "satisfação interna em espalhar alegria". Ao espalhar alegria, esse "filantropo" decerto age em conformidade ao dever. Por certo, seu comportamento concorda com o que o dever demanda. Não obstante, na concepção de Kant suas ações beneficentes não têm "qualquer verdadeiro valor moral".

O juízo de Kant provavelmente parece muito duro para nós se não entendermos o fundamento sobre o qual ele repousa. Seu raciocínio aqui é essencialmente o mesmo do caso 2. Como no exemplo do comerciante, o que motiva o filantropo não é o dever, mas a inclinação. A única diferença é que o filantropo age por uma inclinação *imediata*. O filantropo tem um genuíno prazer em espalhar a alegria. Ele extrai gratificação em fazer isso nesse momento; diferentemente do comerciante, ele não está apenas contando com uma eventual recompensa futura. Kant admite que a bondade e a generosidade do filantropo merecem "louvor e incentivo"; mas Kant também pensa que todos nós concordaremos que ações desse tipo não merecem "estima".

Qual é o objetivo de Kant aqui? As ações do filantropo não merecem estima devido ao fundamento de motivação de tais ações ser de natureza semelhante àquela do trapaceiro e do comerciante: o filantropo age por inclinação. Kant claramente não dá peso significativo ao importante aspecto pelo qual o caso do filantropo *difere* dos dois anteriores. Ele é diferente pelo fato de neste terceiro caso sermos tentados a caracterizar a vontade do filantropo como boa. Diferentemente do trapaceiro e do comerciante, o filantropo extrai prazer em espalhar alegria. Embora seja verdade que ele age de forma a satisfazer uma inclinação, esta inclinação (em oposição àquela do trapaceiro e do comerciante) parece inteiramente admirável de um ponto de vista moral.

O que então poderia ser moralmente deficiente sobre a motivação do filantropo? Para formular a mesma pergunta com outros termos: O que Kant acredita ser moralmente objetável sobre o desejo de espalhar alegria? Kant nos dá algumas indicações quanto à sua resposta a esta questão ao discutir, na seção II, as diferentes formas de comandos ou imperativos. No presente contexto, contudo, ele pouco diz para elucidar seu ponto de vista.

Nós podemos de certa forma desmistificar o tratamento de Kant no caso 3 se extrairmos algumas consequências da posição por ele rejeitada. Supondo que assumamos o papel de seu oponente e definamos o valor moral da seguinte maneira: um agente tem valor moral se ele age por inclinações de um tipo particular, inclinações como aquelas dos filantropos. Segundo essa proposta, uma boa vontade é uma vontade que deseja espalhar alegra. Ora, a primeira coisa a notar é que bem provavelmente essa definição de valor moral não deve convencer aqueles que não compartilham as inclinações do filantropo. Ela teria pouco apelo, por exemplo, aos comerciantes prudentes e trapaceiros de todo o mundo. Tais pessoas não têm desejo de espalhar alegria. Como lhes falta aquela inclinação, falta-lhes também qualquer razão para aceitar essa concepção de valor moral. No que lhes diz respeito, pois, a definição proposta de boa vontade não se aplica.

Da perspectiva de Kant, esse tipo de resultado é inaceitável. Como sabemos desde o Prefácio, ele insiste que as exigências morais são válidas não apenas para algumas, mas, antes, para todas as naturezas racionais (389). Na concepção de Kant, o dever não pode consistir em agir pelo desejo de espalhar alegria, pois nem todos nós temos a inclinação de espalhar alegria. Portanto, nem todos nós aceitaríamos essa concepção de dever como válida.

Um detalhe que não deve ser desconsiderado aqui é que a deficiência moral descoberta por Kant no caso 3 não tem nada a ver com a inclinação em particular de espalhar alegria. Kant descobre um problema no caso do filantropo apenas por estar convencido de que o valor moral não pode ser derivado da ação por inclinações de *qualquer* tipo. Este é o ponto para o qual ele nos alertava anteriormente na seção I. Lembremos que ele caracterizou a boa vontade como uma vontade que age para realizar fins postos pela razão, não fins postos pela inclinação ou pelo instinto. Por várias vezes ao longo da *Fundamentação* ele nos lembra que o apelo a inclinações – ou àquilo em que elas "se unem em uma só soma", a saber, a felicidade – não pode servir para fundar a moralidade. Como ressaltei na minha introdução, esse é um tema central da obra.

Ainda que Kant exponha esse tema em maior detalhe apenas na seção II, para o seu tratamento do caso 3 será útil se dissermos algo agora sobre sua concepção específica a respeito da natureza e origem das inclinações. Como acabamos de mencionar, Kant considera que nenhum apelo a qualquer inclinação que seja pode fundar regras morais que têm validade universal e necessária. Para Kant, pois, o problema não é apenas que não há base alguma para a tese ou assunção de que cada um de nós de fato deseja espalhar alegria. O problema é, antes, que *nenhuma* inclinação pode ser atribuída universal e necessariamente a naturezas racionais. Isso ocorre porque, segundo Kant, inclinações refletem nossas particularidades. Inclinações são os desejos e preferências que temos em virtude de quem somos enquanto naturezas empíricas. Cada um de nós tem uma história pessoal única e habita um lugar único no espaço e no tempo. Não há dois seres humanos que entrem no mundo de forma exatamente igual, e não há dois seres humanos que tenham exatamente as mesmas experiências. Embora possa haver um acordo parcial entre pessoas em um dado tempo sobre o que é desejável e o que não é, não haverá nunca um acordo total e completo. Não há e não poderá haver dois seres humanos que tenham precisamente o mesmo conjunto de inclinações.

As inclinações não apenas refletem nossas particularidades e, assim, nos distinguem em relação aos outros seres humanos; elas estão, ademais, sujeitas a mudanças. Hoje o filantropo sente simpatia pelos seus semelhantes; amanhã aquele sentimento pode ser substituído por um outro. Os desejos e preferências que decorrem de nossas naturezas empíricas não são fixos – e tampouco o é a concepção sobre como satisfazê-los, isto é, nossa ideia de felicidade. Se fôssemos basear nossas obrigações morais na inclinação, elas seriam fugazes. Elas seriam tão variáveis como nosso humor.

Para resumir o que foi dito: como as inclinações não são o tipo de coisa sobre a qual pode haver um acordo universal, elas não podem servir para fundar regras morais que têm validade universal. Como as inclinações são variáveis, elas não podem, ademais, servir de base para regras que detenham o estatuto de necessidade.

No entanto, há um problema adicional no esforço de fundar a moralidade em um apelo à inclinação, um problema aludido por Kant em (399). Suponha que por alguma circunstância extraordinária ocorresse que todos nós aceitássemos como válido um comando de agir por um desejo particular. Mesmo que isso ocorresse, para Kant não seria *possível* para cada de um de nós obedecer àquele comando. A razão para tanto é que as inclinações não são o tipo de coisa que pode ser comandada. Nós não podemos, por um simples ato de vontade, fazer com que queiramos ou desejemos algo. (Nós até podemos ser capazes de fazer com que busquemos com afinco uma coisa, mas não podemos fazer com que desejemos essa coisa.) Assim, mesmo se cada um de nós de fato aceitasse a validade do comando de, por exemplo, desejar espalhar alegria, apenas aqueles que já estivessem na posse de inclinações filantrópicas poderiam de fato responder a tal comando. Nossa capacidade de agir por dever dependeria, então, das inclinações que calhou de a natureza nos dar. Nosso valor moral seria decidido, em última instância, pela sorte.

Aqui não é o último lugar em que consideraremos essas complexas questões. Nós retornaremos a elas na seção II, quando considerarmos a afirmação de Kant de que as regras morais têm de comandar "categoricamente", e não apenas "hipoteticamente"(cf. meus comentários no capítulo 4, seção 5).

3.4 Caso 4: Agir por dever (398)

Kant finalmente nos apresenta exemplos de ações realizadas por dever. Na segunda parte de (398) ele pede que imaginemos que as circunstâncias do filantropo mudaram e ele agora é tomado por dor e pesar. Pelo fato de o filantropo estar agora preocupado com seus próprios problemas, ele não mais tem a inclinação de compadecer-se com os apuros alheios. Kant pede que suponhamos que, embora não tenha agora o desejo de fazer isto, o filantropo não obstante "se arrancasse a essa insensibilidade mortal" e fosse ajudar os outros. Aqui, segundo Kant, teríamos pela primeira vez o exemplo do que está envolvido em agir "meramente por dever". Aqui, finalmente, temos um exemplo do "verdadeiro valor moral".

Notemos que ao descrever o que foi relatado acima como um caso de "verdadeiro valor moral" Kant se refere à vontade do filantropo. Os seus atos de auxílio são claramente conformes àquilo que o dever demanda. Neste aspecto, o caso é idêntico ao exemplo do caso 3. Porém, Kant está preocupado aqui em enfatizar o sentido pelo qual o caso 4 *difere* dos outros casos. O que é diferente é a vontade desgostosa do filantropo – o fato de ele ser motivado pelo dever. Isso é igualmente verdadeiro para o exemplo que Kant considera na sequência. Neste exemplo um homem é "por temperamento frio e indiferente aos sofrimentos dos outros". Não obstante, se ele encontrasse "dentro de si uma fonte de onde se dar um valor de longe mais alto que possa ser o de um temperamento bondoso", então, sendo beneficente por dever, o homem demonstraria seu bom caráter. Como o filantropo desgostoso, esse homem tem uma boa vontade.

3.5 Uma conhecida objeção ao caso 4

Dos vários casos considerados por Kant, apenas o quarto se caracteriza, para ele, como um caso no qual o agente tem uma boa vontade e, assim, "verdadeiro valor moral". Portanto, Kant parece nos dar razão para concluir que, de acordo com sua teoria, ter valor moral necessariamente exige que *nos oponhamos* à inclinação, que façamos o que não queremos fazer. Em ambas as versões do caso 4, os agentes não têm desejo em agir por dever. Um está preocupado com seus problemas, o outro é frio por temperamento. Agindo por dever, cada agente resiste à atração de suas inclinações. Assim, esses exemplos parecem sugerir que, segundo Kant, a pessoa que age por dever – a boa vontade – ao mesmo tempo tem de opor-se à inclinação. Os exemplos, em outras palavras, parecem sugerir que, se nossas inclinações são de alguma maneira satisfeitas ao agirmos, é preciso que nos falte valor moral.

Essa crítica tem uma longa história. Surge de forma satírica nestes dois epigramas de um contemporâneo de Kant, Friedrich Schiller:

Eu sirvo meus amigos de bom grado, mas infelizmente ajo por inclinação, e me incomoda o fato de não ser assim virtuoso. Tu não deves buscar então outro conselho a não ser desprezar-te, e, pois, agir com repugnância segundo o que o dever te comanda[73].

A objeção de Schiller, contudo, interpreta equivocadamente a posição de Kant[74]. Podemos entender a razão disso lançando um olhar ao nosso panorama da argumentação de Kant sobre os diversos tipos motivacionais. A principal lição que Kant deseja ver extraída de sua discussão é a de que uma pessoa tem valor moral quando é motivada por dever, não por inclinação. Essa definição de valor moral não implica que uma vontade seja boa apenas se ela se *opõe* à inclinação. O filantropo retira prazer de espalhar alegria. Kant não pretende sugerir com isso que, se o filantropo deve ter valor moral, ele precisa agir contrariamente às suas inclinações generosas. A concepção de Kant é, antes, a de que, se o filantropo deve ter valor moral, ele precisa ser bom aos outros porque sabe que o dever assim exige. Ele tem de reconhecer a validade da obrigação de ser bom, e esse reconhecimento tem de ser aquilo que em última instância o motiva a agir.

Dessa maneira, uma boa vontade, de acordo com a definição de Kant, não precisa opor-se à inclinação[75]. Para Kant, sequer é preciso que o dever tenha de ser a *única e exclusiva* motivação da boa

---

73. Esse epigrama, atribuído a Schiller, pertence a uma coleção de epigramas de Goethe e Schiller que apareceu no *Musen-Almanach* de 1879, Xenien. • A tradução foi feita a partir do original alemão [N.T.].
74. Eu acredito que o mesmo pode ser dito de uma reformulação relativamente recente da crítica de Schiller. Cf. o artigo de Bernard Williams, "Persons, Character and Morality", em sua compilação de artigos *Moral Luck: Philosophical Papers 1973-1980*.
75. Kant é explícito a respeito desse ponto na *CRPra*. Ele nos diz ali que não há uma "oposição" necessária entre o "princípio da felicidade" e o princípio da moralidade (93).

vontade. Uma vontade é boa se ela agir por dever mesmo não tendo também o desejo de fazê-lo. O caráter bom de uma boa vontade não é comprometido caso ocorra que a inclinação para agir por dever também esteja presente. A presença da inclinação apenas ajuda a boa vontade a fazer o que a moralidade exige. Em casos como esse, o valor moral é mais fácil de ser obtido porque a boa vontade não precisa envolver-se em uma batalha com seus desejos[76].

Como podemos explicar o fato de os exemplos de Kant parecerem de fato sugerir que a vontade que age por dever tenha de ao mesmo tempo opor-se à inclinação? Kant nos dá uma pista na seção II. Ele escreve que podemos determinar com relativa segurança que um agente age por dever quando a ação obviamente se opõe às suas inclinações. Há casos, Kant diz, nos quais o motivo do dever é "mais manifesto" (425)[77]. Quando um homem cujo temperamento é frio e indiferente ajuda seu semelhante, nós temos boas razões para acreditar que ele faz isso não por inclinação, mas por dever. Mas quando outro homem age por dever e ao mesmo tempo possui a inclinação para tanto – quando, por exemplo, um filantropo estende a mão para um semelhante – é mais difícil discernir seu motivo. Como Kant nota, nós podemos identificar com grande segurança os casos nos quais o dever é o motivo, a saber, quando a inclinação exerce atração na direção oposta. Kant se apoia em tais casos nos exemplos da seção I, pois seu objetivo aqui é ilustrar com os termos mais claros possíveis a motivação de uma boa vontade[78].

---

76. Para duas excelentes discussões da teoria de Kant sobre a motivação moral, cf. capítulos 4 e 5 do livro de Marcia Baron: *Kantian Ethics Almost Without Apology* (Ithaca, NY: Cornell University Press, 1995), e o capítulo 1 do livro de Barbara Herman: *The Practice of Moral Judgment*.

77. Para mais evidências de que essa é a concepção de Kant, cf. *CRPra* (156).

78. Paton descreve como o "método de isolamento" de Kant o seu uso desses tipos de exemplos para ilustrar o motivo do dever. Cf. *The Categorical Imperative*, p. 49. Para

4 O dever indireto de assegurar a nossa própria felicidade (399)

Kant define a felicidade, conforme vimos, como o estado de "completo bem-estar" e "soma da satisfação de todas as inclinações" (393, 399). Nós atingimos a felicidade (i. é, a felicidade perfeita) quando todas as nossas inclinações (os desejos e preferências que temos como naturezas empíricas) são satisfeitas. Kant expôs anteriormente que uma boa vontade age por dever, não por inclinação. Novamente, isso não significa que ele sustenta que a boa vontade seja uma vontade que necessariamente sempre *se opõe* às suas inclinações. Isso tampouco significa que uma vontade é boa apenas se ela *eliminar* suas inclinações. Pelo contrário, o que Kant defende é que uma vontade é boa apenas quando o dever, e não a inclinação, é a força que em última instância o motiva a agir.

Após advertir-nos de que a inclinação ou felicidade não pode servir como principal motivo de uma boa vontade, Kant insiste que nós temos um dever "ao menos indireto" de assegurar nossa própria liberdade. Ele indica o fundamento de tal afirmação ao notar que a falta de contentamento com o próprio estado pode "facilmente transformar-se numa grande *tentação à transgressão dos deveres*". Dito sucintamente, seu ponto aqui é que a infelicidade pode nos impedir de agir por dever. Se estou faminto, estarei tentado a roubar para comer. Se estou sofrendo ou depressivo, ficarei bem provavelmente impassível à necessidade dos outros. Assim, nós temos um dever indireto de assegurar nossa própria felicidade, pois a infelicidade interfere na motivação de agir por dever. Se a felicidade não fosse uma condição para o agir por dever,

---

mais discussões sobre esse tema, cf. o artigo de Korsgaard: "Kant's Analysis of Obligation: The Argument of Groundwork I". In: *Creating the Kingdom of Ends*.

nós então não teríamos a obrigação de assegurá-la. Eis presumivelmente o motivo de Kant caracterizar o dever de assegurar nossa própria liberdade como um dever indireto.

4.1 O "preceito" *versus* a "inclinação" da liberdade (399)

Após anunciar que temos um dever indireto de assegurar nossa própria liberdade, Kant observa que "todos os homens já têm por si mesmos a mais poderosa e íntima inclinação à felicidade". Esse comentário é curioso. Se cada um de nós é de fato inclinado a assegurar nossa própria felicidade, por que precisaríamos ser comandados a fazer isso? A insistência de Kant sobre o dever de assegurar nossa felicidade é ainda mais curiosa à luz de outra afirmação sua, a saber, de que as inclinações não são o tipo de coisa que *pode* ser comandada. Inclinações são atributos que somos determinados a ter. Como observei na seção 3.3, elas são derivadas de nossa constituição natural e de sua interação com condições sociais e do ambiente. Elas não podem ser trazidas à tona por um ato da vontade. Segundo Kant, assim como não podemos ser comandados a ter inclinações, tampouco podemos ser comandados a ter um tipo de cor de olho ou um QI específico[79].

Porém, se as inclinações ou sentimentos não podem ser comandados, então a felicidade tampouco pode sê-lo. O que Kant pretende, então, quando afirma que nós temos o dever de assegurar nossa própria felicidade? Sua resposta a essa questão é que o dever ou "preceito" de ser feliz não legisla sobre nossos sentimentos. Segundo Kant, o dever comanda a vontade, e a vontade (como ele a concebe aqui) é distinta da faculdade da inclinação

---

[79]. Kant discute esse ponto também na *CRPra* (37). Ele nos diz aqui que seria "tolo" comandar a felicidade.

ou sentimento. Na discussão conduzida anteriormente, Kant foi claro ao dizer que a inclinação ou sentimento não é a única força que nos motiva a agir. O filantropo desgostoso é capaz de atender ao dever mesmo não tendo inclinação alguma para fazê-lo. Ainda que sua mente esteja tomada por pesar, ele pode escolher cuidar do sofrimento dos outros. Ao escolher o cuidado pelos outros, ele atende não ao sentimento que Kant denomina amor "patológico", que repousa na "propensão do sentimento"; pelo contrário, ele atende ao comando que exige dele amor "prático", que "repousa na vontade". Da mesma maneira, um homem com gota pode atender ao dever de cuidar de seu bem-estar próprio, muito embora ele prefira "saborear o que lhe aprouver" e ceder ao seu gosto por bons vinhos e comida abundante[80]. Embora não lhe seja possível simplesmente eliminar o desejo de viver bem, ele é capaz, não obstante, de agir por dever para tomar cuidado de si mesmo. Ele pode tomar a decisão de começar uma dieta saudável[81].

5 As três proposições da moralidade (399-401)

Kant formula de maneira explícita apenas a segunda e a terceira "proposições da moralidade", deixando para nós a tarefa de identificar a primeira. Sua menção da segunda proposição ocorre

---

80. Gota é uma doença resultante do excesso de ácido úrico no sangue. Ela causa inflamação nas articulações, especialmente nos pés e nas mãos. Ataques de gota podem ser precipitados pelo consumo de álcool e de alimentos com alta concentração de purina.

81. Para um tratamento mais detalhado do argumento kantiano de que temos um dever de assegurar nossa felicidade própria, cf. o artigo de Paul Guyer: "The Form and Matter of the Categorical Imperative". In: GERHARDT, V.; HORSTMANN, R.P. & SCHUMACHER, R. (eds.). *Kant und die Berliner Aufklärung*: Akten des IX. Internationalen Kant-Kongresses I. Berlim/Nova York, NY: Verlag Walter de Gruyter, 2001, esp. p. 148ss.

apenas alguns parágrafos após a discussão sobre os quatro tipos motivacionais. É razoável admitir que pela primeira proposição da moralidade Kant entenda o ponto mais geral que ele pretende que seja extraído daquela discussão. Se essa admissão estiver correta, então a primeira proposição é bem provavelmente algo próximo a isto:

> *Primeira proposição*
> Uma boa vontade age por dever, não por inclinação.

Felizmente não precisamos adivinhar qual seria a segunda proposição. Kant a formula em (399):

> *Segunda proposição*
> "Uma ação por dever tem seu valor moral *não no propósito* a ser alcançado através dela, mas, sim, na máxima segunda a qual é decidida."

É claro que a distinção que Kant deseja enfatizar com essa segunda proposição é aquela entre a máxima de uma ação e seu propósito. Na sequência ele caracteriza uma "máxima" como o "princípio do querer" de uma ação. A definição de uma máxima é consistente com as observações de Kant em duas notas de rodapé, uma em (401) e a outra na seção II, onde ele descreve uma máxima como o "princípio subjetivo para agir" ou o "princípio segundo o qual o sujeito *age*" (420n.)[82].

É um pouco estranho, entretanto, que Kant insista aqui que o valor moral de uma ação tenha a ver com sua máxima, mas não com seu propósito. É estranho porque Kant em outros lugares parece dizer que uma máxima ou princípio do querer nada mais

---

82. Cf. tb. a Introdução da *MC* (225). Kant escreve ali que uma máxima é "[a] regra que o agente elege como princípio para si mesmo a partir de fundamentos subjetivos".

é do que a *expressão* do propósito de um agente. Lembremos que a máxima de um comerciante prudente é a de manter um preço fixo universal "para o propósito do proveito próprio" (397). Essa máxima certamente parece expressar o propósito do comerciante. O filantropo desgostoso simpatiza com a sorte dos outros, pois ele sabe que é seu dever agir assim. Aqui também a máxima parece expressar seu propósito. É portanto difícil compreender por que a segunda proposição da moralidade nos adverte a não confundir a máxima e o propósito de uma ação.

Uma possível explicação para o que Kant pretendia expressar com a proposição é a seguinte: talvez a distinção que ele desejava reter não é aquela entre a máxima de um agente e o propósito *pretendido*, mas aquela entre a máxima e o propósito *obtido* (suas consequências *efetivas*). Se examinarmos a formulação completa da segunda proposição, essa leitura parece encontrar um fundamento:

> uma ação por dever tem seu valor moral *não no propósito* a ser alcançado através dela, mas, sim, na máxima segundo a qual é decidida, portanto não depende da realidade do objeto da ação, mas, sim, meramente do *princípio do querer* de acordo com o qual a ação ocorreu (399).

Note-se que a observação de Kant de que o valor moral "não depende da realidade do objeto da ação". Essa observação realça o fato de que propósitos e propósitos realizados não são a mesma coisa. Talvez a segunda proposição da moralidade deva então nos lembrar que a preocupação de Kant na *Fundamentação* é avaliar propósitos, não propósitos realizados. Ele procura identificar a intenção de uma boa vontade, e o caráter bom de uma boa vontade não tem relação alguma com as consequências efetivas dela.

O problema com essa linha interpretativa, contudo, é que ela não é corroborada pela primeira sentença da proposição. Na primeira sentença Kant se refere ao propósito "a ser alcançado". Ele certamente pretende com isso referir-se ao propósito ou objetivo *pretendido*. Ademais, o termo que ele emprega nesse parágrafo não é "propósitos efetivos ou realizados", mas, antes, efeitos "esperados". Ora, Kant indaga, onde pode residir o valor de uma boa vontade senão nos "efeitos esperados" de sua ação? Assim, a distinção mencionada na segunda proposição da moralidade é, decerto, a distinção entre nossas máximas e nossos propósitos esperados ou pretendidos.

De acordo com Kant, pois, em que sentido o valor moral se liga às nossas máximas, mas não aos propósitos esperados? Acabamos de ver como Kant dissera que temos um dever indireto de assegurar nossa própria felicidade. Antes disso, ele fornecera exemplos dos quatro tipos motivacionais. O objetivo daquela discussão, nas palavras do próprio Kant, era "desenvolver o conceito de uma vontade estimável em si mesma e boa *sem qualquer propósito ulterior*" (397. Grifo meu). Vimos então que tal vontade age "não por inclinação, mas, sim, *por dever*" (398). Tomadas conjuntamente, essas duas últimas discussões contêm uma pista do que Kant tem em mente quando nos diz, na segunda proposição, que uma ação realizada por dever não tem seu valor no propósito a ser alcançado por ela. Ele pretende dizer com isso que uma ação não tem seu valor em qualquer outro propósito *que não o dever*, em qualquer "propósito ulterior". Kant pretende dizer, em outras palavras, que uma ação não tem seu valor em qualquer propósito ou fim colocado pelo desejo ou pela inclinação.

Dessa forma, não é o objetivo de Kant convencer-nos de que uma boa vontade age não tendo propósito algum. Como sugeri anteriormente na seção 2.2, Kant pretende dizer na realidade que uma boa vontade é motivada por uma *certa classe* de propósitos ou fins. Se retornarmos novamente à passagem citada e a expandirmos pela última vez, torna-se difícil ignorar esse derradeiro ponto:

> [U]ma ação por dever tem seu valor moral *não no propósito* a ser alcançado através dela, mas, sim, na máxima segundo a qual é decidida, portanto não depende da realidade do objeto da ação, mas, sim, meramente do *princípio do querer* de acordo com o qual a ação ocorreu, *abstração feita de todos os objetos da faculdade de desejar* (399; o último grifo é meu).

As últimas dez palavras são aqui cruciais: uma boa vontade não é motivada pelos objetos da faculdade de desejar. Seu valor não reside na "pretendida" ou "esperada" realização desses objetos. Sua motivação não deriva, pois, de sua natureza empírica; ela é governada por outra coisa que não aquilo a que Kant, neste parágrafo, se refere como móbiles "*a posteriori*" ou "materiais". Uma boa vontade age para realizar algum fim, mas o princípio que a determina a agir é "formal" ou "*a priori*", não material ou empírico[83].

Nós podemos agora ver que seria um erro interpretar a segunda proposição da moralidade como sugerindo que, na concepção de Kant, quando uma vontade age por dever ela não age para realizar um objetivo ou propósito. Para Kant, todo querer ou ato de volição tem algum objetivo[84]. Uma vontade tem valor moral, porém, apenas quando tem vontade de realizar um certo tipo de objeto – apenas quando seu princípio do querer é formal e não material. Esse ponto é inteiramente consistente com a principal lição

---

83. Kant elabora essa distinção entre fins materiais e formais na seção II, em (427ss.).
84. Cf. tb. *CRPra* (34).

que extraímos da discussão sobre os quatro tipos motivacionais, a saber, que uma boa vontade age por dever, não por inclinação.

Terceira proposição
"[D]ever é a necessidade de uma ação por respeito à lei" (400).

Kant escreve que essa terceira proposição é "uma consequência das duas anteriores". De acordo com a primeira proposição (segundo minha proposta), uma boa vontade é motivada por dever. De acordo com a segunda, o valor moral da boa vontade é derivado de sua máxima ou princípio do querer, e este princípio do querer, agora o sabemos, tem de ser formal ou *a priori*. A terceira proposição afirma que uma vontade que é boa age "por respeito pela lei" (400). Kant não se prolonga aqui sobre a natureza ou conteúdo da lei que é o objeto de respeito da boa vontade. Contudo, ainda assim Kant nos dá algumas indicações do que ele entende pelo conceito de respeito.

Baseados no que Kant até aqui revelou sobre a motivação da boa vontade, podemos inferir que uma ação fundada no respeito pela lei é significativamente diferente de uma ação fundada em móbiles empíricos ou fins da inclinação. Em sua breve discussão em (400-401) e em suas duas notas de rodapé em (401), Kant esclarece com mais detalhes a distinção entre esses dois tipos de fundamento motivacional. Ele insiste que objetos da inclinação não podem *nunca* ser objetos do respeito. Se uma coisa me satisfaz ou provavelmente satisfaz minhas inclinações, eu a aprovarei ou talvez até sentirei amor ("patológico") por ela, mas ela não será para mim um objeto de respeito. Kant indica aqui que a razão determinante para tanto é que objetos da inclinação não são produtos do livre-arbítrio; eles não refletem a "atividade da vontade". Pelo contrário, eles são dados a mim como "efeitos" da programação da natureza. Kant claramente reserva a noção de respeito apenas para objetos que são causados pela vontade.

Quando eu ajo por dever, Kant escreve, eu "ponho à parte [...] todo objeto da vontade". Nesse contexto, por "objeto da vontade" Kant entende objetos do desejo ou inclinação. Como vimos anteriormente, Kant não defende que a vontade que age por dever não *tem* nenhum objeto e, assim, age com nenhum propósito ou objetivo em mente. Pelo contrário, ele sustenta que o objetivo ou fim de uma vontade boa é, em última instância, algo diferente de um fim da inclinação. Kant é explícito sobre esse ponto na seguinte passagem:

> Ora, uma ação por dever deve pôr à parte toda influência da inclinação e com ela todo objeto da vontade, não restando, assim, nada para a vontade que possa determiná-la a não ser objetivamente a *lei* e subjetivamente o *puro respeito* por essa lei prática, por conseguinte a máxima (400ss.).

O caráter bom de uma boa vontade, assim, depende de ela ser motivada por algo diferente dos objetos da inclinação; tais objetos não são possíveis objetos de respeito. Porém, nós precisamos agora entender o que Kant tem em mente nessa passagem ao afirmar que nada pode determinar ou motivar a boa vontade a não ser "objetivamente a *lei*" e "subjetivamente o *puro respeito* por essa lei prática". Kant nos dá uma ajuda na nota de rodapé em que explica o significado do termo "máxima". Aqui ele identifica o "princípio objetivo" com a "*lei* prática" (Kant irá posteriormente referir-se à lei como imperativo categórico). A vontade que age por dever, pois, é determinada ou motivada pelo princípio objetivo ou imperativo categórico. Ao mesmo tempo, porém, Kant sugere que também é correto caracterizar a vontade que age por dever como determinada ou motivada "subjetivamente [pelo] *puro respeito*" pela lei. Nesse contexto, com a palavra "subjetivamente" Kant talvez pretenda referir-se a uma ideia que ele discute em profundidade na sua segunda nota em (401), a saber, que o respeito é um tipo particular de sentimento. Kant parece sustentar, então, que a vontade que age por dever é motivada tanto pela lei objetiva como também, subjetivamente, pelo sentimento. O que retemos da nota de rodapé sobre o respeito é que, para Kant, trata-se não de motivações distintas. Como veremos em breve, ambas são formas de descrever o mesmo fundamento motivacional.

6 Respeito como um tipo especial de sentimento (401n.)

Kant não é inconsistente ao descrever a boa vontade em cada uma destas duas formas: como motivada pela lei prática suprema e como motivada pelo sentimento de respeito. Como vimos, na concepção de Kant, o respeito somente pode ter uma única coisa como seu objeto: a lei prática suprema (o princípio objetivo da moralidade). A vontade que age por respeito equivale, pois, à vontade que age pelo princípio moral objetivo.

No entanto, o fato de Kant identificar o respeito como um sentimento pode nos confundir. Quando descreve ações motivadas por sentimento, Kant normalmente refere-se às reações que temos às forças que governam a nós considerados enquanto naturezas empíricas, reações que surgem como efeitos das leis da natureza sobre nós. A natureza incita minha fome por comida; a comida se torna então o objeto de meu desejo ou inclinação. Meu desejo é um sentimento "*recebido* por influência", como Kant escreve; ele é um efeito "patológico" – isto é, um efeito de uma condição sensível (neste caso, a minha fome)[85]. Como sabemos, Kant insiste que desejos e inclinações (sentimento cuja origem é empírica) não podem nunca fornecer o fundamento motivacional para uma boa vontade.

Ocorre, no entanto, que o respeito é um sentimento bem diferente dos demais. Segundo a concepção de Kant, o respeito é um sentimento despertado em nós pela ideia de uma lei que "impomos a nós mesmos". Eu tenho a capacidade de impor uma lei a mim mesmo graças ao fato de eu ser algo mais do que meramente uma natureza empírica. Eu não sou apenas "influenciado" ou determinado por leis da natureza; eu também tenho uma vontade livre ou racionalidade prática. O sentimento de respeito resulta, então, da "atividade" da minha vontade. O respeito é causado pela minha racionalidade prática; ele surge (é "autoproduzido") em reação a uma ideia ou "conceito racional" que dou a mim mesmo como um ser racional de uma perspectiva prática, a saber, a ideia da lei moral. Como Kant escreve na *Crítica da Razão Prática*, o respeito é um sentimento, mas é um sentimento "produzido meramente pela razão" (75ss.)[86].

7 A primeira aparição do princípio prático supremo (402-403)

Desde a terceira proposição da moralidade sabemos que o dever é "a necessidade de uma ação por respeito à lei". Nós sabemos, ademais, que o sentimento *sui generis* de respeito é um sentimento que temos como reação a uma lei que é o produto de nossa vontade. Contudo, o que *é* essa lei que é o objeto do respeito? Até aqui Kant não forneceu pista alguma. Que tipo de lei é capaz de moti-

---

85. Cf. tb. *CRPra* (75).
86. Para uma cuidadosa análise da noção kantiana de respeito, cf. REATH, A. "Kant's Theory of Moral Sensibility". *Kant-Studien*, 80, 1989, p. 284-301.

var-me a "colocar inteiramente de lado a influência da inclinação" ou a "romper" com todo amor de mim mesmo. Ao colocar essa questão Kant está na realidade exigindo uma resposta mais completa à questão com a qual a seção I começa, a saber, a questão "o que é uma boa vontade?" Ele formula essa exigência em (402) da seguinte maneira:

> Porém, que lei pode afinal ser essa cuja representação, mesmo sem levar em consideração o efeito que dela se espera, tem de determinar a vontade para que esta possa chamar-se boa absolutamente e sem restrição?

Kant antecipara sua resposta em (400), na sua discussão sobre a segunda proposição da moralidade. Ele nos diz ali que uma boa vontade é determinada não por algum móbil *a posteriori* ou material, mas por um princípio formal ou *a priori*. Agora ele nos pergunta: O que *é* aquele princípio formal ou fundamento formal de determinação? Pela primeira vez Kant nos dá uma resposta. O princípio da boa vontade, ele escreve, é a "conformidade universal à lei das ações" (402). Kant formula esse princípio como o seguinte requisito:

> Eu não devo nunca proceder de outra maneira senão de forma tal *que eu possa também querer que minha máxima deva tornar-se uma lei universal* (402).

Quando uma vontade é boa ou age por dever, ela é determinada ou motivada por esse princípio. Embora aqui Kant não o identifique enquanto tal, esse princípio é a primeira expressão, na *Fundamentação*, da lei suprema da moralidade, o imperativo categórico.

O que podemos dizer aqui sobre o significado desse princípio? Nós sabemos que, para Kant, a razão humana comum "concorda inteiramente" com ele. "A razão humana comum", Kant escreve, "tem sempre diante dos olhos o mencionado princípio". Kant conclui, portanto, que este é um princípio que já usamos ao testar o valor moral de nossas máximas ou propósitos (ainda que possamos não estar conscientes de fazê-lo). Com efeito, o princípio diz que uma boa vontade age apenas segundo máximas que ela pode desejar como uma lei universal. Mas o que significa a expressão "lei universal"? Qual lei Kant tem em mente? Uma resposta parcial a essa questão é sugerida na observação de Kant de que é a "mera conformidade à lei em geral" que serve à vontade como seu princípio. Kant não se aprofunda aqui nesse comentário; contudo, pelo que vimos até aqui, sabemos que ele pretende dizer algo neste sentido: as máximas de uma boa vontade se conformam à *forma* de uma lei. Afirmar que uma máxima se conforma à forma de uma lei significa dizer que ela possui as seguintes propriedades de uma lei: ela é válida tanto universal como necessariamente.

É claro que uma série de questões permanece sem resposta. Como podemos saber, por exemplo, *quais* máximas se qualificam como universal e necessariamente válidas? Embora Kant não aborde essa questão na seção I, ele argumenta na seção II que uma máxima é universal e necessariamente válida se ela pode ser desejada por todas as naturezas racionais.

8 O exemplo da promessa falsa (402ss.)

Kant dá agora um exemplo concreto acerca do que está envolvido no teste da moralidade de uma máxima. Ele pede que imaginemos se, para sairmos de uma situação difícil, é moralmente permissível fazer uma promessa com a intenção de não mantê-la. (Ele retornará a esse tipo de caso por duas vezes na seção II, em

(422) e (429ss.).) Kant nota que essa questão pode ser abordada de duas formas. Nós podemos tentar determinar se seria *prudente* fazer a falsa promessa, isto é, se a promessa serviria aos interesses da inclinação e, pois, poderia conduzir à felicidade. Uma outra alternativa seria perguntar se a falsa promessa é consistente com o *dever*. O objetivo principal de Kant neste parágrafo é enfatizar que essas duas abordagens não são idênticas.

Avaliar a máxima a partir do ponto de vista da prudência equivale a considerar as consequências que as ações realizadas a partir de tal máxima teriam para a felicidade. No exemplo de Kant, o agente realiza um cálculo de prudência e decide não fazer a promessa falsa. Embora acredite que o ato possa beneficiá-lo a curto prazo, o agente se preocupa que o ato possa, a longo prazo, causar-lhe grande inconveniente. A falsa promessa pode ser descoberta; caso seja, nunca mais alguém iria acreditar no agente. Ele então escolhe ser sincero. O que o motiva é sua preocupação com a felicidade ou bem-estar próprio.

Kant insiste, contudo, que nós podemos também testar nossas máximas de uma forma "inteiramente diferente"; podemos nos indagar se temos de ser sinceros "por dever". Aplicando tal raciocínio, nosso teste é se a máxima vale como lei universal. Segundo a análise de Kant, a máxima falha nesse teste moral. Kant diz que, se a máxima de fazer uma falsa promessa pudesse valer como lei universal, ela então "se destruiria a si mesma".

As observações de Kant neste parágrafo infelizmente pouco ajudam na elucidação da distinção que ele deseja ressaltar entre as abordagens moral e prudencial. Com efeito, sua explicação de por que a máxima falha no teste moral parece ser inteiramente *prudencial*. Kant nos diz que, se a máxima de fazer uma falsa promessa se tornasse uma lei universal, ela então deveria ser válida não apenas para o agente em questão, mas igualmente para todos os outros. Assim, todos fariam uma falsa promessa se se encontrassem em dificuldade. Porém, se todos fossem fazer uma falsa promessa em casos como esse, a máxima do agente iria então "destruir a si mesma". A máxima se destruiria a si mesma, pois a universalização interferiria na realização do objetivo da máxima. A máxima expressa o propósito do agente de fazer uma falsa promessa para tirá-lo de uma dificuldade. Contudo, se todos fossem fazer falsas promessas em casos de dificuldade, a prática de fazer falsas promessas se tornaria um lugar-comum. Se isso acontecesse, então ninguém mais acreditaria em uma promessa falsa qualquer. O agente do exemplo de Kant seria, pois, incapaz de atingir seu objetivo.

Dado que as observações de Kant aqui não nos auxiliam a entender como o teste moral (o teste de universalização) é diferente do prudencial, precisamos então explicá-lo melhor. Com base no que vimos até aqui sobre a teoria moral de Kant, felizmente, temos recursos para tanto. Como sabemos, a procedimento decisório prudencial considera as consequências, com respeito aos fins da inclinação ou felicidade, de não cumprir uma promessa. No exemplo da falsa promessa, o agente indaga-se se mentir é a melhor forma de agir para evitar alguma dificuldade. Aqui sua preocupação é a felicidade – neste caso, sua própria felicidade. Se usamos a razão de uma perspectiva moral, porém, nós fazemos um tipo diferente de questão. De acordo com Kant, nós perguntamos se se pode ou não querer universalmente nossa máxima. A questão que me coloco, pois, é se minha máxima pode ou não ser válida "para mim mesmo e igualmente para os outros". Dessa vez minha preocupação não é com meus próprios desejos e interesses, minha própria felicidade. E nem mesmo me preocupo com a felicidade dos outros. Pelo contrário, ao indagar-me se se pode querer universalmente a máxima, tenho em vista um outro tipo de fim – um fim que compartilho com os outros universal e necessariamente. Eu me interesso, decerto, pelas consequências do meu querer, mas agora meu foco é nas consequências do meu querer quanto ao fim que é universal e necessariamente compartilhado por todas as naturezas racionais.

O ponto central a ser considerado aqui já havia sido anteriormente ressaltado por nós: segundo Kant, fins da felicidade ou prudência não são fins que podem ser universal e necessariamente compartilhados. Esse ponto é especialmente óbvio se a felicidade que procuro realizar é somente a minha. Em casos assim estou preocupado com meus próprios desejos e necessidades particulares; é-me indiferente se meus desejos e necessidades são válidos para os outros. Porém, mesmo se eu for motivado a promover a felicidade dos outros (ou a felicidade de todos), minhas máximas ainda falhariam em ser universal e necessariamente válidas. Isso ocorre devido a motivos já vistos na seção 3.3. deste capítulo. Vimos que, de acordo com Kant, falta aos fins da felicidade o estatuto de validade universal e necessária. É impossível que dois seres humanos possam compartilhar exatamente a mesma concepção de felicidade. Mesmo que concordássemos hoje sobre os ingredientes da felicidade, amanhã poderíamos não concordar mais. Para cada um de nós, ademais, a ideia de felicidade é variável no tempo. Testar uma máxima quanto a suas consequências prudenciais é, pois, algo significativamente diferente de testar uma máxima quanto a se ela pode tornar-se uma lei universal. Pela definição de Kant, os fins da felicidade ou inclinação não podem *nunca* servir de fundamento para regras que sejam universal e necessariamente válidas.

Retornando ao exemplo da falsa promessa, como podemos explicar por que a máxima do agente falha no teste moral? Ao realizar o teste moral, temos de perguntar por que a permissibilidade universal da máxima seria incompatível com um fim universal e necessário. Caso se torne uma lei universal, a máxima inegavelmente ameaçaria a prática de fazer promessas. Não há dúvida de que isso interferiria na eficácia de qualquer promessa falsa particular. Tampouco há dúvida de que esse resultado seria prejudicial do ponto de vista da felicidade. O ponto *moral*, contudo, é que essa consequência também interferiria em um fim compartilhado universal e necessariamente por todas as naturezas racionais. Até aqui Kant não nos deu muitas indicações a respeito de qual seria esse fim. Ele nos disse apenas que se trata de um fim da razão prática e não da inclinação, e também que tal fim é o objeto de um sentimento *sui generis* que Kant denomina respeito. Como o próprio Kant admite aqui, não foi ainda explicitado "em que esse respeito se baseia". Teremos de esperar até a seção II para que esse fim universal e necessário seja mais bem determinado. (Cf. a discussão que começa na seção 9.2 do capítulo 4, abaixo.)

Na seção II, Kant dá mais exemplos da aplicação do princípio moral supremo como teste do valor moral das máximas. Quando discutirmos esses exemplos teremos a oportunidade de aprofundar nosso entendimento a esse respeito.

9 Do "conhecimento racional moral comum" para o "conhecimento moral filosófico" (403-405)

Relembremos a questão que Kant coloca no início de (402):

> Porém, que lei pode afinal ser essa cuja representação, mesmo sem levar em consideração o efeito que dela se espera, tem de determinar a vontade para que esta possa chamar-se boa absolutamente e sem restrição?

A resposta que Kant forneceu até aqui é que as máximas de uma boa vontade se conformam a uma lei. Em outras palavras, elas têm a forma de uma lei e são, portanto, universal e necessariamente válidas. Essa concepção obtida até aqui sobre a motivação da boa vontade é uma concepção bem pobre; porém Kant a enriquecerá na seção II. Até o momento, contudo, sabemos que ele pensa que a "razão humana comum concorda inteiramente" com essa concepção de dever, e "tem sempre diante dos olhos o mencionado princípio". Ele repete isso em um trecho que inicia em (403). Não é necessária uma "perspicácia muito rebuscada", ele diz, para apreender qual é a lei que governa o ajuizamento moral. A razão humana comum a utiliza "como norma de seu ajuizamento", ou seja, como uma espécie de "bússola" para distinguir o que é bom e o que é mau[87].

Nesses parágrafos finais da seção I, Kant nos lembra do que ele se propusera realizar nessa primeira seção da *Fundamentação*. Seu objetivo era tornar a "razão humana comum" "atenta para seu próprio princípio" (404). Como ressaltei anteriormente neste capítulo, Kant nunca sugere que o conceito de dever seja uma invenção sua. A contribuição de Kant seria apenas a de tornar explícito tal conceito. Ele analisou o conceito de boa vontade de modo a incrementar nossa consciência do que o dever exige. Dentre todos os pontos para os quais Kant procurou chamar nossa atenção durante a argumentação, talvez o mais importante seja o de que o conceito de dever, ou lei suprema da moralidade, tem sua origem na razão.

---

87. Cf. tb. *CRPra* (36): "Os limites da moralidade e do amor de si mesmo estão traçados de maneira tão clara e precisa, que até mesmo os olhos mais comuns não podem falhar em distinguir se algo pertence a um ou a outro". O que o dever exige é "por si mesmo evidente a todos". Para outras passagens da *CRPra*, cf. (27) e (155).

É digno de nota que Kant mencione o nome de Sócrates neste contexto. Ele comenta que seria algo "simples" mostrar como a razão humana comum, com sua bússola à mão, é capaz de distinguir entre bom e mau. Seria simples mostrar isso, Kant continua, da mesma forma "como fazia Sócrates". Bem provavelmente Kant tem em mente aqui o diálogo *Mênon*, de Platão. Nesse diálogo, Sócrates traça algumas linhas na areia e coloca questões a um jovem escravo que não havia sido educado. Ele o faz para demonstrar que o jovem é capaz de conhecer verdades geométricas sem a instrução de um professor. O conhecimento que o rapaz não educado já possui precisa apenas ser ativado ou despertado com auxílio de questões investigativas. Sem dúvida, Kant menciona Sócrates nessa passagem, pois se vê igualmente engajado em um esforço de trazer à superfície conhecimentos que cada um de nós, como naturezas racionais, já possui[88].

Esses parágrafos finais revelam a concepção kantiana sobre o papel do filósofo moral envolvido no projeto de fundar uma metafísica dos costumes. A razão humana comum, não filosófica, é a autora do princípio moral supremo. Porém, a razão humana comum facilmente se perde; ela tem a tendência de esquecer ou mesmo de enganar a si mesma sobre o que já conhece. Como vimos, as exigências do dever têm de competir pela nossa atenção com as exigências da felicidade, e muito frequentemente a felicidade toma a dianteira. Em tais ocasiões, a razão humana comum é propensa a enganar-se sobre seus motivos. Ela cria desculpas para si mesma; ela procura até mesmo formas de distorcer o sentido da

---

[88]. Kant escreve mais sobre esse tópico na seção sobre a "Doutrina do Método" na *CRPra*. Ele afirma ali que a razão humana comum já conhece desde há muito a resposta à questão "O que é moralidade pura?" Ela sabe a resposta a tal questão tão bem como sabe a diferença entre mão direita e mão esquerda (155).

lei moral. Há, pois, o risco constante não apenas de que o conhecimento comum ignore a orientação de sua bússola interna, mas mesmo que ele perca a habilidade de reconhecer essa orientação e o que ela significa.

A filosofia, contudo, pode ajudar a razão humana comum a não sair dos trilhos. Ela pode descrever com precisão a natureza de uma boa vontade. Ela pode traçar cuidadosamente a distinção entre ações realizadas por dever e ações realizadas por inclinação. Dessa maneira, a filosofia pode tornar mais difícil para nós seja esquecer, seja enganar-nos sobre o que a moralidade exige[89].

---

89. Para um tratamento mais aprofundado sobre o argumento de Kant de que uma das tarefas do filósofo moral é a de evitar a tendência da razão humana de enganar-se sobre o que a moralidade exige, cf. o artigo de Paul Guyer: "The Strategy of Kant's Groundwork". In: *Kant on Freedom, Law, and Happiness*. Cambridge University Press, 2000.

4
Seção II: Passagem da filosofia moral popular para a metafísica dos costumes

1 Introdução: os tópicos principais da seção II

Das três seções da *Fundamentação*, a seção II é de longe a mais extensa e mais abrangente em seu escopo. É nesta seção que Kant finalmente identifica o imperativo categórico como a lei suprema da moralidade. Ele discute uma série de diferentes formulações da lei e explica o sentido em que a lei comanda categoricamente. Além disso, Kant discute várias aplicações da lei moral. Ele indica de forma preliminar como os deveres particulares podem ser dela derivados. Kant também procura aprofundar nossa compreensão acerca da personagem principal da seção I, a boa vontade. Ele esclarece também a forma pela qual o fundamento motivacional da boa vontade difere de outros fundamentos motivacionais. Como sabemos, a boa vontade age por dever. Ao agir por dever, ela permite que o imperativo categórico governe sua vontade. Na seção II nós descobrimos que o imperativo categórico é uma lei que agentes racionais dão a si mesmos. Kant argumenta que os agentes racionais são capazes de dar uma lei a si mesmos em virtude da extraordinária capacidade que têm de autodeterminação ou autonomia.

2 O dever não é um conceito de experiência (406-412)

A primeira sentença da seção II nos traz à lembrança uma tese central da *Fundamentação*, a saber, que o conceito de dever não é um conceito de experiência. Nós encontramos essa tese inicialmente no Prefácio. Uma "metafísica" dos costumes é "indispensavelmente necessária", Kant escreve ali, precisamente porque a moralidade não pode repousar em nada empírico (389). Agora, nos primeiros dez parágrafos da seção II, Kant fornece uma série de argumentos em favor dessa tese.

2.1 A experiência não fornece evidência alguma de que haja algo como uma intenção moral (407-408)

O esforço de fundar a moralidade na experiência pode assumir uma grande variedade de formas. Por exemplo, ele pode assumir a forma de um apelo à experiência como evidência de que as pessoas podem ser efetivamente motivadas pelo dever. De acordo com essa perspectiva, a observação da natureza humana forneceria uma justificação para a tese de que o dever de fato funciona como um fundamento de determinação da vontade.

Contudo, o que Kant argumenta nesses primeiros parágrafos da seção II é que o apelo à experiência para provar tal coisa é em vão, pois os princípios que governam a motivação humana não estão em última instância disponíveis empiricamente. Como Kant escreve,

> [d]e fato, é absolutamente impossível estabelecer com plena certeza, por meio da experiência, um único caso sequer de que a máxima de uma ação, de resto conforme ao dever, repousa meramente sobre fundamentos morais.

Mesmo quando nosso comportamento claramente é *conforme* ao dever, não podemos nunca ter certeza de que ele é *motivado* pelo dever. O problema é que, tentando conhecer nossos motivos, procuramos ter acesso a algo "não visto" – aos "princípios internos" que determinam nossas ações. Decerto, nós gostamos de "lisonjear-nos" de termos ao menos ocasionalmente agido segundo um motivo mais "nobre" do que aquele do autointeresse ou amor de si. Mas sempre pode ser o caso de que aquilo que realmente nos move é aquilo a que Kant se refere como "querido eu".

Kant nota que, se insistirmos que a experiência é nossa única fonte de evidência para a realidade da intenção moral, podemos então cair na armadilha do cético. O cético "ridiculariza" toda moralidade como uma mera "fabulação" da imaginação; ele duvida de que "a verdadeira virtude possa ser de fato encontrada no mundo" (407). Kant por certo não compartilha das dúvidas do cético. Ainda que não possamos depender da experiência para apoiar a tese de que somos capazes de agir por motivos nobres, segundo Kant não há razão para colocar em questão a validade da ideia mesma de dever, a validade do comando da moralidade. Mesmo se "até agora" a experiência não forneceu uma prova sequer de que tenha havido, uma vez que seja, um amigo verdadeiramente sincero, a sinceridade na amizade é, não obstante, exigida de nós (409).

O objetivo de Kant aqui é mostrar que a conclusão de que a moralidade é uma mera "fabulação" não se segue necessariamente do fato de que não temos certeza nenhuma "até agora" de que alguém agiu por dever uma vez só que fosse. Em uma passagem mais adiante da seção II, Kant é ainda mais enfático. Na filosofia prática, ele escreve, "não se trata de assumir fundamentos do que *acontece*, mas antes leis do que *deve acontecer*, ainda que nunca aconteça" (427). Assim, Kant parece concluir que, mesmo se ninguém nunca age segundo leis práticas, estas leis ainda assim nos obrigam.

Será que Kant leva mesmo a sério a possibilidade de que nenhum de nós irá jamais agir por dever? Sua visão não está subentendida na discussão em (407-408). O que ele explicita aqui é apenas que a experiência não pode nunca estabelecer com certeza que a motivação de uma pessoa é o dever. De resto, isso é afirmado em (427) também. Quando Kant escreve que sua preocupação não é com os "fundamentos do que *acontece*", mas com as leis do que "*deve acontecer*", ele não está afirmando que nenhum de nós irá jamais agir por dever. O que Kant mais uma vez pretende enfatizar é, antes, a futilidade da tentativa de derivar a partir do "que acontece", a partir de nossas observações sobre a conduta humana efetiva, evidências para o papel motivacional do dever.

2.2 Nós não podemos derivar da experiência leis que são apoditicamente válidas para todas as naturezas racionais (408)

Kant prossegue fornecendo outras razões para questionar a tese de que a moralidade tem seu fundamento na experiência. Uma razão tem a ver com o *escopo* da validade das leis morais. Aqui Kant afirma pura e simplesmente, assim como faz em outros lugares, que a ideia do dever é válida não apenas para a natureza humana, mas também para "todos os *seres racionais enquanto tais*" (408). Dado que não temos experiência de uma natureza racional não humana, é claro que não podemos fiar-nos na experiência para sustentar a tese de que o dever é válido para todas as naturezas racionais. (Kant insiste sobre esse ponto também em (389), (410), e (442).)

Uma razão adicional para negar que a moralidade possa ser derivada da experiência diz respeito à *modalidade* das leis morais. De acordo com Kant, as leis morais comandam apoditicamente, isto é, necessariamente[90]. Por razões que discuti em detalhe na seção 5 da minha introdução, Kant sustenta que a evidência empírica não pode nunca fornecer a base de juízos com esse tipo de validade. À luz da natureza tanto de seu escopo como de sua modalidade, pois, as leis morais precisam ter sua origem "inteiramente" na razão prática pura.

2.3 Nós não podemos derivar de exemplos o conceito de dever (408-409)

Kant volta sua atenção na sequência à proposta de derivar nossa ideia de dever a partir de exemplos concretos de conduta moral. A proposta toma seu ponto de partida no fato de que usamos exemplos para ilustrar casos de conduta moral. Desse fato infere-se que tais exemplos podem suprir-nos com um *padrão* de avaliação moral.

De acordo com a análise de Kant, esse raciocínio falha em ver que somente podemos isolar alguém (digamos, o "Divino") como nosso exemplo moral se já estivermos em posse de algum "ideal de perfeição moral". Nosso padrão para julgar não é derivado de nossos exemplos; pelo contrário, nós identificamos alguma conduta particular como exemplar somente por termos aplicado um

---

90. Na "Exposição transcendental do conceito de espaço" da edição B da CRP Kant nos diz que juízos apodíticos são "ligados à consciência de sua necessidade" (CRP A 25/B 41). Kant opõe juízos apodíticos tanto àqueles que são acompanhados pela consciência da mera possibilidade (juízos "problemáticos") como aos juízos "assertóricos", juízos que são (efetivamente) verdadeiros, mas não necessariamente verdadeiros. Ele escreve que juízos apodíticos "não podem ser juízos empíricos ou de experiência, nem ser a partir deles inferidos". Um exemplo de juízo apodítico é "o espaço tem apenas três dimensões". A 25/B 41. Cf. as observações de Kant na *Lógica de Jäsche*, seção 30.

padrão anterior. Kant admite que exemplos desempenham um papel importante na filosofia prática. Eles podem inspirar-nos e encorajar-nos, assim como "tornar intuitivo" aquilo que a lei moral exige de nós. Contudo, Kant considera ingênuo supor que nosso conceito de dever deriva de exemplos.

2.4 A moralidade não pode ser fundada na opinião popular (409-412)

A discussão dessa subseção começa com a – um tanto indecifrável – sentença:

> [s]e não há [...] nenhum genuíno princípio supremo da moralidade que não tenha de repousar na razão pura independentemente de toda a experiência, então eu creio não ser necessário perguntar se é bom expor em sua generalidade [...] esses conceitos.

Notemos, primeiro, que com "esses conceitos" Kant se refere ao parágrafo anterior e às alusões ali aos conceitos de "perfeição moral", de "Deus como o sumo bem" e de "vontade livre". Tendo isso em mente, nós podemos reescrever e simplificar da seguinte forma a passagem citada acima: "Dado que o princípio supremo da moralidade repousa sobre a razão pura, nós não precisamos perguntar se é necessário expor em sua generalidade conceitos como o de perfeição moral e o de vontade livre".

Por que, para Kant, do fato de o princípio supremo da moralidade repousar sobre a razão segue-se que conceitos como o de perfeição moral precisam ser "expostos em sua generalidade"? Felizmente sua resposta a essa pergunta é menos misteriosa do que a própria questão. A resposta de Kant é que, "em nossos tempos", a filosofia prática favorita *não* é a filosofia prática "racional pura", que é "separada de todo empírico" (uma "metafísica dos costumes"), mas, sim, a filosofia prática "popular". Os conceitos da moralidade precisam então ser "expostos em sua generalidade" por serem distintos da – e não precisarem ser confundidos com a – sua contraparte popular favorita.

Kant não tem objeção alguma ao esforço de "condescender aos conceitos populares", se com isso referirmo-nos ao esforço de tornar a filosofia prática acessível em sua generalidade. Porém Kant tem de fato objeções contra aqueles que pretendem fazer da aprovação popular o *padrão* da correção de nossos princípios morais. Isto é, Kant se opõe à tentativa de *fundar* a moralidade na opinião popular. Kant escreve aqui que a opinião popular produz uma "mixórdia tediosa de observações mal-alinhavadas e princípios semirraciocinantes, com o que se deliciam as cabeças insossas, porque sempre serve para a conversa fiada de todo o dia" (409). Claramente, Kant pensa que a opinião popular é irrefletida e não científica. Ela padece de um raciocínio capenga e carece de uma base filosófica sólida. Tudo o que a opinião popular é capaz de fornecer é uma ampla coleção de teorias deficientes sobre a natureza humana e a natureza da moralidade. A opinião popular não nos oferece algo sobre o quê possamos fundar princípios que têm validade universal e necessária.

Segundo Kant, a filosofia popular tem de ser mantida separada da metafísica dos costumes exatamente porque os princípios morais precisam ter validade universal e necessária. Esse é o motivo de Kant argumentar na *Fundamentação* pela necessidade de ir *além* da filosofia moral popular. Esse é o motivo de o título da seção II anunciar que Kant irá fornecer uma "passagem" da "filosofia moral popular" para uma "metafísica dos costumes".

Não apenas a opinião popular é incapaz de fornecer princípios morais universais e necessários, ela é também incapaz de nos motivar de forma tão efetiva como a "pura representação do dever":

> Pois a representação do dever e, em geral, da lei moral, [representação esta] pura e sem mistura com qualquer acréscimo alheio de incentivos empíricos, tem sobre o coração humano, pela via da razão apenas [...], uma influência tão mais poderosa do que todos os outros móbiles que se possam mobilizar no campo empírico (410-411).

Kant elucida o que tem aqui em mente na nota de rodapé em (411). É mais provável que nos inspiremos pela pessoa cuja motivação é apenas o dever do que pela pessoa que também é motivada, em parte, pela obtenção de sua própria felicidade. Por essa razão, a pessoa que age pela "pura representação do dever" tem "sobre o coração humano [...] uma influência tão mais poderosa".

2.5 Opinião popular versus "razão comum" (409-412)

Como acabamos de ver, Kant não entra em conflito com o esforço de tornar popular a filosofia prática, se por isso entendermos o esforço de tornar o conceito de dever algo inspirador e também "comumente compreensível". Pelas razões que vimos, porém, Kant resiste com firmeza às tentativas de *fundar* a moralidade na opinião popular. É importante ter em mente que a abordagem popular da filosofia moral que Kant esboça nesses parágrafos iniciais da seção II não pode ser confundida com o "conhecimento racional moral comum" referido na seção I. Para ver isso, consideremos a seguinte passagem de (411):

> [d]o que foi dito fica claro: que todos os conceitos morais têm sua sede e origem de forma completamente *a priori* na razão e, decerto, *na razão humana a mais comum* [grifo meu].

Kant identifica aqui os conceitos morais que têm sua origem "completamente *a priori* na razão" com aqueles que têm sua origem "na razão mais comum". No parágrafo seguinte, Kant escreve que o "ajuizamento moral comum" é "muito digno de respeito" (412).

Em vista da nossa discussão da seção I a respeito da caracterização kantiana da "razão humana comum" ou "entendimento humano comum", os comentários acima não devem surpreender. Lembremos que na seção I a argumentação progrediu do "conhecimento racional moral comum" para o "conhecimento moral filosófico". Kant confiou na razão humana comum como seu ponto de partida, uma vez que a razão humana comum "sempre" tem o princípio da moralidade "diante de seus olhos" (403). Ao progredir até o "conhecimento moral filosófico" Kant tornou explícito o princípio que a razão humana comum já aplica ou reconhece. O conhecimento racional moral comum era o ponto de partida do qual Kant extraiu sua explicação filosófica sobre a natureza de uma boa vontade. Na avaliação de Kant, pois, o conhecimento racional moral comum é uma fonte de discernimentos confiáveis sobre o conceito de dever; a opinião popular, por sua vez, não[91].

3 Avançando da filosofia popular até uma metafísica dos costumes (412)

Até esse momento da seção II Kant centrou sua atenção em como *não* fundar a moralidade. Segundo ele, nós nos equivocamos se tentamos fundar a moralidade na experiência, seja procurando nosso padrão de conduta na opinião popular, seja apelando a

---

91. Outras referências à "razão humana comum" ou ao "entendimento comum" podem ser encontradas na *Fundamentação* (394) e (397). Cf. tb. *CRPra* (36): "O que se há de fazer segundo o princípio da autonomia do arbítrio é discernido muito facilmente e sem hesitação pelo entendimento comum". Cf. tb. *CRPra* (27) e (155).

exemplos. Decerto, o fato de que a moralidade não pode ser fundada na experiência não implica, para Kant, que a moralidade não tenha *nenhum* fundamento. Em outras palavras, Kant não sustenta que não seja *possível* provar que as leis morais sejam vinculantes para todas as naturezas racionais. Ele já havia afirmado que o fundamento da moralidade precisa ser descoberto em princípios ou leis que são *a priori*. Ele agora irá extrair as consequências dessa afirmação.

Dizer que um princípio ou lei é *a priori* equivale a dizer que ele tem sua origem e sua justificação na razão pura. Uma vez que a lei suprema da moralidade é uma lei prática – uma lei que legisla sobre ações –, sua fonte é, de acordo com Kant, a razão prática pura. No parágrafo de (412), no qual Kant assinala a passagem ou o "avanço" que fará até uma metafísica dos costumes, ele indica sua estratégia argumentativa. Ele examinará a "faculdade prática da razão" e então explicará como o "conceito de dever surge dela".

4 A vontade como razão prática pura (412-414)

A discussão de Kant sobre a natureza da razão prática começa com essa importante afirmação:

> Toda coisa na natureza atua segundo leis. Só um ser racional tem a faculdade de agir *segundo a representação das leis*, isto é, segundo princípios, ou uma *vontade*.

Para entender o objetivo da primeira sentença dessa passagem precisamos relembrar uma discussão que começou na seção 6 da minha introdução. Lembremos que Kant sustenta que, quando identificamos algo como um objeto da natureza (um "fenômeno"), assumimos que ele é dado no espaço e tempo e é governado por leis da natureza. Os objetos da natureza carecem do poder de mover-se ou determinar-se. Seu comportamento é inteiramente causado ou condicionado pelas leis da natureza e, portanto, completamente explicável com referência a elas. Se considerarmos o comportamento humano meramente da perspectiva da natureza, temos de aceitar, portanto, a conclusão de que ele é determinado também pelas leis da natureza. Considerados desse ponto de vista, os seres humanos, não mais do que as plantas ou planetas, não teriam a faculdade de autodeterminação ou liberdade, e tampouco seriam responsáveis pelas suas ações.

É significativo que na passagem citada acima Kant *oponha* objetos da natureza e "seres racionais". Seres racionais possuem uma "vontade", uma faculdade caracterizada aqui como "nada mais do que razão prática". Um ser que é "racional", Kant escreve, tem a faculdade de agir "segundo a representação das leis". Kant prossegue argumentando que, graças a essa faculdade, um tal ser usufrui de liberdade genuína.

Duas observações são aqui necessárias. Primeiro, poderíamos estar tentados a interpretar a expressão "ser racional" como referindo-se a um ser que tem a faculdade de pensar e que usa essa faculdade em seus esforços para conhecer. Contudo, o interesse de Kant na *Fundamentação* consiste em elucidar a natureza e função da razão *prática*. Ele tem em mente não a faculdade de pensar ou conhecer, mas a faculdade que determina ou influencia nossas ações. A razão prática, em sua concepção, é uma faculdade de querer, de traduzir ideias em ações. Como veremos, a razão prática tem um tipo *sui generis* de força causal. No Prefácio, Kant nos alerta que ele examinará a possibilidade dessa faculdade *sui generis*. Ele afirma que "enveredará por campo inteiramente novo" na medida em que examinará a "ideia e princípios" de uma "possível vontade *pura*" (390). Assim, quando Kant se refere a "ser racional" na *Fundamentação*, ele tem em mente, via de regra, um ser que é racional de um ponto de vista prático, um ser que possui uma vontade pura.

Notemos, segundo, que Kant até aqui não se esforçou em defender a tese de que *há* uma tal faculdade de racionalidade prática (ou que somos de fato dotados com uma vontade pura). Ele reserva essa tarefa para a seção III. Seu objetivo nos parágrafos que estamos considerando é, antes, introduzir-nos em sua concepção de razão prática. Kant nos contou até aqui apenas que um ser racional de um ponto de vista prático tem a faculdade de agir segundo a representação das leis.

O próximo movimento de Kant consiste em enfatizar que a razão pode ser prática de duas formas. A razão, ele diz, pode determinar a vontade "falível" ou "infalivelmente". Formulando de outra maneira, para Kant há dois tipos de seres racionais de um ponto de vista prático: aqueles para os quais a razão determina a vontade infalivelmente e aqueles para os quais ela determina a vontade falivelmente. No momento adequado Kant escreverá que a vontade humana é uma vontade falível e que, por conseguinte, a razão prática determina nossa vontade apenas falivelmente.

4.1 Uma vontade que é "infalivelmente" determinada pela razão (412-414)

> Se a razão determina a vontade infalivelmente, então as ações de um tal ser que são conhecidas como objetivamente necessárias também são necessárias subjetivamente, isto é, a vontade é uma faculdade de escolher *apenas aquilo* que a razão, independente da inclinação, reconhece como praticamente necessário, isto é, como bom.

Kant não dá aqui nenhuma explicação dos termos técnicos "objetivamente necessário" e "subjetivamente necessário". Nós sabemos, porém, que ações "objetivamente necessárias" são, segundo a definição de Kant, ações que são universal e necessariamente válidas. No contexto da filosofia prática, essas são as ações que todas as naturezas racionais podem reconhecer como obrigatórias de um ponto de vista moral ou prático. Dito diferentemente, essas são as ações que todas as naturezas racionais podem concordar serem exigidas pelo dever. Ações "subjetivamente necessárias", por sua vez, são ações que um agente está efetivamente motivado a realizar. Essas ações podem ou não ser também objetivamente necessárias.

Na passagem citada acima, Kant escreve que as ações de uma vontade infalível são objetiva *e* subjetivamente necessárias. Ele pretende dizer com isso que a vontade infalível está sempre motivada a respeitar o dever. Como Kant escreve, a vontade infalível "só pode ser determinada pela representação do bom" (414). Essa é a razão de nela haver uma necessária conformidade entre o que se quer e o dever. A vontade infalível é "perfeitamente boa" ou "santa" (414, 439). Ela não é sequer "tentada" a transgredir a lei[92] e não apenas sempre escolhe agir por dever, Kant diz, como o faz "de bom grado"[93].

Dado que, para Kant, a vontade infalível é "necessariamente obediente" à razão – dado que, como ele nos diz na *Crítica da Razão Prática*, a vontade infalível é *incapaz* de agir segundo máximas que entram em conflito com o dever –, nós podemos imaginar se

---

92. MC II (396ss.).
93. MC II (405). Cf. tb. a discussão de Kant em *CRPra* (32). Para um exame da distinção entre vontade divina e vontade falível, cf. o artigo de Marcus Willaschek: "Practical Reason". In: HORN, C. & SCHÖNECKER, D. (eds.). *Groundwork for the Metaphysics of Morals*, p. 130-132.

ele realmente pretende atribuir a tal ser a faculdade do arbítrio. No entanto, Kant de fato define a vontade infalível como capaz de escolher ou capaz do arbítrio[94]. Ela difere da vontade falível não por ser menos livre, mas, antes, por sempre escolher o dever; ela escolhe "só aquilo que a razão [...] reconhece [...] como bom" (412). O motivo de a vontade infalível sempre escolher o dever é porque ela, diferentemente da vontade falível, carece de "móbiles" ou "impulsos sensíveis" que competem com o dever pela sua atenção[95].

4.2 Uma vontade que é "falivelmente" determinada pela razão (412ss.)

Como era de se esperar, no caso de uma vontade falível *não há* uma necessária conformidade entre o que se quer e o dever. Diferentemente de sua contraparte infalível, a vontade falível não é "só" determinada pela razão prática. Ela é suscetível a outros impulsos motivacionais; por exemplo, ela se permite agir às vezes por inclinação ou sentimento. Imaginemos uma pessoa que gratifica seu ego exercendo poder sobre os outros. Em um dia qualquer essa pessoa sente-se particularmente de baixa estima e começa a maltratar seus empregados. Para fazer isso essa pessoa é motivada pelo desejo de sentir-se poderosa. Esse desejo é para ela "subjetivamente necessário" na medida em que é aquilo que de fato determina sua ação. Mas o comportamento desrespeitoso dessa pessoa não tem "validade objetiva". Ele certamente não seria consentido ou concordado por todas as naturezas racionais (certamente não por seus infelizes empregados). Neste caso, então, sua vontade obviamente não está *"em si mesma* completamente em conformidade com a razão".

---
94. Para mais passagens, cf. *MC II* (405) e *CRPra* (32).
95. *CRPra* (32).

Os casos em que nossas ações não estão em completa conformidade com a razão são bem comuns para naturezas racionais humanas. Tais casos revelam a realidade da condição humana, a condição de vontades que são falíveis e, enquanto tais, afetadas por "motivos sensíveis"[96]. Não obstante, seria um erro considerar que Kant assume a concepção de que vontades falíveis tais como as nossas não são *nunca* capazes de agir por motivos que são objetivamente necessários. Pelo contrário, Kant está convencido de que nós de fato temos a capacidade de agir dessa maneira e também que alguns de nós concretizam, em alguma medida, essa capacidade. Ele não tenta aqui justificar essas afirmações. Seu objetivo nesses parágrafos da seção II é, antes, simplesmente chamar a atenção para o aspecto pelo qual nossa vontade é falível e, por conseguinte, distinta de uma vontade que é sempre e completamente determinada pela razão.

4.3 Para a vontade falível o dever se expressa na forma de um imperativo (413-414)

Kant afirma que a vontade que é infalivelmente determinada pela razão não precisa ser comandada para obedecer àquilo que a razão exige. À luz do que vimos até aqui, já deveria ser óbvio o motivo para tanto. A vontade infalível é de fato sempre motivada para respeitar o dever. Como Kant escreve, a "constituição subjetiva" da vontade infalível é "necessariamente determinada" pela "lei objetiva da razão". Para uma tal vontade "perfeita", Kant prossegue, o "dever" está no "lugar errado" (414). No caso de uma vontade falível, contudo, a situação é diferente. A vontade falível pode atender ao chamado da razão por possuir a faculdade da

---

96. *CRPra* (32).

razão prática. Porém, como o exemplo acima ilustra, a vontade falível é também suscetível a outras forças motivacionais. Ela pode permitir que aquelas outras forças motivacionais governem sua vontade. Por esse motivo Kant afirma que, para a vontade falível, a lei da razão prática tem de ser expressa como um "dever".

5 Imperativos: hipotético *versus* categórico (414-421)

Nesse momento de nossa discussão, nada mais natural do que estar curioso sobre a lei da razão que, para Kant, necessariamente determina a vontade infalível e tem de aparecer, para a vontade falível, sob a forma de um comando. Até aqui Kant pouco escreveu sobre isso. Nós sabemos que uma de suas características é ser uma lei "objetiva" e, enquanto tal, "válida para todo ser racional". Nós sabemos também que não se trata de uma lei objetivamente válida da lógica ou da física, mas, antes, de uma lei objetiva *prática*. Em nossa discussão da seção I da *Fundamentação*, nós vimos que a lei da razão que comanda nossa vontade é, de acordo com Kant, a lei que expressa nosso dever. Mas isso ainda nada diz sobre o *conteúdo* da lei. Isto é, nada nos diz sobre o que a lei especificamente exige.

Nos parágrafos que estamos examinando, Kant prepara o caminho para a explicação que ele dará sobre o conteúdo ou sentido da lei suprema da razão prática, a lei que ele identifica como o "imperativo categórico". Como primeiro passo ele introduz uma distinção entre imperativos que são "categóricos" e aqueles que são "hipotéticos".

Todos os imperativos comandam ações com o fito de obter algum propósito ou fim. De acordo com os termos mais técnicos de Kant, um imperativo é uma "lei prática" que "representa uma ação possível como boa e, por isso, como necessária para um sujeito determinável pela razão de maneira prática" (414)[97]. Suponhamos que eu ache o vegetarianismo algo bom e decida viver a vida de um vegetariano. Admitindo que isso é realmente meu fim e que sou racional, eu me assumo, pois, como obrigada a viver de acordo com os princípios do vegetarianismo. Eu consinto que o seguinte imperativo governe minhas ações: "De modo a observar os princípios do vegetarianismo, eu não devo comer carne".

Kant reconhece que ações podem ser determinadas como boas de variadas formas, e a distinção que ele traça entre os tipos de imperativos gira em torno disso. Um imperativo categórico, Kant escreve, representa uma ação como "objetivamente necessária por si mesma", ou seja, "como boa *em si mesma*". Um imperativo hipotético, por outro lado, representa uma ação como "meio para se conseguir outra coisa que se quer" (414). Obviamente nós não podemos entender a distinção de Kant entre os dois tipos de imperativos sem primeiro explorar sua distinção entre esses dois tipos de bem.

Podemos começar considerando a descrição dos imperativos hipotéticos. Kant escreve que:

> [o] imperativo hipotético diz apenas que a ação é boa para um propósito qualquer possível ou real (414).

Essa observação poderia nos soar curiosa pela seguinte razão. Kant caracteriza os bens que são o tema dos imperativos hipotéticos como ou "possíveis" ou "reais". Ambos parecem esgotar as opções possíveis. A partir desse comentário sobre os bens dos imperativos hipotéticos poderíamos muito bem concluir que imperativos categóricos comandam ações que não têm fim ou propósito

---

[97]. Na *CRPra* Kant define um imperativo como "uma regra que é designada pelo verbo 'dever' que expressa a necessitação objetiva da ação" (20).

algum como objetivo. Kant até mesmo parece defender explicitamente essa tese no começo de (415), onde escreve que o imperativo categórico "esclarece a ação como objetivamente necessária por si mesma, *sem referência a um propósito qualquer*" (grifo meu). Kant pretende mesmo sugerir aqui que o imperativo categórico comanda ações sem referência a quaisquer fins ou propósitos? A resposta a essa questão é "não", mas precisamos explorar mais alguns pontos antes de podermos explicar a resposta acima. Precisamos em primeiro lugar abordar a classificação kantiana dos tipos de imperativos hipotéticos.

5.1 Imperativos hipotéticos problemáticos: comandar meios para a obtenção de fins possíveis (415)

De acordo com Kant, imperativos hipotéticos problemáticos são imperativos que comandam ações que são boas para algum fim ou propósito "possível". Ele denomina esses imperativos "regras da habilidade" ou "imperativos técnicos" (416ss.). Para esclarecer melhor o que Kant tem em mente aqui, cumpre voltarmo-nos aos seus próprios exemplos. Um médico deseja cuidar da saúde de seu paciente. Para atingir esse fim ele precisa seguir uma série de regras ou procedimentos. Ele deve realizar certos testes, familiarizar-se com o histórico médico do paciente, e assim por diante. Um envenenador deseja matar uma vítima. Ele deve igualmente seguir algumas regras se deseja atingir seu objetivo. Ele deve pelo menos estar seguro de ter escolhido um veneno de fato letal. Os pais desejam preparar seus filhos para a vida. Para atingir esse fim eles devem ensiná-los as habilidades necessárias para tanto. Kant escreve não estar preocupado aqui em avaliar o caráter bom ou a racionalidade dos fins que os exemplos evocam. Ele deseja meramente ilustrar possíveis fins que as pessoas possam vir a ter.

Imperativos hipotéticos problemáticos assumem os fins possíveis das pessoas e comandam os meios para atingi-los. "Dado meu fim de envenenar minha vítima, eu devo escolher um veneno que seja suficientemente letal." (Ademais, Kant descreve os imperativos hipotéticos problemáticos como "analíticos", mas eu mantenho em suspenso a discussão a respeito disso até a seção 5.6. abaixo.)

Por que Kant caracteriza os fins dos imperativos hipotéticos problemáticos como meramente "possíveis" se se trata de fins que as pessoas *efetivamente* têm? A razão é que, no caso dessa classe de imperativos hipotéticos, não há a ilação de que o fim da pessoa é um fim compartilhado por todas as naturezas racionais – sequer por todas as naturezas racionais humanas. Os fins do médico são relativos aos seus objetivos específicos. O mesmo ocorre com o envenenador e com os pais. Trata-se de fins que indivíduos particulares vêm a ter em razão de seus desejos e circunstâncias particulares. Seria equivocado supor que os fins desses indivíduos também precisam ser realmente os dos outros.

5.2 Imperativos hipotéticos assertóricos: comandar meios para a obtenção de fins reais (415-416)

Caracterizar um propósito como "real" e não meramente "possível", no sentido pretendido por Kant, significa afirmar que ele comanda fins ou propósitos que não apenas algumas, mas antes *todas* as pessoas têm. Kant sustenta que há um fim que pode ser, de fato, pressuposto como real em todos os seres racionais finitos ou dependentes, um fim que todos esses seres têm em virtude de algo que Kant denomina "necessidade natural". Esse fim ou propósito é a felicidade (415). Esse é o fim que Kant descreve na seção I como a "soma da satisfação de todas as inclinações" (399). Imperativos hipotéticos assertóricos, pois, comandam como necessária de um ponto de vista prático alguma ação como um meio para obter a felicidade. Segundo Kant, como o fim da felicidade pertence à "essência" da natureza humana, trata-se de um fim compartilhado por toda natureza humana.

O leitor atento perceberá que no espaço de um único parágrafo, em (415), Kant muda o tema da discussão: de "todos os seres racionais" para "todo ser humano". Podemos nos perguntar se essa mudança reflete uma inconsistência de sua parte, ou talvez um pouco de negligência. Contudo, Kant rapidamente atribui à expressão "todos os seres racionais" uma limitação; ora, Kant pretende referir-se, nesse contexto, apenas àqueles seres racionais que são sujeitos a imperativos, a saber, seres racionais *falíveis*[98]. Nós não precisamos então interpretar sua referência a "seres humanos" no final do parágrafo como a evidência de uma confusão ou mesmo erro. Afinal de contas, a vontade racional falível que Kant pretende descrever na *Fundamentação* é a vontade falível *humana*.

Lembremos que nestes parágrafos Kant está nos preparando para introduzir a lei prática suprema (o imperativo categórico). Como vimos, ele afirma que, para vontades falíveis como a nossa, aquela lei precisa ser expressa sob a forma de um comando ou imperativo. Ele também afirmou que a lei prática suprema é "objetiva". Segundo Kant, ela tem validade objetiva, e não meramente subjetiva, por ser obrigante ou válida "para toda natureza racional enquanto tal" (413). Isso levanta as seguintes questões: Dado que a objetividade da lei prática suprema é uma função de sua validade para todas as vontades racionais (sua validade universal), por que Kant insiste que imperativos hipotéticos assertóricos não podem qualificar-se como objetivos? Nós sabemos "seguramente e *a prio-*

---

[98]. Kant é claro sobre isso também na *CRPra*: "Ser feliz é necessariamente o anseio de todo ser racional, porém finito" (25).

ri", como Kant nos diz, que imperativos hipotéticos assertóricos comandam fins ou propósitos compartilhados por "todo ser humano" (415ss.)[99]. Assim, esses imperativos parecem ter validade universal ao menos para a natureza humana. Kant, porém, insiste que imperativos hipotéticos assertóricos necessitam a nossa vontade apenas condicionalmente. Kant escreve que eles comandam ações não "absolutamente, mas apenas como um meio para um outro propósito" (em uma passagem, Kant até mesmo alerta para que não classifiquemos esses imperativos como "leis". Dito mais precisamente, ele diz, tais imperativos são meramente "conselhos" (416))[100]. Na visão de Kant, pois, qual a base para denominar condicionais os imperativos hipotéticos assertóricos? Por que eles não se qualificam como leis? A resposta para essa questão ficará evidente quando já tivermos analisado em detalhe a oposição entre imperativos hipotéticos e categóricos.

5.3 O imperativo categórico: comandar meios para fins incondicionados (416)

Lembremos que no Prefácio à *Fundamentação* Kant afirmou que seu objetivo principal era "buscar e estabelecer" o princípio supremo da moralidade (392). Finalmente, em (416), ele identifica esse princípio de forma explícita. Ele nos diz que há apenas "um" imperativo que se qualifica como o "imperativo da moralidade", a saber, o imperativo "categórico". Esse imperativo é categórico, ele escreve, pois seu comando é "incondicional". Diferentemente dos

---
99. Ao afirmar que nós sabemos *a priori* que todo ser humano deseja a felicidade, Kant está afirmando que esse é um tipo especial de fato, um fato que conhecemos com necessidade. Um exemplo de outro fato que conhecemos *a priori* é, segundo Kant, o de que objetos da natureza têm de ser-nos dados na experiência através de nossas formas de intuição, espaço e tempo.
100. Cf. tb. o Prefácio (389).

imperativos que comandam de forma meramente hipotética, o comando do imperativo categórico não é "restringido por condição alguma" (416).

Nós precisamos agora determinar o sentido preciso em que, para Kant, o imperativo categórico é incondicional. Talvez por "incondicional" ele pretenda dizer que o imperativo categórico comanda sem referência a fins ou propósitos específicos. Como notado anteriormente, os termos de Kant por vezes parecem sugerir isso. No começo de (415), por exemplo, ele escreve que o imperativo categórico "esclarece a ação como objetivamente necessária por si mesma, *sem referência a um propósito qualquer*" (grifo meu).

No entanto, Kant não crê que o imperativo categórico não tenha de fato nenhuma referência qualquer a propósitos. Vejamos esta observação em (414):

> [o] imperativo categórico seria aquele que representa uma ação como objetivamente necessária por si mesma, sem referência a um outro fim.

Notemos aqui como Kant iguala as expressões "objetivamente necessária por si mesma" e "sem referência a um outro fim". Kant não afirma nesta passagem que uma ação que é "objetivamente necessária por si mesma" *não tem* um fim ou propósito; ele apenas afirma que é representada uma ação como objetivamente necessária sem referência a um "outro" fim. Isso é dito também em um comentário feito por Kant em (416). Kant escreve que o imperativo categórico comanda alguma conduta "imediatamente" "sem ter por fundamento e como condição qualquer *outro* propósito a ser obtido por meio de uma certa conduta" (grifo meu). Segundo Kant, dizer que uma ação é "objetivamente necessária por si mesma" não equivale a dizer que ela não tenha *nenhum* fim ou propósito. Pelo contrário, Kant com isso pretende excluir nas ações que são objetivamente necessárias apenas *alguns* fins ou propósitos, ou apenas *uma classe particular* de fins ou propósitos[101].

Nós já havíamos encontrado uma versão dessa ambiguidade quando consideramos a concepção kantiana da boa vontade na seção I (cf. 2.2). Como vimos ali, a boa vontade é boa "por si mesma" ou "incondicionalmente", e Kant algumas vezes parece concluir disso que tal vontade age sem ter em vista um fim ou propósito. Quando examinamos o texto mais cuidadosamente, entretanto, descobrimos que o objetivo de Kant com isso não é afirmar que a boa vontade age sem propósito algum. Pelo contrário, de acordo com a caracterização de Kant, a vontade que é boa "em si mesma" é "boa *sem qualquer propósito ulterior*" (397; grifo meu). Tal vontade, Kant prossegue, age "não por inclinação, mas *por dever*" (398). A mensagem de Kant aqui é claramente a de que uma boa vontade não tem seu valor em qualquer propósito *que não seja o dever* – em qualquer "propósito ulterior". Em (400) Kant é explícito sobre o tipo de propósitos que *não* motivam uma boa vontade. Uma boa vontade não é motivada por objetos da faculdade da inclinação ou faculdade de desejar.

Assim, da mesma forma que é um erro supor que Kant defende a tese de que uma boa vontade age sem ter em vista qualquer fim ou propósito, é também um equívoco supor que, para ele, o imperativo categórico comanda ações que não têm fim ou propósito. Uma boa vontade age para atingir algum fim; ela responde ao cha-

---

101. Essa interpretação é consistente com uma passagem de (414) que consideramos anteriormente, na qual Kant escreve que "todos os imperativos são fórmulas da determinação da ação que é necessária segundo o princípio de uma vontade que é boa de uma forma qualquer". Cf. tb. *CRPra* (34): "Que todo o querer tem de possuir também um objeto e, portanto, uma matéria".

mado do dever, não dos fins colocados pelo desejo ou inclinação. O imperativo categórico comanda ações que também se referem a algum propósito, um propósito igualmente posto por algo que não o desejo ou a inclinação.

5.4 Sobre a validade meramente condicional dos imperativos hipotéticos assertóricos

Nós já identificamos uma diferença óbvia entre o imperativo categórico e os imperativos hipotéticos assertóricos. A diferença diz respeito aos fins ou propósitos aos quais cada tipo de imperativo se refere. Imperativos hipotéticos assertóricos comandam ações como um meio para a obtenção da felicidade; o imperativo categórico comanda ações que servem a algum outro fim.

O que ainda não está claro, contudo, é se essa diferença sugere uma resposta à pergunta que formulamos no último parágrafo da seção 5.2. Nós nos perguntamos ali sobre o motivo da insistência de Kant em afirmar que os imperativos hipotéticos assertóricos têm validade apenas condicional. Dado que esses imperativos comandam os meios para um fim compartilhado por toda vontade finita (qual seja, a felicidade), por que eles não são incondicional ou absolutamente válidos? Por que eles são, na melhor das hipóteses, "conselhos", mas não "leis"?

Ora, o que ocorre é que o caráter condicional dos imperativos hipotéticos assertóricos está ligado, para Kant, ao fato de que o fim a que eles servem – felicidade – é um fim posto pela inclinação. A felicidade é um fim ou propósito que nós temos devido à nossa natureza empírica, ou devido à nossa natureza considerada empiricamente. Como Kant escreve, nós temos esse fim "por necessidade natural" (grifo meu). Assim, ao atribuir o fim da felicidade aos seres humanos, nós tratamos a humanidade como um objeto da natureza e, portanto, como um objeto da investigação empírica.

O fato de a felicidade ser um fim colocado pela inclinação é algo significativo pelas razões que expusemos na introdução. Ali nós identificamos duas razões para Kant insistir que a fundação da moralidade não é empírica. Uma razão é que, se tratarmos a natureza humana apenas como um objeto da natureza – como um fenômeno –, nós não temos como explicar sua capacidade de elevar-se para além das leis da natureza e agir por liberdade. Como vimos, isso nos deixa sem nenhuma base genuína para a imputação moral. Uma segunda razão é não ser possível derivar princípios que são universal e necessariamente válidos de uma explicação meramente empírica do comportamento humano. Kant explicitamente nos lembra disso perto do final da seção II, quando escreve que "princípios empíricos não servem de modo algum para fundar as leis morais sobre eles" (442). É essa segunda razão que Kant tem em mente quando insiste sobre o caráter condicional dos imperativos hipotéticos.

O caráter condicionado dos imperativos hipotéticos é relativamente óbvio no caso dos imperativos hipotéticos problemáticos. Trata-se de um fato contingente sobre mim nesse determinado momento de minha vida que eu desejo tornar-me vegetariano e, dessa forma, assumir-me como obrigado pelo comando de não comer carne. Esse é um fato que isola uma das formas pelas quais me constituo como uma individualidade única; sua validade para mim tem a ver com meu estado psicológico e circunstâncias atuais. Porém, como esse comando reflete fatos que são únicos para mim, não há razão alguma para assumir que ele seja necessariamente válido para todos.

O caráter condicional dos imperativos hipotéticos assertóricos é menos óbvio, já que, segundo a definição de Kant, esses imperativos comandam meios para um fim que é compartilhado universalmente. Porém, ainda que Kant insista que pode ser "pressuposto com certeza e *a priori*" que todo ser humano deseja a felicidade como um fim (415ss.), ele também sustenta que nós apenas podemos determinar o que indivíduos entendem por felicidade ao consultarmos a experiência. Quando o fazemos, descobrimos que o conceito de felicidade admite grande variedade. E não apenas isso: ele também muda com o tempo. Nessas passagens Kant retoma uma tese que ele fizera na seção I (399), a saber, que da natureza empírica do conceito de felicidade segue-se que esse conceito é "indeterminado".

5.5 A indeterminação do conceito de felicidade (418-419)

Neste parágrafo Kant define a felicidade como um "máximo do bem-estar, em meu estado presente e em todo estado futuro" (418). Contudo, ainda que o conceito de felicidade admita uma definição, ele é, não obstante, "indeterminado":

> o conceito da felicidade é um conceito tão indeterminado que, muito embora todo homem deseje alcançá-la, ele jamais pode dizer de maneira determinada e consistente consigo mesmo o que ele propriamente deseja e quer (418).

Kant considera o exemplo de um homem que deseja ser rico por estar convicto de que a riqueza é a chave para a felicidade. Esse homem é cego ao fato de que a riqueza pode por vezes ser a causa de "ansiedades, inveja e intrigas", além de outros males. Para um outro homem, a felicidade consiste no conhecimento e discernimento. Mas esse homem falha em perceber que o conhecimento pode nos revelar tanto os lados mais prazerosos como os menos prazerosos da vida.

O objetivo central de Kant aqui parece ser o de mostrar que nosso conhecimento dos ingredientes da felicidade é invariavelmente imperfeito e incompleto. Quando cada um de nós tenta especificar o que entendemos por felicidade, nós consultamos nossa própria experiência. Sabemos o que nos agradou no passado e nos fiamos nesse conhecimento para prever o que irá nos agradar no futuro. Contudo, nossos desejos e também as circunstâncias mudam; nossas previsões estão, pois, fadadas a não serem confiáveis. Ademais, o discernimento até mesmo de nossos desejos atuais é altamente falível. Nós nos equivocamos, então, se supusermos que a experiência pode nos dar, uma vez que seja, um conhecimento certo sobre nós mesmos.

Dessa maneira, Kant conclui essa discussão na *Fundamentação* com a observação de que ninguém pode formular com "certeza completa" um princípio que determina o que nos torna felizes. Se meu princípio for o de acumular riqueza, eu não terei garantia alguma de que esse fim irá de fato produzir a felicidade que procuro. Eu não posso realmente saber se a riqueza é um meio para minha felicidade. Por essa razão, Kant nos diz que imperativos que comandam os meios da felicidade (imperativos da prudência) não "apresentam ações como *necessárias* de um ponto de vista prático"[102].

---

102. Na *CRPra* Kant especifica a indeterminação do conceito de felicidade da seguinte maneira: primeiro, há uma indeterminação ao longo do tempo do conceito individual de felicidade. Hoje estou convencido de que minha felicidade consiste em alcançar sucesso como uma estrela do *rock*; amanhã decido que eu quero mais do que qualquer outra coisa tornar-me monge. Como Kant nota, nossos juízos sobre a felicidade dependem de nossas opiniões, que são "muito variáveis". Segundo, ainda que todos nós desejemos a felicidade, não há um acordo interpessoal sobre os ingredientes da felicidade. Não há razão para pensar, pois, que minha concepção de felicidade é idêntica a ou até mesmo pareça com a sua. Pelo contrário, há uma "infinita variedade de julgamento" sobre a felicidade. Por essa razão, Kant conclui que retiramos do prin-

5.6 O caráter analítico dos imperativos hipotéticos (415-421)

Na discussão acima sobre os imperativos da habilidade (imperativos hipotéticos problemáticos) nós passamos por cima da misteriosa observação de Kant de que, no caso desses imperativos, há uma conexão conceitual ou "analítica" entre o objeto querido e o que se quer como meio para alcançá-lo (417). É útil aqui lembrar o exemplo que anteriormente utilizamos para ilustrar o que Kant tinha em mente. Se o objeto do meu querer é viver a vida de um vegetariano, então, assumindo que sou racional, eu necessariamente também desejarei os meios para atingir esse fim: eu não comerei mais carne. Trata-se de "uma e a mesma coisa", Kant diz, representar algo como um efeito ou meta que desejo produzir ou alcançar (neste caso, a meta de tornar-me vegetariano), e querer agir de um modo necessário para efetivamente atingir esse fim (não querer comer mais carne). A ideia de que eu preciso abrir mão de comer carne é "já pensada" no meu desejo de tornar-me vegetariano. Se eu não quero abrir mão de comer carne, nós teríamos então de concluir que: (i) ou meu desejo confesso de tornar-me vegetariano não é sincero; (ii) ou que não entendo o significado do conceito "vegetariano"; (iii) ou que sou irracional.

O estatuto analítico dos imperativos de prudência (imperativos hipotéticos analíticos) é menos evidente. Na conclusão da discussão sobre a indeterminação do conceito de felicidade, após ter afirmado que os imperativos de prudência não podem nunca comandar ações como praticamente necessárias, Kant escreve:

---

cípio de felicidade "regras gerais, mas nunca regras universais, isto é [...], regras que têm de ser válidas sempre e necessariamente". Em outra passagem na *CRPra* Kant escreve que, mesmo se os seres racionais finitos "concordassem inteiramente" quanto aos ingredientes da felicidade, essa "própria unanimidade seria ainda contingente". Ela ainda careceria da necessidade das leis objetivas, leis derivadas *a priori* (26).

> Esse imperativo da prudência seria [...] uma proposição prática analítica se supusermos que os meios da felicidade podem ser assinalados com segurança (419).

À luz do fato de que Kant acaba de argumentar que os meios para a felicidade não podem ser assinalados com segurança, nós podemos esperar, com certa razão, que ele prossiga e afirme que os imperativos de prudência *não* são analíticos. Curiosamente, contudo, ele encerra esse parágrafo observando que *ambas* as classes de imperativos hipotéticos, os de prudência e os de habilidade, são proposições analíticas. Como compreender essa conclusão do parágrafo?

A consequência da passagem citada acima certamente parece ser a de que imperativos hipotéticos assertóricos não são analíticos. Dado que não podemos nunca conhecer com segurança os meios para a felicidade, parece seguir-se daí que nosso fim – atingir a felicidade – não pode nunca conter, como algo "já pensado", os necessários meios para atingi-lo. Como já dito, contudo, Kant afirma mais adiante no mesmo parágrafo que imperativos hipotéticos tanto assertóricos como problemáticos são analíticos:

> visto que ambos [...] comandam tão somente os meios para aquilo que pressupomos querer como fim, então o imperativo que comanda o querer dos meios a quem quer os fins é, em ambos os casos, analítico (419).

Talvez Kant tenha em mente algo assim: do fato de o conceito de felicidade ser indeterminado segue-se que nunca podemos ter um entendimento completo de seu significado ou de seus ingredientes. Não obstante, cada um de nós de fato deseja a felicidade como um fim. Ao fazê-lo, cada um de nós pressupõe alguma concepção particular dela. Tomando novamente de empréstimo um dos exemplos de Kant, acreditamos que, talvez, a felicidade consista na riqueza. Se por acaso tivermos essa concepção de felicidade e procurarmos realizá-la, então nesta concepção são "já pensados" os meios para realizá-la (i. é, já está pensada a ideia de que precisamos adquirir capital). Como no caso dos imperativos de habilidade, há uma conexão conceptual ou analítica não entre, por um lado, o fim geral e indeterminado da felicidade e, por outro, os meios para atingi-lo, mas entre, por um lado, a concepção particular de felicidade que uma pessoa procura atingir e, por outro, os meios para atingi-la.

5.7 Recapitulação: sobre a razão de os imperativos hipotéticos serem condicionais e os imperativos categóricos, incondicionais

Retomemos, primeiro, a caracterização de Kant sobre os imperativos em geral: todos os imperativos, ele diz, "são fórmulas da determinação da ação que é necessária segundo o princípio de uma vontade que é boa de uma forma qualquer" (414). Eu considero algum objeto como bom e então quero uma ação que é necessária para produzir aquele objeto. Eu digo a mim mesmo: "Para obter o objeto *X*, eu tenho de querer a ação *Y*". Sou interessado em querer *Y* porque considero *X* como bom. Meu querer de *Y*, pois, é dependente da meta ou objetivo do antecedente.

Se restringirmos nosso foco para os imperativos hipotéticos, nós percebemos não apenas que os meios queridos são dependentes do objeto ou fim querido, mas também que o objeto ou fim querido e posto no antecedente do comando é *também* condicional ou contingente. Como acabamos de ver, os imperativos hipotéticos especificam fins que derivam de nossas naturezas empíricas, fins que, portanto, não podem deter o estatuto de validade universal e necessária. Dessa maneira, os imperativos hipotéticos comandam ações a serviço de algum propósito contingente ou "arbitrário" (420). Nesse sentido, como Kant escreve, sua validade repousa em uma "pressuposição" (419). Uma vez que os imperativos hipotéticos têm apenas validade condicional, eles prescrevem "princípios" da vontade, mas não, a rigor, "leis". Dado que seus fins variam de pessoa para pessoa, os imperativos hipotéticos não podem ademais ser enunciados de antemão. Nas palavras de Kant, "[s]e me represento em pensamento um imperativo *hipotético* em geral, não sei de antemão o que ele há de conter até que a condição me seja dada" (420). Nem todos pretendem tornar-se vegetarianos, e nem todos estão convencidos de que a riqueza é a chave da felicidade. Portanto, a simples ideia de um imperativo hipotético não especifica, ela mesma, um fim particular. Pode haver uma variedade infinita de tais fins, dados os desejos infinitamente diversos dos seres humanos.

Como todos os imperativos, o imperativo categórico exprime um comando "para a determinação da ação que é necessária segundo o princípio de uma vontade que é boa de uma forma qualquer". Ele pode igualmente ser expresso da seguinte forma: "para atingir X, eu devo querer Y". No entanto, no caso do imperativo categórico – e das regras práticas específicas ou imperativos categóricos fundados nele – o objeto ou fim que surge no antecedente é *in*condicional. Ele é incondicional por especificar um fim que necessariamente *todas as naturezas racionais* querem. Na medida em que um imperativo categórico especifica um fim que é universal e necessariamente válido, ele é propriamente uma "lei prática"; ele traz consigo a "necessidade que exigimos de uma lei" (420). Além disso, visto que o fim especificado pelo imperativo categórico não deriva de nossa natureza empírica, esse fim é determinado, não indeterminado. Quando representamos em pensamento um imperativo categórico, Kant escreve, nós sabemos "de pronto o que ele contém" (420)[103].

5.8 Como os imperativos categóricos são possíveis? (419-421)

Kant afirmou que o fim ou objeto de um imperativo categórico é válido incondicionalmente, mas como sabemos que *há* um tal fim? Em outras palavras, como sabemos que de fato agimos segundo um fim – ou mesmo apenas o reconhecemos como válido – que determina nossa vontade mais do que apenas condicional ou hipoteticamente? Kant identifica o imperativo categórico como a lei suprema da moralidade. Kant nos diz que é o imperativo que motiva uma boa vontade. Mas quais são as razões para supor que *há* uma tal lei? Qual é a evidência de que o dever comandado pelo imperativo categórico é algo mais do que um "conceito vazio" que não tem validade alguma para nós (421)?

Kant elabora essas questões, mas não tenta aqui respondê-las. Nesse momento do texto, Kant escreve que essas questões têm de permanecer "não decididas". Ele nos lembra que não podemos depender da experiência para estabelecer a realidade do imperativo categórico. Somente através do exame de nossos próprios motivos ou pela observação do comportamento dos outros nós não podemos saber com segurança que o imperativo categórico realmente determina alguém a agir em um certo caso, ou que seja aceito como vinculante por um agente (407ss.). Dado que a experiência não pode nos auxiliar aqui, como é então possível estabelecer a realidade da lei? Quando Kant tenta responder essa questão na seção III, ele escreve precisar depender de outra coisa que não a

---

103. Como Kant escreve na *CRPra*, o que o dever exige é "evidente para todos"; o que a felicidade exige, não (36).

evidência empírica. Sua investigação, Kant diz, tem de ser "inteiramente *a priori*" (420).

5.9 O imperativo categórico como uma "proposição sintética *a priori*" (420)

Nesse momento da argumentação, ao invés de buscar a prova da realidade do imperativo categórico, Kant tem por objetivo nesses parágrafos explicar o que é o imperativo categórico e como ele se distingue em relação aos imperativos hipotéticos. Kant nota, primeiro, que o imperativo categórico é uma lei *a priori*. Ela é derivada da razão, não da experiência. Ademais, o imperativo categórico é também uma "proposição prática *sintética a priori*" (grifo meu). Kant retoma essa tese posteriormente na seção II e a discute em profundidade na seção III. O fato de a lei ser "sintética" sugere que a relação entre o fim ou objeto por ela posto e os meios de atingi-lo é de alguma forma analítica, como no caso dos imperativos hipotéticos. Percebe-se que a explicação de Kant sobre a natureza sintética do imperativo categórico é conectada à sua concepção de que a demonstração da realidade da lei tem de ser "sintética" ao invés de "analítica". Essas duas doutrinas – concernentes à natureza sintética do imperativo categórico e ao método sintético para demonstrar sua realidade – estão entre as mais obscuras da *Fundamentação*. Eu discutirei ambas em detalhe na seção final deste capítulo (começando na seção 19.2) e então no início no capítulo 5. Por ora, irei apenas chamar a atenção para um dos aspectos mais enigmáticos da insistência de Kant na natureza sintética do imperativo categórico.

Lembremos que os imperativos hipotéticos têm, segundo Kant, uma validade meramente condicional ou relativa. Eles são comandos, mas sua validade é contingente, dependente dos vários fins particulares dos indivíduos. Por essa razão, nós não sabemos "de antemão" o que esses imperativos contêm. Um determinado comando hipotético (tal como "você não deve comer carne") será válido apenas relativamente a algum fim especificado ou "pressuposto" (tornar-se um vegetariano). Nós sabemos qual obrigação específica decorre de um imperativo hipotético, uma vez que seu fim é posto ou pressuposto. Como Kant escreve, a obrigação é "já pensada" (e assim analiticamente contida) no fim. Mas nós não podemos especificar previamente os fins dos imperativos hipotéticos. Apenas após o fim ser posto eu estou em condição de saber qual obrigação segue-se conceitualmente: "dado que eu quero obter X, eu devo fazer Y".

Porém, Kant insiste que ocorre algo diverso com os imperativos categóricos. Segundo Kant, no caso desses imperativos, não há uma tal conexão analítica entre o objeto que se quer e o que se quer como meio para obtê-lo. Essa afirmação é curiosa pela seguinte razão. Como vimos, um aspecto peculiar do imperativo categórico consiste em seu fim ou propósito ser conhecido de antemão. Quando represento em pensamento um imperativo categórico, Kant escreve, "eu sei de pronto o que ele contém". O fim é conhecido de antemão por ser um fim que é universal e necessariamente compartilhado por todas as vontades racionais. Contudo, como o fim é conhecido de antemão, por que não é também o caso de sabermos de antemão os meios de obtê-lo? Por que nós não podemos dizer nesse caso, assim como no caso dos imperativos hipotéticos, que o querer dos meios é "já pensado" no querer do fim? Em outras palavras, por que Kant afirma que não há uma conexão conceitual ou analítica entre "eu quero realizar o objeto X" (onde "X" é um fim incondicional) e "portanto, eu devo fazer o que quer que seja necessário para realizar X"?

Kant retorna ao complexo tópico da natureza sintética do imperativo categórico em (440). Nós iremos tratar desse tópico em maior detalhe nas seções 19.2-19.4 abaixo.

6 A primeira fórmula do imperativo categórico: a fórmula da lei universal ("FLU") (421)

É possível que aqui já comecemos a ficar bem impacientes. Kant se demorou na distinção entre imperativos hipotéticos e categóricos, e também nos chamou a atenção para a dificuldade de demonstrar a realidade dos últimos. Contudo, ele ainda precisa determinar o imperativo categórico de uma forma mais informativa e precisa. Em outras palavras, nós permanecemos no escuro sobre o que o princípio supremo da moralidade exatamente comanda.

Mesmo Kant tendo nos apresentado o imperativo categórico na seção I, o fato é que pouca informação é dada ali. Ao longo de sua análise sobre o conceito de boa vontade, Kant nos diz que uma boa vontade age por dever. Ele afirma que o princípio que expressa o dever é formal ou *a priori*. Tal princípio é formulado por Kant da seguinte maneira:

> Eu nunca devo proceder de outra forma senão de tal modo que eu também possa querer que minha máxima deva tornar-se uma lei universal (402).

Na seção I Kant não nomeia explicitamente esse princípio o "imperativo categórico", mas não é virtualmente possível distingui-lo da lei que Kant especifica em (421) como o imperativo categórico:

> age apenas segundo a máxima pela qual possas ao mesmo tempo querer que ela se torne uma lei universal (421).

Formulado de ambas as formas, a lei é bastante abstrata. As máximas pelas quais nos é moralmente permitido agir são restringidas por ela através da ideia de que temos de ser capazes de querer nossas máximas como leis universais. Contudo, como podemos compreender essa restrição? E como uma necessitação tão vaga pode nos guiar na determinação de como devemos agir em casos particulares?

É possível desmistificar de alguma forma o imperativo categórico com auxílio do material que coletamos até aqui. O princípio é *a priori*; sua origem é, portanto, a razão pura, não a experiência. Kant insiste que o princípio merece ser chamado de "lei". Isso implica, segundo ele, que o princípio tem universalidade e necessidade "estrita", não meramente "comparativa". O imperativo categórico é, assim, necessariamente válido não apenas para algumas, mas, antes, para todas as naturezas racionais. Ademais, da validade universal e necessária do princípio decorre, para Kant, que ele comanda um fim ou propósito que é compartilhado por todas as naturezas racionais. Kant ainda não nos revelou a natureza precisa desse fim particular. Ele só o fará muitos parágrafos depois, ainda na seção II (de (429) em diante). Até esse momento Kant mostrou tão somente que o princípio supremo da moralidade nos comanda agir apenas segundo máximas que respeitem aquele fim.

6.1 O imperativo categórico "único" *versus* os vários imperativos categóricos (421)

Kant insiste em (421) que há um "único" imperativo categórico. Não se trata de sua primeira menção a esse tema. Alguns parágrafos antes, ele notara que há "um imperativo" que comanda categoricamente, a saber, "o imperativo da *moralidade*" (416). Em (421) ele afirma, ademais, que desse "único" imperativo categórico "todos os imperativos do dever" podem ser derivados. Portanto, Kant sugere que, além do imperativo categórico – o princípio supremo da moralidade –, há também imperativos categóricos específicos. Esses imperativos específicos são também categóricos na medida em que eles também necessitam a vontade categórica ou incondicionalmente. Esses imperativos (como o dever de dizer a verdade ou de cuidar do bem-estar dos outros) são aplicações particulares do único imperativo categórico supremo. A lei moral suprema nos comanda agir apenas segundo máximas que são universal e necessariamente válidas, máximas que respeitem um fim compartilhado por todas as vontades racionais. Um dever específico ou imperativo categórico comanda uma forma particular de levar a cabo essa obrigação. O imperativo categórico de dizer a verdade, por exemplo, especifica uma forma pela qual podemos respeitar aquele fim compartilhado por todas as vontades racionais.

6.2 A matéria e a forma do imperativo categórico (416)

Em (416) Kant havia afirmado que o imperativo categórico "não concerne à matéria da ação e ao que deve resultar dela, mas à forma e ao princípio do qual ela própria se segue". Nós estamos agora prontos para compreender essa passagem. A forma comandada pelo imperativo categórico é aquela da "universalizabilidade". O imperativo categórico comanda que nossas máximas tenham essa forma; nossas máximas têm de ser capazes de ser queridas como leis universais. De maneira equivalente, nós podemos expressar esse mesmo ponto do seguinte modo: a forma comandada pelo imperativo categórico é aquela da conformidade a uma lei; nossas máximas precisam ter a forma de uma lei. Em outras palavras, elas precisam ser universal e necessariamente válidas.

A outra afirmação de Kant, segundo a qual o imperativo categórico não concerne à "matéria" da ação, é menos evidente. Por "matéria" da ação Kant parece referir-se ao propósito ou fim da ação. Suas observações em (416) sugerem isso, bem como uma passagem na Introdução à *Metafísica dos Costumes*. Ele escreve nesta última passagem que o imperativo categórico não concerne em nada à matéria das ações na medida em que não representa uma ação como necessária "através da representação de um fim que possa ser alcançado pela ação"[104].

A afirmação de Kant de que o imperativo categórico não concerne ao propósito ou fim de uma ação pode ser facilmente mal-interpretada. Ele parece concluir daí que um imperativo categórico, incluindo o imperativo categórico supremo, não tem *nenhum* objeto. Ele parece defender a tese de que, pois, o comando que um imperativo categórico expressa não está a serviço da obtenção de fim algum. Nós já tratamos dessa interpretação da tese de Kant anteriormente, de forma mais precisa na seção 5.3. Como resultado de nossa análise, tornou-se claro que Kant não pretendia que os imperativos categóricos não comandassem fim ou propósito algum. Pelo contrário, um imperativo categórico não concerne à matéria de nossas ações na medida em que não comanda a realização de uma *certa classe* de fins ou propósitos, a saber, fins ou propósitos que derivam de nossa natureza empírica e são, pois, contingentes. Essa tese torna-se evidente na seguinte observação da seção I:

> Ora, uma ação por dever deve pôr à parte toda influência da inclinação e com ela todo objeto da vontade, não restando, assim, nada para a vontade que possa determiná-la a não ser objetivamente a *lei* e subjetivamente

---

104. MC I (222).

o *puro respeito* por essa lei prática, por conseguinte a máxima (400ss.).

Kant identifica nessa passagem "todo objeto da vontade" com objetos da inclinação. O agente que põe à parte "todo objeto da vontade" e age segundo tão somente o *"puro respeito"* pela lei prática é, pois, o agente que não age por inclinação[105]. Kant não defende aqui que o agente que põe de lado todo objeto da vontade age segundo *nenhum* fim ou propósito. Pelo contrário, ele nos diz que tal agente age por "puro respeito" pela lei prática. Esse é seu fim. Seu fim ou objetivo é conformar suas máximas à lei prática. O agente faz isso ao assegurar que suas máximas têm a forma de uma lei, isto é, ao assegurar que elas são universalizáveis[106].

6.3 A fórmula da lei universal como a fórmula da natureza ("FN") (421)

Mais adiante, em (421), Kant fornece uma outra formulação do imperativo categórico. Novamente seguindo uma convenção, eu me refiro a ela como a fórmula da natureza ("FN"):

> age como se a máxima de tua ação devesse se tornar por tua vontade uma *lei universal da natureza*.

---

105. Nos parágrafos finais da seção II, começando em (442), Kant não mais identifica de forma estrita "objetos da vontade" e objetos da inclinação. Se uma vontade é determinada por alguma matéria ou objetos (e não pelo respeito pela lei moral), ela é então determinada seja pela inclinação, seja por (certos) objetos da razão. Em ambos os casos a vontade é determinada por um "impulso alheio" a si, i. é, pela "natureza" (444). Kant conclui aqui que, em alguns casos, a determinação da vontade pela razão pode ser heterônoma. Eu retornarei a esse ponto em minha discussão dessas passagens na seção 18 abaixo.

106. Kant irá se alongar bem mais na seção II sobre o fim ou objetivo que queremos quando agimos pela lei moral. Ele irá argumentar então que agir por dever equivale a respeitar a natureza racional como um fim em si mesmo (cf. minha discussão começando na seção 9, abaixo).

Não se trata aqui de um novo imperativo categórico; não se trata da formulação de um princípio moral independente. Pelo contrário, FN é uma formulação adicional do que Kant diz ser o "único" imperativo categórico. Nós descobriremos em breve que Kant fornece *várias* fórmulas do imperativo categórico na *Fundamentação*. Mais adiante na seção II, ele nos diz explicitamente que elas não são formulações de diferentes imperativos, mas "fórmulas de exatamente a mesma lei" (436).

Por que Kant se dá ao trabalho de fornecer a FN além da FLU? Ele o faz, aparentemente, por acreditar que a FN pode nos ajudar a compreender melhor o que a FLU implica. A FLU nos comanda agir apenas segundo máximas que podemos querer como uma lei universal. Leis da natureza são universais quanto ao escopo de sua aplicação. Segundo Kant, todas as leis têm essa característica de validade universal. Com efeito, para Kant o uso da expressão "lei universal" é redundante. Como vimos antes, ele sustenta que, a rigor, um comando é uma lei (e não, digamos, uma mera "regra" ou "conselho") apenas se for universalmente válido[107]. A lei natural, "para toda ação há uma reação igual e contrária", governa, assim, não apenas *alguns* objetos no domínio da natureza, mas *todos* os objetos no domínio da natureza. Nenhum objeto do domínio da natureza escapa à sua determinação. Um outro aspecto das leis da natureza é que elas compelem ou constrangem. Todos os objetos que elas comandam (todos os objetos na natureza) estão *necessariamente*, e não apenas contingentemente, sujeitos a elas.

Dessa maneira, Kant apresenta a FN além da FLU para esclarecer o comando da FLU. A FLU nos comanda agir apenas segundo máximas que podemos universalizar. Kant pretende mostrar

---

107. De resto, cf. as observações de Kant em (416).

que universalizar uma máxima equivale a, decerto, alçá-la ao estatuto de uma lei de natureza. Quando me pergunto se poderia querer uma máxima como uma lei universal, eu estou, pois, me perguntando se eu poderia querer um mundo no qual minha máxima governasse como uma lei da natureza. Esse seria um mundo no qual todos necessariamente agiriam segundo tal máxima.

No que se segue, eu me refiro à interpretação acima do teste da FN como a interpretação "forte". Como em breve veremos, as expressões empregadas por Kant às vezes permitem também uma leitura mais fraca da FN.

7 Quatro deveres: versão 1 (422-423)

Kant finalmente se dedica a exemplos de deveres específicos. Ele faz isso por dois motivos. Primeiro, ele crê que exemplos demonstram como o imperativo categórico serve como uma lei prática que determina nossas obrigações morais em situações particulares. Em outras palavras, nós nos damos conta de que com ajuda do imperativo categórico é possível derivar deveres específicos (imperativos categóricos específicos). Segundo, Kant crê que exemplos elucidam o sentido ou conteúdo da lei moral suprema (421). Ao examinar como aplicar o imperativo categórico a casos individuais, nós obtemos uma melhor compreensão do que a lei de fato comanda.

Antes de expor os exemplos, Kant anuncia que irá apresentar os quatro deveres segundo a "divisão usual dos mesmos" (421)[108]. A "divisão usual" refere-se, assim, à seguinte classificação dos de-

---

[108]. Para discussões sobre as semelhanças e diferenças entre a teoria de Kant e a tradição do direito natural no que diz respeito à divisão dos deveres, cf. BAUM, M. "Recht und Ethik in Kants praktischer Philosophie". In: STOLZENBENG, J. (ed.). *Kant in der Gegenwart*. Cf. tb. a Introdução de Mary Gregor para a edição em inglês da *MC*, de 1991, p. 7-10.

veres: primeiro, deveres dividem-se em deveres que temos para conosco e deveres que temos para com os outros. Segundo, deveres são ou "perfeitos" ou "imperfeitos". Nós iremos examinar o sentido dessa última e não tão óbvia divisão na seção 8.1, na sequência de nossa discussão sobre os quatro exemplos.

É sem dúvida bem-vindo o fato de Kant finalmente voltar sua atenção para a aplicação do imperativo categórico a casos concretos. No entanto, uma advertência é aqui necessária. À primeira vista os exemplos parecem relativamente diretos, mas temos aqui certamente um caso em que as aparências enganam. A interpretação dos exemplos dados por Kant é sujeita, até hoje, a muita controvérsia. Embora não seja possível evitar qualquer menção a dificuldades interpretativas, não é meu objetivo aqui realizar uma análise abrangente da literatura secundária. Minha discussão sobre os exemplos será relativamente breve, e tentarei evitar complicações desnecessárias. Em todo caso, essa não é a única oportunidade que teremos para examinar os exemplos. Kant os revisita na seção II (começando em (429)), de modo que também teremos de voltar a eles mais tarde.

7.1 Dever perfeito para consigo mesmo: o dever de conservar a própria vida (422)

Um homem está "desgostoso com a vida" em razão de uma "série de males"; ele está em um verdadeiro estado de "desesperança". Contudo, sua desesperança não é tão debilitante a ponto de ele tornar-se incapaz de perguntar a si mesmo se seria "contrário ao dever" dar cabo de sua própria vida. Ele primeiramente formula sua "máxima", isto é, seu "princípio subjetivo do querer" (401n.). Ele então considera se sua máxima "pode [...] tornar-se uma lei universal da natureza". Ele realiza esse experimento mental para determinar se sua máxima tem valor moral. Nesse exemplo, o homem emprega a versão FN do imperativo categórico.

Kant formula da seguinte maneira a máxima do homem:

> por amor de mim mesmo tomo por princípio abreviar minha vida se esta, com o prolongamento de seu prazo, ameaçar-me com males maiores do que a amenidade que ela ainda promete.

O que motiva o homem nesse caso é o "amor de si" ou aquilo a que Kant por vezes se refere como "proveito próprio" (422). Lembremos que nos primeiros parágrafos da seção II Kant explicitamente *opõe* o motivo de amor de si ao motivo do dever (407). No caso que agora examinamos, a questão é se a máxima de amor de si deste homem pode tornar-se uma "lei universal da natureza". A resposta de Kant é que ela não pode, pois a universalização da máxima produziria uma contradição.

Que contradição Kant tem em mente? Ele nos dá a seguinte pista:

> uma natureza cuja lei fosse destruir a vida por meio da mesma sensação cuja destinação é a impelir à promoção da vida, estaria em contradição consigo mesma e, portanto, não subsistiria enquanto natureza.

O objetivo de Kant aqui é mostrar que uma lei da natureza que comandasse a destruição da vida contradiria a si mesma. Se universalizássemos a máxima daquele homem (i. é, se a alçássemos ao estatuto de uma lei da natureza), nós produziríamos uma contradição. Mas *por que* uma lei da natureza que comandasse a destruição da vida contradiria a si mesma? Não é possível responder a essa questão sem evocar novamente a concepção de Kant sobre o papel desempenhado pelas leis da natureza na manutenção das coisas vivas.

Na seção I Kant sugeriu que a natureza dotou os seres "constituídos em conformidade com o fim que é a vida" com os meios para realizar tal fim, ou seja, com os meios para a conservação da vida e satisfação das necessidades (395). Essa é a razão de a natureza nos ter dado instintos, incluindo o instinto do amor de si. Uma vez que a natureza nos deu amor de si para preservarmos a vida, nós contradiríamos o propósito da natureza caso comprometêssemos esse sentimento com a destruição da vida. A máxima daquele homem, se universalizada, produziria uma tal contradição. Se ele universalizasse a máxima para destruir a si mesmo por amor de si, ele na realidade elevaria a máxima ao estatuto de uma "lei universal da natureza". Essa lei da natureza contradiria a si mesma, uma vez que, com respeito a seres "constituídos em conformidade com o fim que é a vida", as leis da natureza são "destinadas" a preservar a vida. Uma tal lei que contradiz a si mesma "e, portanto, não subsistiria enquanto natureza", como Kant escreve. Pelo fato de a máxima universalizada daquele homem produzir uma contradição, ela falha no teste do imperativo categórico. Pelo fato de falhar no teste, o homem é obrigado a *não* dar cabo de sua própria vida. Formulado de forma positiva, ele é obrigado a conservar a própria vida. Trata-se, pois, de um dever que ele tem para consigo mesmo.

Notemos como o teste do imperativo categórico funciona. Se uma máxima falha no teste, nós temos um dever de *não* agir segundo ela. No presente caso, a máxima do homem falha no teste; portanto, ele é obrigado a não dar cabo na própria vida. Como veremos, se uma máxima *passa* no teste do imperativo categórico, agir segundo ela é moralmente permissível (mas não necessariamente um dever). Suponhamos que minha máxima seja: "Dado que meu cadarço precisa ser amarrado, eu o amarrarei". Assumindo que essa máxima passaria no teste, é moralmente permitido agir segundo ela. Porém, não é moralmente *exigido* que eu aja segundo ela[109].

Na sequência de sua exposição dos quatro exemplos, Kant observa que algumas máximas "não se pode sequer *pensar* sem contradição" como leis universais da natureza, ao passo que outras não se pode *querer* sem contradição como leis universais da natureza (424). De acordo com Kant, as máximas no primeiro e segundo exemplos incorrem no primeiro tipo de contradição. A máxima de destruir a própria vida não pode, pois, sequer ser *pensada* sem contradição como uma lei da natureza. O raciocínio de Kant é o seguinte: aplicar o teste do FN significa perguntar se uma máxima pode servir como uma lei da natureza. O propósito de leis da natureza, como vimos, é o de conservar a vida. Dado que o objetivo expresso na máxima daquele homem é o de destruir a vida, a máxima não pode sequer ser pensada como uma lei da natureza. Ela contradiz a própria ideia de uma lei da natureza.

7.2 Dever perfeito para com os outros: O dever de não fazer uma falsa promessa (422)

No segundo exemplo dado por Kant, um homem precisa de dinheiro emprestado. Ele sabe que conseguirá o empréstimo apenas se prometer que irá devolver o dinheiro no interior de um certo intervalo de tempo. Ele sabe também, contudo, que na verdade nunca irá conseguir devolver esse dinheiro. A máxima desse homem é:

---

[109]. Kant é explícito sobre como funciona o teste do imperativo categórico em sua discussão sobre a fórmula da autonomia em (439): "A ação que pode coexistir com a autonomia da vontade é *permitida*; a que não concorda com ela, *não é permitida*". Cf. tb. a Introdução à *MC* (223).

se eu creio estar num apuro financeiro, tomarei dinheiro emprestado e prometerei pagá-lo, embora saiba que isso nunca acontecerá.

Como no primeiro exemplo, Kant identifica essa máxima como um princípio de amor de si ou "proveito próprio". Ele novamente sujeita a máxima à versão FN do teste do imperativo categórico. Essa máxima poderia tornar-se uma lei universal da natureza? Ora, vê-se "de pronto", Kant escreve, que a máxima "jamais poderia valer como uma lei universal e estar de acordo consigo mesma". Dito de outra forma, a máxima universalizada contradiria a si mesma.

Para entendermos o motivo disso, examinemos o raciocínio de Kant na seguinte passagem:

> a universalidade de uma lei dizendo que todo homem, desde que creia estar em apuros, pode prometer o que lhe venha à cabeça com o propósito de não cumpri-lo, tornaria impossível o próprio prometer e o fim que se pode ter isso, porque ninguém acreditaria que algo teria sido prometido a ele, mas rir-se-ia de todo proferimento semelhante como uma vã enganação.

Nós não podemos deixar de notar que a passagem que acabamos de citar sugere uma mudança sutil no teste da FN. Kant não pergunta: (i) e se todos fizessem uma falsa promessa quando acreditassem que o proveito próprio assim exige? Pelo contrário, ele pergunta: (ii) e se todos "pudessem" fazer uma promessa quando acreditassem que o proveito próprio assim exige? A primeira interpretação é aquela que chamei anteriormente de interpretação "forte" do teste da FN. Ela apreende um importante aspecto das leis da natureza. As leis da natureza constrangem seus objetos a obedecê-las; nenhum objeto sujeito à sua legislação tem a opção de não submissão. Na discussão em torno do primeiro exemplo Kant pareceu defender essa interpretação forte do teste da FN. A contradição que lhe importava ali envolvia "uma natureza cuja lei seria a de destruir a vida". Nesse contexto, ele parecia ter em mente o caráter de autocontradição de uma lei que compelia à destruição da vida.

Se aplicarmos a interpretação forte do teste da FN à máxima do segundo exemplo de Kant, nós efetivamente fazemos essa questão: E se todos fossem constrangidos a fazer uma falsa promessa? Segundo essa interpretação do teste, resulta a seguinte contradição: se a máxima de fazer uma falsa promessa por amor de si se tornasse uma lei universal, então todos fariam promessas falsas em prol do amor de si. Um mundo no qual essa máxima fosse alçada ao estatuto de lei universal, contudo, seria um mundo no qual as promessas falsas dos indivíduos não seriam críveis. A promessa do homem no exemplo de Kant não atingiria seu efeito pretendido. Portanto, a máxima do homem, caso universalizada, contradiria a si mesma.

Como acabamos de mencionar, porém, os termos utilizados por Kant na passagem de (422) citada acima dão base para uma interpretação *mais fraca* do teste da FN. Kant escreve que, para determinar se a máxima é universalizável, temos de perguntar se todos aqueles que se acreditam em apuros "poderiam" fazer uma falsa promessa. De acordo com essa interpretação mais fraca, nós temos de perguntar se agir segundo uma certa máxima é algo que poderia ser universalmente *permitido* de um ponto de vista moral. Quando Kant discute um exemplo semelhante na *Crítica da Razão Prática*, ele também utiliza esses termos mais fracos: E se todos "se *permitissem* enganar" quando acreditassem ser de seu proveito próprio? (69; grifo meu)[110].

---

110. Em uma outra passagem, Kant examina um caso sobre mentir a respeito de um depósito que alguém me fez e para o qual não há prova alguma. Aqui Kant nos diz

O que merece aqui ser enfatizado é que a contradição é gerada, segundo Kant, mesmo nessa leitura mais fraca do teste da FN. Pois é razoável supor que mesmo em um mundo no qual fazer falsas promessas por amor de si fosse apenas universalmente permitido (e não exigido), as falsas promessas dos indivíduos não seriam críveis. As falsas promessas seriam zombadas como "vãs enganações".

A essa altura da discussão seria natural perguntar-se sobre quantos casos de falsas promessas são necessários para que a prática da promessa se torne ineficaz. Kant não tenta responder essa questão aqui; com efeito, ele sequer a formula. Entretanto, Kant parece admitir que, mesmo em um mundo no qual a falsa promessa fosse apenas universalmente permitida, haveria casos suficientes de falsa promessa para ameaçar a prática da promessa. Talvez ele tenha em mente algo assim: qualquer caso particular de falsa promessa enfraquece a prática da promessa e, assim, arruína a possível eficácia de uma única promessa (falsa ou não). É por essa razão que a universalização da máxima de fazer falsas promessas contradiz a si mesma.

Como no primeiro exemplo, a espécie de contradição que resulta da tentativa de universalização da máxima de dizer uma falsa promessa é classificada por Kant como uma contradição no conceito. Com isso ele pretende insinuar que a máxima não pode sequer ser pensada ou concebida como uma lei da natureza. Se universalizada, a máxima torna-se uma lei segundo a qual a todos é ou permitido ou exigido fazer falsas promessas em prol do amor de si ou proveito próprio. A contradição no conceito torna-se patente tão logo notamos que a lei ao mesmo tempo afirma e arruína

---

que o teste consiste em saber se "é permitido a cada um negar a existência de um depósito, sobre o qual ninguém pode provar que ele seja o depositário" *CRPra* (27).

a prática de fazer promessas. A máxima universalizada afirma a prática de fazer promessas na medida em que admite a prática de uma espécie particular de promessa (a falsa promessa). Ao mesmo tempo, a lei destrói a possibilidade de fazer promessas na medida em que admite a permissibilidade ou necessidade universal de fazer falsas promessas. A lei contradiz a si mesma por afirmar, com efeito, que a prática de fazer promessas é válida e não válida, ou tanto deve quanto não deve existir.

Embora Kant insista que esse segundo exemplo é semelhante ao primeiro quanto à espécie de contradição envolvida, a saber, a contradição no conceito, os casos não são perfeitamente análogos. No primeiro exemplo, a universalização da máxima (destruir a própria vida) contradiz a ideia mesma de uma lei da natureza neste sentido: ela contradiz o propósito de leis da natureza com respeito a seres constituídos para a vida. Como vimos, para Kant o propósito de leis da natureza é conservar a vida. No caso da promessa, a universalização da máxima resulta igualmente em uma contradição no conceito, mas dessa vez a máxima universalizada não representa perigo algum para a subsistência da natureza. Dessa vez, universalizar a máxima ameaça a existência de uma prática social, a prática da promessa.

7.3 Dever imperfeito para consigo mesmo: o dever de desenvolver os próprios talentos (423)

Um homem tem um talento que, mediante cultivo, "poderia fazer dele um ser humano útil para todos os propósitos". Mas tal homem gosta de situações confortáveis e prefere entregar-se a deleites ao invés de "empenhar-se na ampliação e aperfeiçoamento de suas venturosas predisposições naturais". Em outras palavras, o homem escolhe negligenciar seus talentos. Sua máxima é algo do gênero: por eu desejar gozar a vida, não me darei ao trabalho de desenvolver meus talentos.

Kant nos pede que examinemos se essa máxima "concorda com aquilo que se chama dever". Novamente, sua resposta é: não, não concorda. Embora uma "natureza segundo semelhante lei universal pudesse sempre, é verdade, continuar a subsistir", não é possível "querer" tal máxima como lei universal.

Assim como nos dois casos anteriores, nós aplicamos o teste do imperativo categórico ao indagar se a máxima poderia ser universalizada (poderia servir como uma lei universal da natureza). Nos casos anteriores, contudo, a questão era se se pode *conceber* a máxima como lei universal. Agora a questão é se se pode *querer* a máxima como lei universal. Na discussão do terceiro exemplo, Kant afirma que, embora a máxima desse homem de negligenciar seus talentos possa ser concebida sem contradição como uma lei, não obstante ela falha em passar no teste do imperativo categórico, pois não se poderia sem contradição *querê-la* como lei.

Para analisar como surge a contradição, precisamos primeiro nos imaginar vivendo em um mundo no qual as pessoas não se consideram obrigadas a desenvolver os próprios talentos. Esse seria um mundo no qual as pessoas se dedicariam a nada mais do que "à ociosidade, ao regozijo, à procriação", como Kant escreve. Aqueles que têm aptidões intelectuais ou artísticas permitiriam que suas aptidões fossem desperdiçadas; eles não investiriam esforço algum para cultivar suas habilidades especiais. Para demonstrar que o sentido pelo qual a contradição envolvida na universalização dessa máxima não é uma contradição no conceito, Kant opõe esse terceiro exemplo ao primeiro. Universalizar a máxima de negligenciar os próprios talentos não seria inconsistente com a ideia mesma de uma lei da natureza, pois a natureza, sob tais circunstâncias, "poderia sempre, é verdade, continuar a subsistir". Se devêssemos elevar a máxima desse homem à condição de lei, a vida seguramente continuaria. Na pior das hipóteses sua qualidade seria diminuída.

Assim, da máxima universalizada nesse terceiro caso não resulta nenhuma contradição no conceito porque a universalização não é inconsistente com o propósito contido na ideia mesma de leis da natureza. Nesse caso, tampouco há uma contradição análoga àquela que ocorre no segundo exemplo de Kant. Uma contradição no conceito ocorre no segundo exemplo, pois ao tentar universalizar sua máxima de fazer uma falsa promessa, um homem ao mesmo tempo afirma e arruína a prática de fazer promessas. Ao querer a máxima de negligenciar seus talentos, contudo, o homem no terceiro exemplo de Kant não se enreda em inconsistência conceitual alguma. Ele quer a máxima de modo a entregar-se a prazeres. A universalização de sua máxima não está conceitualmente em conflito com a possibilidade de realizar aquele objetivo.

Embora a máxima desse homem não produza nenhuma contradição conceitual caso universalizada, Kant afirma que, não obstante, não se pode sem contradição *querê-la* como lei universal. A única explicação de Kant para essa conclusão está contida na seguinte sentença:

> [e]nquanto ser racional, ele [o ser humano] quer necessariamente que todas as faculdades sejam desenvolvidas nele, porque lhe são úteis e dadas para toda espécie de fins possíveis.

Kant insinua aqui que aquilo que é contradito caso a máxima se universalize é o querer de um ser racional. O que ele quer dizer com isso?

Nós poderíamos ser tentados a interpretar da seguinte forma o que Kant diz aqui: ao querer a máxima de negligenciar seus talentos como lei universal, o homem interfere potencialmente em suas próprias chances de felicidade ou bem-estar. Afinal de contas, as faculdades naturais lhe são dadas "para toda espécie de fins possíveis" – incluindo, presumivelmente, a obtenção da felicidade. Contudo, se interpretarmos Kant dessa forma, nós desconsideraríamos o significado das primeiras palavras da passagem citada. O objeto do comentário de Kant é a vontade do homem "enquanto ser *racional*" (grifo meu). Kant não está interessado naquilo que queremos ou desejamos como criaturas motivadas por fins empíricos (pela inclinação). Em outras palavras, ele apela nesse caso especificamente à nossa natureza *racional* e ao que ela implica quanto àquilo que somos ou não capazes de querer. Kant sugere que seria incompatível com o querer de uma natureza racional que o homem fizesse uma lei que comandasse a negligência de suas faculdades. Querer a máxima como lei arruína, com efeito, os fins que esse homem compartilha com todas as naturezas racionais.

Kant ainda não explicitou o que são os fins especificamente racionais; portanto, é impossível compreender sua linha de raciocínio aqui. Ele começará a esclarecer a natureza dos nossos fins racionais em (428).

7.4 Dever imperfeito para com os outros: o dever de benevolência (423)

Um quarto homem, cuja vida é boa e confortável, percebe que para muitas outras pessoas o mesmo não é verdade; ele tem consciência de que alguns precisam lutar com obstinação para sobreviver. O homem também reconhece que ele está na afortunada posição de poder ajudar. Não obstante, sua atitude é de indiferença. Ele simplesmente não tem interesse algum de oferecer ajuda àqueles que necessitam. Dessa maneira, sua máxima é novamente uma máxima de indiferença – não de indiferença ao cultivo de seus próprios talentos (como no terceiro exemplo), mas dessa vez de indiferença ao bem-estar dos outros.

Kant pergunta se essa "maneira de pensar" poderia tornar-se uma lei da natureza. Como ocorria no terceiro exemplo, ele nos diz que a natureza poderia "subsistir" caso essa máxima se tornasse uma lei universal. Não obstante, Kant escreve que é "impossível querer que tal princípio valha onde quer que seja como lei da natureza". Ele explicita esse raciocínio na seguinte observação:

> Pois uma vontade que tomasse essa resolução estaria em conflito consigo mesma na medida em que podem se dar muitos casos em que ele [o homem] precisa do amor e da solidariedade e nos quais ele, por semelhante lei da natureza originada de sua própria vontade, roubaria de si mesmo toda esperança do auxílio que deseja para si.

É difícil ignorar o fato de que as considerações para as quais Kant chama atenção aqui parecem ser inteiramente prudenciais. Em outras palavras, Kant encoraja uma interpretação de seu argumento que poderia ser formulada da seguinte maneira: dado que algum dia pode ocorrer que aquele homem necessitará do auxílio dos outros, a universalização de sua máxima possivelmente arruinaria seus próprios interesses. Se sua máxima de indiferença fosse ou universalmente exigida ou universalmente permitida, ele poderia não conseguir aquele auxílio. Embora a "raça humana possa [...] muito bem subsistir" caso tal máxima se tornasse uma lei universal, a máxima universalizada contradiria o querer daquele homem. Ao universalizar a máxima, o homem, com efeito, estaria querendo potencialmente sua própria infelicidade.

Contrariamente às aparências, o raciocínio de Kant aqui não pode ser prudencial. Nós teremos, assim, de fornecer abaixo uma interpretação alternativa desse exemplo (cf. seção 8.4).

8 Observações sobre os quatro exemplos (421-425)

8.1 Deveres perfeitos *versus* deveres imperfeitos (421, 424)

Em (424) Kant afirma que as duas espécies de contradição (no conceito e na vontade) correspondem aos dois tipos de deveres: deveres que são "rigorosos ou mais estritos (irremissíveis)" e deveres que são "amplos (meritórios)". Deveres rigorosos ou estritos são aqueles denominados por Kant na nota de rodapé em (421) como deveres "perfeitos". Esses deveres, Kant nos diz na nota, não admitem "exceção em proveito da inclinação". Deveres amplos ou meritórios são deveres "imperfeitos". Como Kant, na *Fundamentação*, devota pouca atenção à elucidação desses termos, nós precisamos, para esclarecê-los, recorrer a outras obras.

A observação de Kant na nota de rodapé de que deveres perfeitos não "admitem nenhuma exceção em proveito da inclinação" é curiosa. Ela é curiosa, pois com ela Kant parece insinuar que essa característica deve servir para distinguir deveres perfeitos e deveres imperfeitos. Porém, não mais do que os deveres perfeitos, os deveres imperfeitos tampouco admitem exceção em proveito da inclinação. Em outras palavras, Kant não defende, por exemplo, que não temos obrigação de benevolência alguma se não tivermos a inclinação de ser benevolente. À luz do fato de que, para Kant, nenhum dever permite exceção em proveito da inclinação, é estranho que ele afirme isso em relação aos deveres perfeitos em particular.

Será de grande serventia ao nosso propósito de resolver esse problema se examinarmos o que Kant tem a dizer sobre a natureza dos deveres imperfeitos. Como eles são "amplos" e "meritórios" de uma maneira que os deveres perfeitos não o são? Ao definir os deveres imperfeitos na *Metafísica dos Costumes* Kant escreve que, por serem deveres de obrigação "ampla", os deveres imperfeitos deixam "ao livre-arbítrio uma "margem (*latitudo*) para o cumprimento (observância) [da lei]". No caso desses deveres, Kant escreve, "não pode ser indicado de modo determinado como e em que medida deve-se atuar por meio da ação para o fim que é ao mesmo tempo dever" (*MC II* (390)). Se aplicarmos isso ao dever imperfeito de benevolência, a posição de Kant parece ser a seguinte: embora o imperativo categórico determine que temos um dever de não sermos indiferentes ao bem-estar dos outros, a lei não nos diz exatamente como temos de realizar esse dever. Precisamos dar dinheiro para caridade? Se sim, que tipo de caridade e quanto de dinheiro? Nós temos de nos voluntariar para ajudar os necessitados? Se sim, quanto tempo é suficiente? Kant nota que as respostas a essas questões dependem de circunstâncias particulares dos indivíduos e, portanto, não podem ser especificadas de antemão. Segundo Kant, aquilo que pode ser especificado de antemão é que não somos obrigados a ceder tanto a ponto de sacrificarmos nossa própria "felicidade" e "verdadeiras carências" (*MC II* (393))[111].

---

111. Tendo em vista o dever imperfeito de cultivar nossos talentos, o objetivo de Kant com seu conceito de "margem" é o mesmo: a "diversidade das situações em que os seres humanos podem encontrar-se torna muito arbitrária a escolha do modo de ocupação no qual devem empregar seus talentos" (*MC II* (392)). Para uma útil discussão sobre o sentido pelo qual os deveres imperfeitos admitem uma certa margem, cf. BARON, M. *Kantian Ethics Almost Without Apology*, capítulo 3. Cf. tb. Barbara Herman sobre como estabelecer o conteúdo apropriado de uma máxima, em *The Practice of Moral Judgment*, capítulo 7.

Como já mencionado, Kant descreve os deveres imperfeitos não apenas como "amplos", mas também como "meritórios". A *Metafísica dos Costumes* novamente nos ajuda a entender o sentido dessa expressão[112]. Se adotarmos as máximas de cultivar nossos talentos e atender às necessidades dos outros, Kant diz que somos então merecedores de louvor moral. Por conseguinte, a adoção dessas máximas é "meritória" (*MC II* (390)). Se falharmos em querer essas máximas, nós somos "ausentes de valor moral". Embora ajamos contrariamente ao dever, nós não podemos estar sujeitos a uma sanção legal. Há duas razões para tanto, ambas discutidas por mim na introdução (na seção 2.3). Primeiro, deveres imperfeitos (ou "deveres de virtude", como Kant por vezes os denomina) não implicam um direito correlativo. Isso significa que, se falharmos em cumpri-los, não compete ao direito de um Estado impor algum tipo de punição. Segundo, há um sentido pelo qual um Estado não poderia, de forma eficaz, coagir o cumprimento de deveres imperfeitos, mesmo se isso competisse a seu direito. Isso ocorre porque os deveres imperfeitos legislam sobre nossas intenções, e intenções não são o tipo de coisa que pode ser externamente coagida. Assim, enquanto que um Estado pode e deve coagir a comissão ou omissão de *ações* na medida em que tais ações potencialmente afetam a expressão da liberdade de outrem, ele não pode nos coagir a adotar *máximas*. Portanto, cabe a nós decidir se e até que ponto dedicar nosso tempo na ajuda aos outros. A única forma possível de coerção nesse caso é uma coerção "interna"[113].

---

112. Para essa discussão, eu me apoio em *MC II* (390-394; 381).
113. Não só a coerção interna é a única forma apropriada de coerção nesse caso; Kant sustenta, ademais, que apenas a coerção interna seria aqui eficaz. Isso ocorre, pois, como ele nota, nós não podemos ser forçados a adotar máximas ou fins. Kant escreve na Introdução à *Doutrina do Direito* que nenhuma legislação externa "pode conseguir que alguém se proponha um fim" (*MC I* (239)). Sobre esse ponto, eu devo muito à

Voltemos à concepção kantiana de deveres perfeitos como deveres "rigorosos" ou "estritos". Se deveres imperfeitos são "amplos" na medida em que permitem ao nosso arbítrio uma "margem" na observância dos mesmos, então os deveres perfeitos ou "estritos" presumivelmente não permitem margem alguma. Essa caracterização é consistente com o tratamento dos deveres perfeitos na *Fundamentação* que Kant forneceu até aqui. Todos os deveres perfeitos discutidos até aqui são rigorosos ou estritos na medida em que proíbem ações específicas. Nós temos um dever de não cometer suicídio em proveito do amor de si, e nós temos um dever de não fazer falsas promessas em proveito de vantagens pessoais.

E quanto aos deveres perfeitos "internos" que Kant menciona na nota de rodapé em (421) da *Fundamentação*? O fato de esses deveres serem "internos" ao invés de "externos" significa que eles não permitem sanção externa. Eles partilham essa característica com os deveres internos. Não obstante, eles se inserem sob a rubrica deveres "perfeitos". Por que ocorre isso?

Para entender o motivo, vejamos novamente os dois deveres perfeitos que discutimos até aqui: as proibições do suicídio e de fazer falsas promessas. Como já notamos, esses deveres proíbem ações específicas. Os deveres de cultivar os próprios talentos e de cuidar do bem-estar dos outros, por outro lado, prescrevem máximas – e, como já vimos, eles permitem uma "margem" no que concerne ao modo como cumprimos esses deveres. Assim, ainda que os deveres perfeitos internos que Kant discute na *Fundamentação* sejam diferentes de outros deveres perfeitos na medida em que são

---

discussão de Mary Gregor em sua introdução à sua tradução de 1964 da *Doutrina da Virtude*, p. xxi.

suscetíveis a sanções externas, eles são iguais a outros deveres perfeitos na medida em que são "estritos" em oposição a "amplos".

Nossa explicação da diferença entre deveres perfeitos e imperfeitos talvez forneça uma pista para entender a curiosa afirmação de Kant, feita na nota de rodapé em (421), de que os deveres perfeitos não admitem "exceção em proveito da inclinação". De acordo com Kant, não pode *nunca* ocorrer de a moralidade permitir ou exigir que ajamos por inclinação em lugar de agir por dever. Por que Kant opta então por lembrar-nos disso apenas por ocasião dos deveres perfeitos? Como vimos, ele nos apresenta nessa nota de rodapé à categoria dos deveres perfeitos internos. Essa classe de deveres perfeitos é similar àquela dos deveres imperfeitos na medida em que não são externamente coercitíveis. Entretanto, embora eles não sejam externamente coercitíveis, os deveres perfeitos internos são, ainda assim, deveres perfeitos. Eles são diferentes dos deveres imperfeitos em um importante aspecto, a saber, não permitem margem alguma em sua aplicação; eles prescrevem ações específicas de maneira estrita. Ao escrever que deveres perfeitos não permitem "nenhuma exceção em proveito da inclinação", Kant então talvez pretenda apenas enfatizar esse aspecto pelo qual todos os deveres perfeitos, incluindo os deveres perfeitos internos, distinguem-se dos deveres imperfeitos. Eles são "rigorosos" ou "estritos" em sua aplicação.

8.2 Sobre a "impossibilidade" de querer uma máxima imoral como lei universal (424)

De acordo com Kant, quando aplicamos o teste do imperativo categórico, nós perguntamos se se poderia querer nossa máxima como uma lei universal. Em cada um dos quatro exemplos da seção II, a máxima em questão falha no teste; nos quatro casos, o que o agente quer não pode ser universalizado e é, portanto, contrário ao dever. Agora, no segundo parágrafo em (424), Kant observa que sempre que queremos uma máxima contrária ao dever nós não queremos, de fato, que nossa máxima deva tornar-se uma lei universal. Fazê-lo seria, segundo Kant, "impossível". Assim, o homem que por amor de si quer a máxima de fazer uma falsa promessa não quer, de fato, que todos também devam agir segundo essa máxima. O que o homem quer, Kant agora nos diz, é que lhe seja permitido romper sua promessa enquanto os outros continuam mantendo as deles. O homem não quer realmente que romper promessas deva tornar-se uma lei universal. Pelo contrário, ele quer que deva haver, no seu próprio caso, uma exceção à regra de manter promessas.

8.3 Sobre o sentido no qual querer uma máxima imoral não produz contradição alguma (424)

Kant acabou de explicar que é "impossível" querer uma máxima imoral como lei universal porque, quando queremos uma máxima imoral, nós a queremos enquanto uma exceção à lei que consideramos como universalmente válida para os outros. Mais à frente em (424) Kant acrescenta haver também um sentido no qual nosso querer uma máxima imoral sequer produz uma contradição.

Nós examinamos acima as razões de Kant para defender que, no caso da falsa promessa, a máxima universalizada produz uma contradição no conceito. A máxima de fazer uma falsa promessa não pode sequer ser pensada como lei universal, Kant argumenta, pois, caso universalizada, não haveria de modo geral prática alguma de promessa. O argumento de Kant pode talvez ser formulado da seguinte maneira: ao universalizar a máxima de fazer uma falsa promessa, o homem interpreta mal o que implica o conceito de prometer.

Porém, para Kant, em qual sentido querer uma máxima imoral não produz uma contradição? O que ele agora expressa é que, quando um homem tenta universalizar sua máxima, ele na verdade não está ao mesmo tempo afirmando e negando a mesma coisa. Inversamente, uma parte dele afirma a instituição da promessa e a outra parte dele ameaça destruí-la. Como um agente racional (como uma vontade "inteiramente conforme à razão"), o homem admite a validade universal do dever de manter as próprias promessas. Ao querer abrir para si uma exceção à regra de manter promessas, ele implicitamente reconhece a validade dessa regra. Mas o homem não é *apenas* um agente racional. Ele também tem uma natureza sensível e é, portanto, também "afetado por inclinações", como Kant escreve. Essa outra parte do homem é motivada por amor de si ou proveito próprio. Ao passo que a parte racional de sua natureza reconhece a validade da regra de manter promessas, ele não obstante decide dar primazia à sua natureza sensível. Portanto, não se trata de afirmar que o homem, ao querer a falsa promessa, esteja a rigor contradizendo-se. Pelo contrário, ao querer a falsa promessa, uma parte de sua natureza assevera sua oposição à outra parte da sua natureza.

8.4 Sobre o fato de o teste do imperativo categórico não ser um teste prudencial

Com a discussão de Kant sobre os quatro exemplos, temos a impressão de que, para ele, nós determinamos a moralidade de uma máxima em vista dos efeitos de sua universalização para nossa felicidade. Por exemplo, nas observações finais de Kant ao quarto exemplo, ele escreve que o homem não pode querer sua máxima de indiferença ao bem-estar dos outros, pois, caso a máxima seja universalizada, o homem pode não receber ajuda dos outros quando precisar. A universalização da máxima poderia, no final das contas, interferir em sua própria felicidade ou bem-estar. Ao formular esse ponto dessa maneira, Kant parece sugerir que o teste da moralidade é, em última instância, prudencial.

Nós já examinamos esse tema na seção I, quando discutimos o primeiro tratamento que Kant dá ao caso da falsa promessa em (402). Assim como na descrição do caso na seção II, na situação descrita em (402) o homem também pondera se deve fazer uma falsa promessa para sair de algum apuro. Quando o homem se pergunta se sua máxima é universalizável, ele se dá conta de que a universalização tem o potencial de trazer-lhe ainda mais inconvenientes. Ele reconhece que, se as pessoas deixarem de ter confiança nas promessas umas das outras, suas próprias promessas provavelmente não serão mais críveis. Sua máxima, se se tornasse uma lei universal, traria para ele, pois, "inconvenientes ainda maiores".

Diante disso, o raciocínio de Kant parece ser, de fato, prudencial. Parece que Kant está afirmando nada mais nada menos que o homem não deve fazer falsas promessas, pois, ao fazê-lo, ele apenas irá aumentar suas dificuldades pessoais. Porém, na discussão do caso da falsa promessa na seção I, Kant explicitamente nos alerta para o fato de que seu raciocínio *não* deve ser interpretado dessa forma. Ser veraz "por dever", ele diz, é algo "bem diferente" de ser veraz "por receio de consequências desvantajosas" (402). Espera-se que o teste do imperativo categórico determine se uma máxima é ou não compatível com a felicidade, mas sim com o dever[114].

---

114. Cf. tb. as páginas finais da seção II, onde Kant nos lembra que a felicidade não é o fundamento da moralidade. Ele escreve que tornar um ser humano feliz "é algo inteiramente diferente de torná-lo bom, e torná-lo prudente e atilado para o que lhe é vantajoso 'é algo bem diferente' de torná-lo virtuoso" (442).

A despeito das advertências explícitas na seção I contra interpretar prudencialmente o teste do imperativo categórico, essa interpretação prudencial parece impor-se a nós à luz da própria exposição de Kant acerca dos quatro exemplos. Por exemplo, os termos utilizados por Kant nos induzem a ler o caso da falsa promessa da seguinte maneira: a máxima de fazer uma falsa promessa não pode ser universalizada, pois a universalização arruinaria a felicidade desse homem. Este busca alívio de seus problemas financeiros quando se põe a lograr os outros. Contudo, caso o logro fosse universalmente permissível, seus atos particulares de logro seriam ineficazes ou até mesmo contraprodutivos.

Se é verdade que, assim como na primeira, nessa segunda discussão do caso da promessa Kant chama nossa atenção para o fato de que a universalização seria inconveniente para o homem, é também verdade que na segunda discussão o raciocínio de Kant, contrariamente às aparências, não é prudencial. Em outras palavras, seu raciocínio não é o seguinte: o homem não deve fazer uma falsa promessa, pois a universalização interferiria em sua felicidade. Da discussão sobre esse exemplo nós já sabemos que a máxima universalizada comandaria que a qualquer pessoa seria ou permitido ou exigido fazer uma falsa promessa em proveito do amor de si. Para Kant, a universalização da máxima acarretaria uma contradição no conceito, pois teria como resultado uma lei universal que tanto afirma a prática de fazer promessas como arruína tal prática. A destruição da prática de promessas seria sem dúvida um inconveniente para nós, e Kant tem consciência disso. Contudo, nós erraríamos feio se concluíssemos que essa análise prudencial do caso toca o cerne do raciocínio de Kant.

Consideremos duas possíveis respostas à seguinte questão: Por que nos importamos com o fato de que a universalização da máxima de fazer uma falsa promessa tem potencial para destruir a prática da promessa? Uma resposta a essa questão é prudencial: nós nos importamos, pois a prática da promessa serve aos interesses de nossa felicidade. Como argumentei até agora, essa não é a resposta de Kant. A resposta de Kant é, antes, esta: nós nos importamos com a prática da promessa, pois tal prática serve não apenas aos interesses da felicidade, a um fim empírico, mas também a um fim racional, a um fim que é universal e necessariamente válido para todas as naturezas racionais. Se essa resposta parece inadequada nesse estágio de nossa discussão, o motivo para tanto é que Kant ainda nada nos falou sobre a natureza desse fim racional. Ele finalmente o fará no começo de (427).

8.5 Preocupações quanto ao rigorismo

Os leitores costumam reagir à argumentação de Kant, sobretudo nos dois primeiros exemplos na seção II, com a acusação de que sua teoria padece de rigorismo. A queixa é que Kant parece argumentar que os dois deveres valem absolutamente e sem exceção. Segundo essa interpretação, a lição que Kant pretende nos transmitir com o exemplo do suicídio é que a moralidade proíbe a autodestruição, aconteça o que acontecer. Da mesma forma, a lição que supostamente devemos extrair do exemplo da falsa promessa é que a moralidade proíbe em todos os casos que façamos falsas promessas ou contemos alguma mentira.

Embora o tratamento kantiano dos deveres guarde traços inegavelmente rigoristas ou absolutistas, não se trata de algo simples determinar seus aspectos precisos. É especialmente difícil fazê-lo se restringirmos nossa atenção às observações de Kant sobre os exemplos na *Fundamentação*. Isso ocorre porque aqui Kant tem pouco interesse em justificar ou até mesmo discutir deveres específicos. Como já notei na introdução, ele não pretende que a *Fundamentação* seja uma obra de ética aplicada. Assim, se nosso objetivo for o de realizar uma avaliação consequente sobre a natureza de seu rigorismo, nós precisamos consultar suas outras obras de filosofia prática (em particular sua *Metafísica dos Costumes* e as *Lições de Filosofia Moral*)[115].

Dado que a preocupação de nosso presente comentário é com a *Fundamentação* e não com essas outras obras, este não é o lugar para uma avaliação exaustiva sobre a acusação de rigorismo. Porém, pretendo fornecer uma resposta à acusação que ao menos dê conta de colocá-la em dúvida. Meu objetivo é sugerir que o tratamento kantiano dos deveres específicos é mais nuançado – e mais fácil de ser defendido – do que suas incompletas e lacunares observações na *Fundamentação* fazem crer.

Um olhar mais cuidadoso sobre o exemplo do suicídio na *Fundamentação* revela que Kant na verdade não argumenta que todas as formas de autodestruição são moralmente impermissíveis. No caso que estamos considerando, a máxima que não pode ser universalizada sem contradição é a máxima de dar cabo na própria vida por amor de si. Kant não sugere, pois, que *nenhum* caso de autodestruição seja moralmente permissível. Quando considera o caso novamente em (429), Kant na verdade nos alerta contra essa interpretação de sua teoria. Ele sugere que algumas formas de autodestruição podem ser até mesmo moralmente obrigatórias – por exemplo, casos em que é necessário amputar um membro doente para salvar a própria vida. Ele explicitamente nota na *Doutrina*

---

115. Eu me apoio aqui na transcrição "Collins" das aulas universitárias de Kant sobre filosofia moral no semestre de inverno de 1784-1785.

da Virtude que apenas aqueles casos de autodestruição deliberada que degradam a humanidade na própria pessoa contam como "crimes". Kant diz que eu cometo um crime contra minha pessoa quando disponho de mim mesmo "enquanto mero meio para um fim qualquer" (*MC II* (423)). Eu não cometo um crime contra minha pessoa quando amputo um membro doente com o fito de preservar minha vida. Bem provavelmente, Kant sugere aqui, eu tampouco cometo um crime contra minha pessoa se me lanço para uma morte certa com o objetivo de salvar meu país. Em outras palavras, pode muito bem haver casos de "martírio deliberado" que são moralmente permissíveis ou mesmo obrigatórios.

Quanto ao exemplo de falsa promessa na *Fundamentação*, Kant não argumenta que todos os casos de falsa promessa sejam impermissíveis. Sugerir o contrário equivaleria a passar por cima das condições sob as quais o homem naquele exemplo formula sua máxima. O homem carece de dinheiro; sua máxima dá expressão a seu propósito de fazer uma falsa promessa, de modo a aliviar seu apuro financeiro. O princípio ou motivo do homem, como Kant explicitamente afirma, é "amor de si ou proveito próprio". Da descrição do exemplo, o máximo que nos é autorizado concluir é que a moralidade não nos permite fazer uma falsa promessa em proveito do amor de si ou vantagem pessoal. Isso deixa aberta a possibilidade de que o dever de manter as promessas – ou, de forma mais geral, de dizer a verdade – possa admitir exceções em outros tipos de casos.

Nós encontramos muitas dificuldades se considerarmos outras obras para esclarecer de forma mais completa a teoria de Kant sobre o dever de veracidade. Por vezes, a posição que Kant defende parece, é verdade, muito inflexível. Por exemplo, no ensaio publicado em 1797, "Sobre um suposto direito de mentir por amor à humanidade", Kant escreve que o dever de veracidade é um "comando da razão que é sagrado, incondicionalmente obrigante e não pode ser limitado por nenhuma conveniência"[116]. Nós somos obrigados a dizer a verdade mesmo se um assassino bater à nossa porta perguntando sobre o paradeiro de um amigo inocente que está escondido em nossa casa. Para Kant, uma vez que o assassino pretende machucar alguém, ele está privado de seu direito à verdade. Contudo, isso não implica uma exceção a nosso dever de dizer a verdade. O dever de veracidade é incondicional, Kant escreve, pois na mentira nós lesamos "o princípio do direito em relação a todos os enunciados incontornavelmente necessários *em geral*"[117].

Kant assume também uma linha mais dura nas suas *Lições sobre filosofia moral*. Se um inimigo "me toma pela garganta" e pergunta sobre o paradeiro de meu dinheiro, eu não lhe faço nada "errado" se lhe conto uma mentira. Não obstante, eu "ajo contra o direito da humanidade; pois eu agi contra a condição e contra os meios sob os quais pode se dar uma sociedade de seres humanos"[118]. Essa é claramente a posição padrão de Kant. "Toda mentira é algo objetável e digno de desprezo", ele insiste; o dever de veracidade, pois, não admite exceção alguma[119]. Nesse mesmo contexto, entretanto, Kant passa a suavizar sua teoria. Ele alerta sobre os perigos de "ser fiel a todos os detalhes da verdade". Kant agora nos diz que eu posso justificadamente contar uma "mentira necessária" se "eu for coagido por força a fazer uma admissão sobre mim, se for feito um uso injusto das minhas declarações e eu estiver incapaz de

---

116. *Suposto direito* (427).
117. Ibid. (429).
118. *Collins* (447).
119. Ibid. (448).

me salvar mantendo o silêncio"[120]. Minha inveracidade nesse caso não é a rigor uma mentira, já que aquele que me extorque não tem razão alguma para esperar veracidade de mim. Kant avalia aqui que eu estou justificado a dizer uma inverdade para cumprir meu dever de conservar a própria vida. O curioso é que não há sinal algum dessa espécie de raciocínio no tratamento que Kant posteriormente dá ao tema no ensaio sobre o "Suposto direito de mentir". Ora, por ele argumentar nas lições de filosofia moral que mentiras necessárias são permissíveis quando a própria vida está em perigo, deveríamos esperar também que Kant argumentasse que mentiras necessárias são permissivas quando esta é a única forma de salvar a vida de um amigo inocente[121].

Com base na discussão acima, que conclusões mais gerais podemos extrair sobre a natureza do rigorismo de Kant? Kant é um rigorista ou absolutista nesse sentido: se se determina que uma máxima é contrária ao dever, então ela é absolutamente contrária ao dever, e a moralidade exige absoluta ou necessariamente que ajamos segundo ela. Mas apenas podemos determinar se uma máxima é ou não contrária ao dever quando especificamo-la de forma muito cuidadosa. Uma coisa é destruir a si mesmo por amor de si, outra bem diferente é destruir a si mesmo para proteger o próprio país. Da mesma forma, uma coisa é contar uma mentira para evitar uma dificuldade financeira, outra bem diferente é contar uma mentira necessária se esta for a única maneira de cumprir o dever de autoconservação.

---

120. Ibid.
121. É possível que a linha mais dura que Kant adota no ensaio sobre o "Suposto direito de mentir" se explique à luz do principal objetivo de Kant nesse texto, a saber, responder ao argumento de Benjamin Constant sobre a acomodação oportunista de princípios de justiça a expedientes políticos. Eu defendi essa linha interpretativa em meu artigo "On Lying and the Role of Content in Kant's Ethics". In: *Kant-Studien*, 82, 1991, p. 42-62.

9 Interlúdio: passando da primeira para a segunda fórmula da lei moral (424-429)

Nesses parágrafos, Kant finalmente revela a natureza do fim que é válido universal e necessariamente para todas as naturezas racionais, o fim que motiva uma vontade que é boa. Contudo, ele se volta a esse importante tópico apenas após passar em revista o que atingiu na seção II até então.

Kant primeiramente nota que, na discussão dos quatro exemplos, ele expôs "completamente" as quatro classes de deveres que derivam do imperativo categórico (424). Pela demonstração da derivação desses deveres, Kant mostrou, ademais, que o imperativo categórico é adequado para determinar o dever "para todo uso" (425). Finalmente, ele articulou "de maneira distinta" o teor ou "conteúdo" do imperativo categórico (425). É digno de nota que, embora anuncie confiantemente cada uma dessas realizações, Kant acha necessário passar uma vez mais pelos exemplos nas páginas que se seguem.

Kant relembra nesse momento sua distinção entre imperativos categóricos e hipotéticos. Se dever é um conceito que realmente governa nossas ações, então ele "só pode ser expresso em imperativos categóricos, de forma alguma em imperativos hipotéticos". Aqui Kant simplesmente resume os resultados de suas discussões na seção II até aqui. Como ele argumenta anteriormente em (413), o dever ou "bom em sentido prático" determina a vontade por meio de "fundamentos que são válidos para todo ser racional enquanto tal" (413). Se é verdade que o dever existe, então seus comandos têm de ser válidos para todas as naturezas racionais; seus comandos têm de ser objetivamente válidos. Os imperativos hipotéticos não têm uma tal validade objetiva ou incondicional. Os imperativos da moralidade, assim, têm de ser categóricos.

Kant nos alerta mais uma vez para o fato de ele ainda não ter tentado demonstrar a *realidade* da lei moral suprema. Em outras palavras, ele ainda não empreendeu a tentativa de mostrar que realmente há uma tal lei prática que comanda nossa vontade "por si só de maneira absoluta e sem quaisquer móbiles". Isso equivaleria a demonstrar que seres racionais reconhecem a validade da lei e a usam para "ajuizar suas ações" (426). Isso significaria provar que a vontade pode ser de fato determinada por outra coisa que não fins empíricos (ou o que Kant denomina aqui "móbiles"). O fato de Kant ainda não ter tentado estabelecer a realidade da lei moral explica o uso frequente de formulações hipotéticas nessas páginas. Por exemplo, notemos que ele observa que "*se* o dever é um conceito que deve conter significado e uma efetiva legislação para nossas ações, esta só pode ser expressa em imperativos categóricos" (425; grifo meu) (o uso de uma linguagem hipotética é também evidente em (426) e (428)).

Embora Kant não tenha ainda se ocupado com o estabelecimento da realidade da lei moral, ele chama novamente atenção (como ocorrera antes em (419-421)) para o fato de que a prova exigida não pode repousar em um apelo a fatos empíricos sobre a natureza humana. Se tentássemos fundar a lei na "*particular propriedade da natureza humana*", Kant escreve, então prescindiríamos dos meios para explicar sua validade para a vontade de *todo* ser racional. Por essa razão, a prova do imperativo categórico não pode ser empírica. Essas são observações já repisadas, mas para Kant elas continuam de fundamental importância. Como ele observa aqui, "advertências nunca são demais ou por demais frequentes" contra a tentação de fazer repousar a moralidade sobre uma base empírica (426)[122].

---

122. Kant expõe esse argumento não apenas anteriormente nessa seção (em (419-421)), mas mesmo no Prefácio. Ele escreve que "é da maior importância prática [...]

9.1 Elucidando o conceito da vontade de um ser racional (425-429)

Em (420) Kant indicou que, por não poder ser investigada empiricamente, a possibilidade do imperativo categórico precisaria ser investigada de maneira *a priori*. Em (426) ele nos oferece algumas pistas sobre como tal exame deve ser realizado. Uma passagem crucial nesse sentido é a seguinte:

> Se houver uma tal lei [i.e., o imperativo categórico], então ela já tem de ser ligada (inteiramente *a priori*) com o conceito da vontade de um ser racional em geral.

A expressão "ligada com" não é das mais elucidativas; porém, como o comentário subsequente de Kant sugere, aqui pretende-se indicar que a demonstração da realidade do imperativo categórico, na seção III, exige como um componente necessário um exame do conceito de vontade de um ser racional. A passagem citada acima assinala sua intenção, nesse ponto da seção II, de analisar o conceito de uma vontade racional[123].

Kant observa que no exame desse conceito ele irá "dar um passo além em direção à metafísica". As razões para tanto já foram tratadas anteriormente neste capítulo (na seção 4) e em nossa discussão sobre o Prefácio da *Fundamentação*. Como vimos, os objetos da metafísica são, para Kant, objetos "transcendentes" ou objetos da especulação. Tais objetos não são dados no espaço e tempo e, portanto, não podem ser conhecidos empiricamente. Em seu Prefácio, Kant nos relata que a investigação envolveria um passo em direção à metafísica, pois ele estaria examinando "a ideia e os princípios de uma possível

---

não tornar os princípios [da filosofia prática] dependentes da natureza particular da razão humana" (412). Cf. tb. (389).

123. Como Kant explicita em (440) e no último parágrafo da seção II, o procedimento de análise ou elucidação dos conceitos da moralidade é necessário, mas não suficiente para a demonstração da realidade do imperativo categórico.

vontade *pura*". De acordo com Kant, uma vontade que é pura se distingue, segundo um importante aspecto, de uma vontade que é empírica. Somente aquela é "completamente determinada por princípios *a priori*, sem quaisquer motivos empíricos" (390). Como logo se tornará evidente, Kant pretende com isso afirmar que apenas a vontade pura tem a "faculdade" única de agir por princípios *a priori*. Em outras palavras, apenas a vontade pura pode ser motivada de maneira não empírica. Além disso, a vontade pura reconhece a validade de um princípio *a priori* em particular, a saber, o imperativo categórico[124].

Mas o que é que Kant tem em mente quando escreve que uma vontade pura é "completamente determinada segundo princípios *a priori*"? Se um princípio é *a priori*, sua fonte é a razão, não a experiência. Isso implica que uma vontade determinada por um princípio *a priori* é uma vontade determinada por princípios da razão. Uma tal vontade extrai suas leis de sua própria natureza racional; trata-se, portanto, de uma vontade que governa a si mesma. Kant alude a essa ideia na seguinte passagem:

> A vontade é pensada como uma faculdade de se determinar a si mesma a agir em conformidade com a *representação de certas leis* (427).

Em tudo o que faz, uma vontade empírica apenas reage a leis impostas pela natureza. Uma vontade pura, por sua vez, é capaz de agir em conformidade com a *representação* de leis. Dito de outra

---

124. A "vontade pura" se refere, para Kant, à faculdade de agir segundo leis ou princípios *a priori* (427) (cf. tb. (412)). A vontade pura, ademais, reconhece a validade de uma lei *a priori* da razão prática ou do imperativo categórico. A vontade pura não é, contudo, idêntica à boa vontade que Kant discute na seção I. Como vimos no capítulo 3, uma vontade é boa se ela age por dever, não por inclinação. Agir por dever significa não apenas ter a *faculdade* ou *capacidade* de agir segundo princípios *a priori*, mas de efetivamente fazê-lo. Em outras palavras, uma boa vontade é motivada pelo imperativo categórico.

forma, uma vontade pura pode ser motivada a agir pela *ideia* mesma de lei. Kant insiste que apenas seres racionais têm a faculdade de serem motivados dessa maneira. Gravetos e pedras não podem ser movidos pela ideia de lei, tampouco o podem plantas e a maioria dos animais. Essa tese pode ser expressa de uma forma diversa: para Kant, a razão pode ter um emprego genuinamente prático apenas em criaturas que são racionais. Apenas naturezas racionais (ou, mais precisamente, naturezas racionais de uma perspectiva prática) podem determinar-se a si mesmas a agir.

Kant prossegue explorando o teor ou conteúdo da representação que fornece a força motivacional por trás da vontade pura. Ele já nos disse que a lei que determina ou motiva a vontade pura é dada por sua natureza racional e é, por conseguinte, uma lei da razão. Nós também já sabemos que, para Kant, todas as leis são universal e necessariamente válidas. Dizer que a vontade pura é capaz de ser motivada por uma lei da razão equivale a dizer que ela pode agir segundo um fim que é universal e necessariamente válido (um fim "objetivo"). Na medida em que a vontade é capaz de ser motivada dessa maneira, ela pode, pois, agir segundo imperativos categóricos, e não meramente hipotéticos. Ela pode agir segundo comandos que são válidos para todas as naturezas racionais. Dito de outra forma, a vontade pura é uma vontade que pode agir segundo máximas que todas as naturezas racionais poderiam querer.

O que acabamos de expor elucida a "conexão" que Kant diz precisar estabelecer entre a lei (o imperativo categórico) e o "conceito da vontade de um ser racional em geral" (426). Se existe um imperativo categórico, então ele constitui o "princípio objetivo" ou fundamento de determinação da vontade pura. Ora, se existe um imperativo categórico, então ele é a lei pela qual a vontade de um ser racional pode determinar-se a agir.

9.2 Nosso fim racional ou objetivo (426-428)

Até aqui ficou claro que, para Kant, a vontade pura é uma vontade capaz de agir segundo máximas que são objetivamente válidas e, por conseguinte, universalizáveis. Em outras palavras, a vontade pura é capaz de agir segundo máximas que têm o imperativo categórico como seu fundamento de determinação, mas Kant realiza agora um passo adicional em sua análise. Ele procura uma resposta para a seguinte questão: O que exatamente *se qualifica* como um fim objetivamente válido, um fim que é compartilhado por todas as naturezas racionais? Formulando essa questão de outra maneira, que tipos de fins são universalizáveis para uma vontade racional? Nós examinamos anteriormente a natureza dos fins condicionais ou relativos. Esses se diferenciam dependendo de nossas naturezas empíricas e circunstâncias específicas particulares, bem como de nossas diversas concepções de felicidade. Trata-se de "móbiles" ou fins empíricos que subjazem a todos os imperativos hipotéticos[125]. Contudo, nós estamos tentando agora identificar algo que tenha valor incondicional para todas as naturezas racionais. Nós estamos procurando aquilo a que Kant se refere como o "fundamento" ou base do imperativo categórico.

Para estabelecermos tal fundamento, Kant nos convida a fazer um experimento mental:

> [s]upondo, porém, que haveria algo *cuja existência* tenha *em si mesma* um valor absoluto – o que, enquanto *fim em si mesmo*, poderia ser um fundamento de leis determinadas –, então encontrar-se-ia nele e tão somente

---

[125]. Kant não é consistente no uso do termo "móbil" [*Triebfeder*]. Em (427) ele nos diz que um móbil é o "fundamento subjetivo do desejar". Móbiles, ele escreve nessa passagem, não são válidos para todo ser racional. Em (440), contudo, Kant amplia de tal maneira o escopo de móbil que até "respeito pela lei" cai sob tal denominação.

nele o fundamento de um possível imperativo categórico, isto é, de uma lei prática.

Nós precisamos estar seguros de ter compreendido muito bem a argumentação de Kant nessa passagem. Ele está dizendo que, se alguma coisa deve ter valor absoluto, então tal coisa teria valor para todas as naturezas racionais. Ela seria, portanto, um fundamento de leis, não apenas de princípios ou conselhos. Ela poderia fundar leis, pois teria validade universal e necessária. Novamente, nós estamos considerando aqui leis práticas, leis que prescrevem como as pessoas devem comportar-se. Assim, se uma coisa deve ter valor absoluto, essa coisa forneceria um fundamento ou base para uma lei que comanda a todas as naturezas racionais respeitar ou honrar essa coisa. Tal coisa serviria como fundamento de um comando que é categórico, não apenas hipotético.

O que é essa coisa de valor absoluto? Kant finalmente nos dá sua resposta no começo de (429):

a natureza racional existe como um fim em si.

Essa é a resposta de Kant, mas ela é muito vaga até aqui. Nós temos de saber precisamente qual aspecto da natureza racional a qualifica como algo que tem um valor absoluto e não meramente condicional. Nós temos de saber também por que Kant acredita estar autorizado a afirmar que a natureza racional tem valor incondicional ou valor como um fim em si.

Podemos obter uma resposta para nossa primeira questão a partir da forma como Kant já caracterizou a natureza racional. Kant vem considerando a natureza racional em um contexto prático. Como vimos, ele distingue a vontade como razão prática, a vontade pura, da vontade empírica. Segundo Kant, apenas a vontade pura tem a "faculdade de se determinar a si mesma a agir em conformidade com a *representação de certas leis*". Se realmente for o caso de possuirmos uma vontade pura, então nós temos de ser algo mais do que meros objetos da natureza – mais do que meras "coisas", como Kant agora diz. Nós temos de, pois, possuir a faculdade de autodeterminação ou liberdade, a faculdade que Kant começa em (433) a identificar como "autonomia". Como já notei no meu capítulo introdutório (na seção 6.2), Kant entende por essa faculdade algo diferente do que a mera liberdade em relação a coerções externas. Kant nada tem em mente senão a faculdade de elevar-se acima das forças mecânicas da natureza. Esse é o aspecto da natureza racional que a qualifica como um fim em si.

Quanto à nossa segunda questão, Kant diz aqui muito pouco para justificar sua tese de que a natureza racional é um fim em si. Ele meramente enuncia essa tese em (428) quando escreve:

> Ora, eu digo: o ser humano, e de modo geral todo ser racional, *existe* como fim em si mesmo, *não meramente como meio* à disposição desta ou daquela vontade para ser usado a seu bel-prazer.

Kant defende que todo ser humano "necessariamente representa a si sua própria existência dessa maneira" (429). Ele não pode estar aqui apelando à opinião popular, pois, para Kant, a opinião popular não é confiável. Pelo contrário, ele acredita estar elucidando uma tese da razão humana comum ou "são entendimento natural" (397)[126]. Isso é tudo o que Kant nos dá à guisa de justificativa. Ele sugere que nós podemos legitimamente afirmar

---

[126]. Isso é evidente também nas observações finais de Kant em (445). Ele escreve ali ter desenvolvido "o conceito da moralidade universalmente aceito".

que a natureza racional é um fim em si, pois essa tese concorda com a razão humana comum.

10 A segunda fórmula do imperativo categórico: a fórmula da humanidade ("FH") (429)

Nós nos voltamos agora àquilo que Kant identifica em (436) como a segunda fórmula oficial do imperativo categórico. A primeira fórmula oficial, expressa seja como a FLU ou como a FN, exige que ajamos apenas segundo máximas que são universalizáveis ou que seja possível querê-las como leis da natureza[127]. A esta altura já deve estar claro que máximas universalizáveis são máximas que respeitam um fim objetivo, um fim que tem valor absoluto ou incondicionado. Kant identificou esse fim em (429): "a natureza racional existe como um fim em si". Como acabamos de ver, a natureza racional é um fim em si devido à sua faculdade de "determinar-se a si mesma a agir em conformidade com a *representação de certas leis*" (427). Ser motivado pelo imperativo categórico significa, pois, ser motivado pelo respeito por essa faculdade. É precisamente essa a ideia que Kant visa captar com sua segunda fórmula da lei, a FH:

> age de tal maneira que tomes a humanidade, tanto em tua pessoa quanto na pessoa de qualquer outro, sempre ao mesmo tempo como fim, nunca meramente como meio.

Percebamos que Kant inclui aqui a palavra "meramente". A fórmula não declara ser impermissível usar a si mesmo ou aos outros como meio. Antes, o que ela comanda é que nunca

---

127. Em (436) Kant reúne FLU e FN como a primeira das "três maneiras [...] de representar o princípio da moralidade".

usemos a nós ou aos outros *meramente* como meio. Há uma importante diferença. Quando meu dente dói eu procuro a ajuda de um dentista para aliviar minha dor. Eu uso o dentista como meio para a redução da minha dor. O que a segunda fórmula comanda é que eu não trate meu dentista *meramente* como meio. Embora eu precise fiar-me nas suas habilidades para tratar da minha dor, eu sou comandado a tratá-lo "ao mesmo tempo como um fim". Eu sou comandado a ter em mente que o dentista é uma criatura dotada da faculdade especial de autodeterminação, e que por essa razão ele tem o direito de ser respeitado. Eu não devo tratá-lo meramente como um objeto a ser usado em proveito de meus desejos. O mesmo vale para a forma que devo tratar a mim mesmo. Eu não posso me esquecer de que eu, enquanto uma criatura dotada com a faculdade de autodeterminação, tenho de tratar também a mim mesmo com respeito.

Imediatamente após enunciar a FH Kant reexamina brevemente os exemplos das quatro classes de deveres. Desta vez ele emprega a FH para avaliar as máximas envolvidas. Dada sua afirmação ulterior (em (436)) de que as várias fórmulas da lei moral são equivalentes, nós podemos legitimamente esperar que a argumentação que Kant utiliza nesse segundo exame dos casos seja essencialmente a mesma que no primeiro. Agora que temos a FH à nossa disposição, contudo, nós podemos entender melhor o que, para Kant, se qualifica como uma máxima universalizável. Nós agora sabemos que, quando aplicamos o teste de universalização, estamos na realidade questionando se nossas máximas respeitam a natureza racional. Isso é basicamente o que a segunda fórmula determina como sendo o teste.

11 Quatro deveres: versão 2 (429-430)

11.1 Dever perfeito para consigo mesmo: o dever de conservar a própria vida (429)

Em lugar de reproduzir aqui *ipsis litteris* a sua versão desse caso, Kant o descreve de forma ligeiramente diferente. Um homem pondera dar cabo na própria vida para "fugir de um estado difícil de suportar". Ao aplicar a segunda fórmula do imperativo categórico, ele se pergunta se "sua ação pode subsistir juntamente com a ideia da humanidade *como fim em si mesma*". A máxima falha no teste, Kant insiste, pois dar cabo da própria vida por essa espécie de razão (uma razão que ele identificou na primeira versão como o móbil do "amor de si") significa tratar a si mesmo como "uma coisa" e, portanto, como um mero meio. É exatamente isso que a FH expressamente proíbe. A FH proíbe não apenas o suicídio, como até mesmo formas parciais de autodestruição. Nós igualmente precisamos abster-nos de "mutilar" ou "incapacitar" a nós mesmos pelo motivo do amor de si. Como Kant escreve:

> O ser humano [...] não é uma coisa, por conseguinte não é algo que possa ser tomado como mero meio, mas, em todas as suas ações, tem de ser considerado sempre como fim em si mesmo.

Kant afirma em (437) que a FH é "no fundo a mesma coisa que" a primeira fórmula do imperativo categórico. Está longe de ser evidente como isso se dá. Se compararmos FH e FN, por exemplo, nós notamos que apenas a FH faz referência à importância de tratar a humanidade como um fim. O teste da FN pede que imaginemos se há algo inconcebível na ideia de uma lei natural que comanda a destruição da vida por vantagem pessoal. Como vimos na nossa discussão na seção 7.1, esse argumento dependia da concepção kantiana sobre o propósito das leis naturais. Para seres "constituídos em conformidade com o fim que é a vida", o propósito das leis naturais é conservar a vida. Em sua segunda discussão em torno desse exemplo, contudo, Kant argumenta que a máxima do homem falha no teste por ser inconsistente com a ideia da humanidade como fim em si mesma. Porém, segundo Kant a humanidade é um fim em si mesma não devido a seu pertencimento à classe das coisas vivas, mas por possuir a faculdade da vontade pura. É, portanto, curioso que Kant insista que as primeiras duas fórmulas da lei moral sejam equivalentes. Nós iremos retomar esse tema novamente mais adiante, na seção 12.

11.2 Dever perfeito para com os outros: o dever de não fazer uma falsa promessa (429ss.)

Dessa vez Kant sequer se dá ao trabalho de enunciar e preparar o exemplo; ele espera que nos lembremos dos detalhes de sua primeira discussão. Ele diz aqui que, ao considerar se ele deve ou não fazer uma falsa promessa, o homem se dá conta de que isso significaria usar um outro ser humano "meramente como meio". O homem se dá conta, ademais, que o destinatário pretendido da falsa promessa não poderia de forma alguma "concordar" com esse logro.

Por que fazer uma falsa promessa equivale a usar outra pessoa meramente como meio? Mesmo se admitíssemos que as outras pessoas não concordariam com nosso comportamento, isso por si só não explica muita coisa. Os outros poderiam não concordar com meu comportamento por uma série de razões. Suponha que você é enganado por um amigo ou parente. No máximo, seus sentimentos ficariam machucados e isso lhe causaria dor. Se você fosse enganado por um estranho, você poderia sentir-se pessoalmente menos magoado, mas ainda reagiria com desagrado. O logro poderia mesmo causar-lhe um inconveniente significativo. Em cada um desses casos sua felicidade ficaria comprometida.

Já deve ter ficado claro até aqui, porém, que, quando diz que os outros não poderiam "concordar" em ser enganados, Kant não tem a felicidade deles em mente. Pelo contrário, de acordo com Kant, os outros poderiam não concordar, pois eles não concordariam em ser tratados como meros meios. Ser tratado como um mero meio significa ser tratado como uma mera coisa; isso equivale a ser usado para satisfazer os fins contingentes de alguém, fins do desejo ou da felicidade. Quando somos tratados como meros meios, nosso valor absoluto ou incondicional é ignorado ou arruinado de alguma maneira. Como naturezas racionais de uma perspectiva prática, nós não podemos concordar com isso.

Se assumirmos, pois, que Kant pretende aqui dizer que nenhum de nós poderia concordar em ser enganado, pois ser enganado é algo que interfere em nossa felicidade, nós estaríamos uma vez mais interpretando erroneamente seu teste do imperativo categórico como um teste prudencial. Com efeito, nós estaríamos interpretando o imperativo categórico como uma versão da regra de ouro: faça para os outros apenas aquilo que você gostaria que os outros fizessem para você. O que o imperativo categórico comanda, entretanto, não é que nós queremos apenas aquelas máximas que são consistentes com o que nós, enquanto naturezas empíricas, poderíamos desejar ou querer, mas, antes, que nós queremos apenas aquelas máximas que são consistentes com o que nós, enquanto agentes racionais, poderíamos pensar ou querer[128].

---

128. A distinção em Kant entre o que podemos querer e o que desejamos é enfatizada no artigo de Onora O'Neill, "Consistency in Action", reproduzido como 5º capítulo de seu livro *Constructions of Reason*.

Quando Kant nos adverte na nota de rodapé de (430) para que não confundamos o imperativo categórico com a regra de ouro, ele pretende nos alertar contra essa leitura prudencial da lei moral.

11.3 Dever imperfeito para consigo mesmo: o dever de desenvolver os próprios talentos (430)

Kant se refere a esse dever como um dever "contingente", mas não tenciona com isso sugerir que o dever é opcional. Como fica claro pela inserção da palavra "meritório" entre parênteses, com a palavra "contingente" Kant pretende chamar a atenção ao fato de que o dever de desenvolver (ou não negligenciar) os próprios talentos é um dever imperfeito. Como vimos, esse tipo de dever permite uma margem quanto a como devemos cumpri-lo. O dever exige que adotemos uma máxima – nesse caso, a máxima de desenvolver ou não negligenciar nossos talentos. Se falharmos em agir segundo tal máxima, surge uma contradição. Já que o dever é imperfeito, a contradição não é uma contradição no conceito. Isso significa que, para Kant, a universalização da máxima de indiferença não contradiz a ideia mesma de leis da natureza. Como ele diz, falhar em desenvolver nossos talentos "poderia, em todo caso, muito bem subsistir com a conservação da humanidade". Contudo, o que *de fato* resulta da máxima universalizada é uma contradição na vontade. Aplicando a FH, Kant argumenta que a universalização da máxima entra em conflito com a humanidade em nossa pessoa. Ora, e por que isso ocorre?

Tudo o que Kant nos diz aqui é que se trata de um "fim da natureza com respeito à humanidade em nosso sujeito" que haja "no ser humano disposições naturais a uma maior perfeição". A FH comanda que respeitemos a humanidade como um fim em si mesma, como algo que tem valor absoluto devido à sua faculdade de dar uma lei a si mesmo. Kant parece estar sugerindo agora que a indiferença ao desenvolvimento de nossos talentos interfere com a satisfação daquele comando. Ele assume aqui, como fizera na primeira discussão desse dever, que o desenvolvimento de nossos talentos é de alguma forma essencial ao exercício de nossa racionalidade prática. Contudo, suas razões para sustentar essa tese ainda não estão claras.

A *Doutrina da Virtude* nos proporciona alguma orientação nesse sentido. Sob a denominação de "disposições naturais", Kant inclui nossas faculdades do entendimento e da vontade. Ele diz que a moralidade exige que cultivemos o primeiro para que compreendamos os conceitos ligados ao dever. A moralidade exige que cultivemos a segunda, pois só assim conseguimos "alçar-[nos] da [...] animalidade". Alçar-nos da animalidade é uma questão de aperfeiçoar aquela faculdade que temos, enquanto naturezas racionais de uma perspectiva prática, de propor fins. Propor-se fins, no sentido pretendido por Kant aqui, significa governar nossa própria conduta através de leis da razão prática. Apenas ao governarmo-nos dessa maneira é possível adquirir uma "intenção virtuosa" (*MC II* (387)). Por essas razões, cultivar nossos talentos ou disposições naturais é um dever.

11.4 Dever imperfeito para com os outros: o dever de benevolência (430)

Dessa vez a máxima sob consideração é a máxima de indiferença ao bem-estar ou felicidade dos outros. Kant começa essa breve discussão admitindo que todos nós temos como fim natural o desejo de obter a felicidade. Ele então pede para que nos imaginemos vivendo em um mundo no qual nenhum de nós contribui para a felicidade dos outros. Kant nota aqui que, em tal mundo, a humanidade "poderia, é verdade, subsistir". Ele então chama uma vez mais a atenção para o fato de que querer esse tipo de máxima como lei universal não resulta em uma contradição no conceito. Não obstante, nós temos o dever de benevolência, o dever de "promover [...] os fins dos outros".

Embora Kant não explique o motivo de esse dever decorrer da FH, nós podemos completar sua argumentação por ele. A FH comanda que tratemos a nós mesmos e aos outros sempre como fins, nunca meramente como meios. A humanidade é um fim em si mesma devido à sua faculdade de racionalidade prática. Kant claramente defende aqui a concepção de que o mundo no qual a máxima de indiferença fosse universalizada seria um mundo inóspito ao exercício de nossa racionalidade prática. Seu argumento depende destas duas teses: primeiro, a universalização da máxima de indiferença diminuiria a felicidade e o bem-estar humanos. Segundo, quando estamos infelizes, é bem menos provável que façamos o que o dever exige. Kant avança esse último ponto na seção I. Ele argumenta ali que cada um de nós tem um dever indireto de assegurar nossa própria felicidade, pois a insatisfação com nossa própria condição pode "facilmente transformar-se numa grande *tentação à transgressão do dever*" (399). O objetivo de Kant aqui parece ser, pois, o seguinte: não é realista esperar que seres racionais finitos ajam por dever a menos que certas condições materiais – condições essenciais para sua felicidade ou bem-estar – sejam antes satisfeitas.

12 O equivalente da primeira e segunda fórmulas do imperativo categórico (431, 436)

Antes de passar ao exame da terceira fórmula da lei moral, será elucidativo explorar um pouco mais a forma pela qual Kant caracteriza a relação entre as duas primeiras fórmulas. Como notei anteriormente na seção 11.1, parece ser à primeira vista implausível a tese de Kant em (436) de que as diversas fórmulas são formas diferentes de representar "exatamente a mesma lei". A FH depende essencialmente da ideia de que a humanidade é um fim em si mesma. A primeira fórmula, expressa como FLU ou como FN, não se refere, contudo, a tal ideia. Ademais, Kant parece afirmar que a primeira formulação da lei moral é tudo o que precisamos para determinar o dever (ele torna isso explícito em (437)). Mas se ele de fato defende isso, por que então Kant se dá ao trabalho de introduzir uma fórmula adicional? Que papel a FH e as outras fórmulas desempenham na teoria de Kant?

Nesse momento de nossa discussão podemos tentar uma resposta a essas questões concernente apenas à relação entre a primeira formulação da lei moral (expressa seja como FLU seja como FN) e a FH. A FLU e a FN nos comandam agir apenas segundo máximas que podem ser universalizadas ou que podem ser elevadas ao estatuto de leis da natureza. Nenhuma das versões da primeira fórmula especifica, contudo, *quais* máximas preenchem essa qualificação. Kant nos ajuda um pouco quando diz que máximas universalizáveis são máximas que todas as naturezas racionais podem querer. Porém, nós precisamos então saber, decerto, o que precisamente, para Kant, toda natureza racional pode querer. Nossa questão torna-se, pois, esta: Com o que todas as naturezas racionais se importam? Ou mais precisamente: O que tem valor incondicional para todas as naturezas racionais? Kant fornece finalmente uma resposta para essa questão em (428): o que tem valor incondicional, ele escreve, é a natureza racional enquanto tal. Como algo que detém valor incondicional, todo ser racional é um fim em si mesmo. Essa é a ideia expressa na segunda fórmula, a FH.

Por conseguinte, nós podemos elucidar a relação da FH com a primeira fórmula da lei moral da seguinte maneira: a FH torna explícita uma ideia à qual Kant se atém na primeira fórmula da lei moral. As duas primeiras fórmulas são equivalentes no sentido de colocar as mesmas restrições quanto àquilo que pode contar como uma máxima moralmente permissível. Sem a segunda fórmula (FH), contudo, não podemos entender adequadamente a primeira (FLU ou FN)[129].

13 A terceira fórmula da lei: a fórmula da autonomia ("FA") (431-434)

A terceira fórmula da lei dá um passo além e, com isso, traz o significado da primeira e segunda fórmulas "mais próximo à intuição" (436). A segunda fórmula, FH, apreende a ideia de que o objeto que tem valor incondicionado é a natureza racional. A terceira fórmula, FA, especifica a *base* do valor incondicional da natureza racional. Kant indica essa base em sua menção à "ideia da vontade de todo ser racional enquanto *vontade universalmente legisladora*" (431). Ser legislador ou dar leis é algo que apenas a natureza racional pode fazer. A terceira fórmula comanda que respeitemos essa característica particular da natureza racional, uma vez que é essa característica que confere à natureza racional valor incondicional. Kant dá a seguinte expressão à terceira fórmula, a FA:

> [age de tal forma] que a vontade possa, mediante sua máxima, se considerar ao mesmo tempo a si mesma como legislando universalmente (434).

---

129. Kant é explícito sobre a equivalência da primeira e da segunda fórmulas em (431).

A ideia que é expressa na terceira fórmula não apenas identifica a base de nosso valor incondicional enquanto naturezas racionais como também nos ajuda a entender como é que cada um de nós aceita a lei moral como válida. Lembremos a afirmação de Kant algumas páginas antes (428) de que, se há realmente um imperativo categórico válido para todas as vontades racionais, então todas as vontades racionais realmente têm de aceitar aquele imperativo como obrigante para elas. Kant reconheceu que vontades racionais finitas, tal como a humana, agem a partir de uma grande variedade de motivos. Obviamente, nós frequentemente procuramos satisfazer nosso desejo por felicidade. Porém, Kant insiste que, enquanto naturezas racionais de um ponto de vista prático ou enquanto seres que possuem uma vontade pura, nós também aceitamos que, não obstante, o imperativo categórico nos obriga. Segundo Kant, nós implicitamente admitimos sua validade, mesmo quando transgredimos a lei (nós já discutimos esse último ponto na seção 8.2).

Nos parágrafos de (431-434) Kant tem como objetivo explicar e defender sua tese de que toda vontade humana necessariamente aceita o imperativo categórico como válido. Algumas páginas antes, em (426), Kant nos dá uma pista. Ele indica ali que, se há um imperativo categórico, então ele "tem de ser ligado (inteiramente *a priori*) com o conceito da vontade de um ser racional em geral". O que aprendemos com a análise kantiana do conceito de uma vontade racional foi, em primeiro lugar, que esse conceito se refere a uma vontade que é pura, não empírica. Nós aprendemos, em segundo lugar, que a vontade pura é, para Kant, a faculdade de um ser racional de dar uma lei a si mesmo, a faculdade que ele identifica como "autonomia" (433). Finalmente, nós aprendemos que, pelo fato de a lei que todas as naturezas racionais dão a si mesmas ser válida para *todas* as naturezas racionais, seu comando para naturezas racionais finitas é categórico, não hipotético. A lei que a vontade de um ser racional finito dá a si mesmo, pois, é o imperativo categórico.

O que essa análise não tornou explícito, porém, é *por que* todas as vontades racionais humanas necessariamente aceitam o imperativo categórico como válido. Kant tenta agora explicar o ponto que ele anteriormente, em (428), havia apenas assumido. Sua argumentação se apoia nas seguintes teses: o imperativo categórico tem sua *fonte* na razão prática pura (na vontade pura). Portanto, é correto dizer que a natureza racional de um ponto de vista prático é a *autora* da lei moral. O fato de que nós, enquanto naturezas racionais de um ponto de vista prático, somos os autores da lei, é de um significado tremendo. Na concepção de Kant, isso explica por que cada um de nós valoriza a lei incondicionalmente. Isso explica, ademais, por que cada um de nós dá a nós mesmos a lei e a aceita como obrigante para nossa vontade.

Kant observa em (432) que explicitar o fato de que somos tanto autores como legisladores da lei moral possibilita resolver um problema que abordagens anteriores da obrigação prática não conseguiam resolver. Pois, se nos considerarmos meramente como sujeitos a uma lei prática ou como seres que estão sob uma tal lei – sem acrescentar a qualificação de que a lei tem sua fonte em nossa própria vontade –, então não há razão para supor que necessariamente reconheceríamos uma obrigação de obedecer àquela lei. Por que estaríamos dispostos a aceitar como válida a necessitação da lei sobre nossas ações? Kant afirma que "esforços anteriores" falharam em descobrir o princípio da moralidade, já que a única resposta que os filósofos foram até então capazes de fornecer a esta questão é que agimos por dever, pois temos algum "interesse" em fazê-lo. Por "interesse" nesse contexto Kant entende aquilo que ele anteriormente havia designado como "inclinações" ou "móbiles"[130]. Quando agimos por "interesse", a fonte motivacional de nossa ação é nossa natureza empírica. Nós agimos segundo fundamentos identificados por Kant como "heterônomos". Nesses parágrafos Kant está preocupado em argumentar, uma vez mais, que não é possível explicar a obrigação prática dessa maneira. Não é possível pois os comandos que são apenas heterônomos carecem da universalidade e necessidade da lei.

Para Kant, o significado da ideia de que o imperativo categórico é uma lei da qual somos tanto autores como legisladores repousa no fato de assim poder explicar-se como é possível agirmos a partir de outra coisa que não fundamentos heterogêneos. A intuição de Kant (inspirado por Rousseau) é esta: se a lei que governa nossas ações fosse proveniente de nossa própria vontade, nós necessariamente reconheceríamos sua validade[131]. A questão "Por que devo obedecer?" não surgiria. Uma vez que a validade da lei é independente de nossos interesses e inclinações – todos eles derivando de nossas necessidades e circunstâncias apenas contingentes –, nós

---

130. O uso kantiano do termo "interesse" aqui pode parecer conflitante com o uso que ele anteriormente fizera do termo, mais precisamente na nota de rodapé de (413). Ali ele introduzira a noção de "interesse prático". De acordo com Kant, uma vontade falível ou dependente nem sempre age em conformidade com a razão. Sua dependência em relação a princípios da razão, Kant diz, é chamada "interesse". Essa vontade pode saber que deve realizar uma certa ação (ela pode ter um "interesse prático" nessa ação) e ainda assim não ser motivada a realizá-la. Em (433) Kant escreve sobre agir "por um certo interesse". Porém, nesse contexto, ele tem em mente (aquilo a que ele, na nota de rodapé em (413), refere-se como) "interesse patológico". Quando eu ajo por um interesse patológico, o fundamento da minha ação é heterogêneo, não autônomo.
131. Eu tenho em mente aqui a ideia de Rousseau, segundo a qual nós reconhecemos como legítimas apenas as leis que damos a nós mesmos e que refletem os interesses não das vontades privadas, mas, antes, da "vontade geral". Cf. *O contrato social*, livro II, capítulo IV.

admitiríamos, ademais, que sua validade é incondicional. Sem dúvida, nosso reconhecimento da validade da lei não é garantia de que em cada caso nós a empregaremos como uma condição limitante de nossas ações. Contudo, para que reconheçamos a lei é necessário, isso sim, que, mesmo quando nos permitimos transgressões, admitamos (no nosso âmago) que o que fizemos é algo que não deveríamos ter feito (432).

De acordo com a FA, "são repudiadas [...] todas as máximas que não possam subsistir juntamente com a legislação universal própria da vontade" (431). A FA sugere, assim, que nossas máximas têm de ser consistentes com a legislação universal própria da vontade para que possam passar no imperativo categórico. Se o que nos motiva é interesse ou amor de si, nossas ações são, na melhor das hipóteses, governadas por imperativos hipotéticos. Quando agimos por dever, o que nos motiva *não* é interesse ou inclinação, mas, antes, outra coisa. O que nos motiva, Kant agora revela, é o respeito por aquela capacidade que pertence apenas à vontade de uma natureza que é racional de um ponto de vista prático, a saber, a capacidade de dar uma lei a si mesma. Essa é a capacidade que Kant identifica como autonomia.

14 Considerando a si mesmo como legislando em um reino dos fins (433-438)

Tomando de empréstimo os termos da FH, a lei moral suprema comanda que tratemos a nós mesmos e aos outros nunca meramente como meio, mas sempre ao mesmo tempo como fins. Como agentes racionais, nós tanto permanecemos sob a lei moral suprema como damo-la a nós mesmos. Kant agora pede para que imaginemos um mundo (um "reino") governado por esta lei, um mundo no qual todos os seres racionais são unidos por ela. Esse mundo ou "reino dos fins" seria como o reino ou domínio da natureza sob um aspecto: como no reino da natureza, todos os objetos no reino dos fins seriam governados por leis.

Mas Kant observa também uma importante diferença entre os dois reinos. No reino da natureza, ele escreve, os objetos são governados por "causas eficientes necessitadas externamente". Os objetos são determinados por forças mecânicas sobre as quais não temos controle algum (438). No reino dos fins, em contrapartida, a lei que governa é uma lei que seres racionais dão a si mesmos como a expressão da capacidade deles de autodeterminação ou autonomia. Ademais, ao passo que o reino da natureza existe efetivamente, o reino dos fins é um mero ideal. Kant escreve que ele somente poderia existir caso suas leis fossem "universalmente seguidas" por todos os seres racionais (438). Um reino dos fins efetivo seria, portanto, um reino no qual os seres racionais não seriam nunca motivados a agir apenas a serviço de seus fins empíricos contingentes. Ele seria um mundo no qual os seres racionais sempre limitariam seus fins empíricos com base na lei moral. Em outras palavras, um reino dos fins efetivo seria um mundo no qual todos os seres racionais agiriam apenas segundo máximas universalmente válidas. Dito ainda de outra maneira, ele seria um mundo no qual todos os seres racionais sempre tratariam a si mesmos e aos outros como fins.

Kant faz uma distinção entre, por um lado, os seres racionais que pertencem ao reino dos fins como "membros" e, por outro, o "soberano" do reino dos fins. O soberano não apenas dá a lei a si mesmo, mas sempre age segundo essa lei. Diferentemente dos membros do reino dos fins, a vontade do soberano não precisa ser comandada. Kant relembra aqui a ideia de uma "vontade perfeitamente boa" ou "vontade santa" que ele havia introduzido anteriormente, em (414).

Como Kant escreve em (439), as máximas dessa vontade "se harmonizam necessariamente com as leis da autonomia".

Entretanto, os membros do reino dos fins ao mesmo tempo dão a lei e estão a ela "submetidos". Diferentemente do soberano, os membros precisam ser comandados para a moralidade. Kant tem em vista aqui vontades racionais finitas, incluindo as vontades racionais humanas. Por sermos seres racionais, nós temos a capacidade da autonomia e podemos, dessa maneira, dar a nós mesmos uma lei. Porém, por sermos vontades finitas e precisarmos ser comandados para a moralidade, nós somos ao mesmo tempo submetidos às leis morais. Em outras palavras, essas leis nos obrigam.

15 Autonomia como o fundamento da dignidade (434-436)

Como agora já sabemos, de acordo com a teoria de Kant a autonomia se refere à capacidade da natureza racional de dar leis a si mesmas. Nós não poderíamos dar uma lei a nós mesmos, ao menos não da forma como Kant pretende que façamos, caso não tivéssemos a faculdade da vontade pura ou razão prática. Kant agora prossegue argumentando que temos dignidade em virtude do fato de sermos vontades autônomas. Para Kant, dizer que algo tem dignidade equivale a louvá-lo; e ele nos diz ainda que o termo "louvor" é apropriadamente aplicado apenas a seres racionais. Dignidade, Kant afirma, designa um tipo particular de valor que a natureza racional tem.

Retornando ao tema do primeiro parágrafo da seção I, Kant observa que alguns atributos humanos têm um valor meramente relativo ou condicional, ao passo que outros têm valor absoluto. Ele nos diz em (435) que atributos como habilidade e diligência têm no máximo um "preço de mercado"[132]. Seu valor varia dependendo da medida em que eles satisfazem alguma "necessidade" presente. O valor de atributos como engenho e imaginação, que têm um "preço afetivo", são igualmente contingentes, porém esses atributos satisfazem aqueles propósitos que, como poderíamos pensar, são mais elevados – os propósitos, por exemplo, de prazer estético. O que habilidade, diligência, engenho e imaginação têm em comum é seu estatuto de bens meramente relativos ou condicionais.

Kant nos lembra aqui do caráter condicional de alguns bens para assim enfatizar o valor incondicional da dignidade. O que Kant obviamente defende aqui é que o caráter bom da dignidade não é contingente e não depende de circunstâncias e dos variados e diversos desejos dos indivíduos. A "dignidade da humanidade", Kant escreve, "consiste exatamente nessa capacidade de ser universalmente legislante" (440). Já que Kant se refere à capacidade legislante como autonomia, nós temos então dignidade na medida em que somos capazes de autonomia[133]. Como Kant escreve em outro lugar,

> *autonomia* é [...] o fundamento da dignidade da natureza humana e de toda natureza racional (436).

---

132. Samuel Fleischacker argumenta que se trata de uma "possível referência" a Adam Smith. Cf. seu artigo "Values Behind the Market: Kant's Response to the 'Wealth of Nations'". In: *History of Political Thought*, XVII, 1996, p. 394.

133. Nos primeiros parágrafos da seção I, Kant identificou a boa vontade como o único bem incondicional. Ele nos disse ali que o caráter bom da boa vontade pode ser atribuído a "seu querer", àquilo que ela quer (394). Como vimos, ele definiu uma boa vontade como uma vontade que age por dever. Agora, contudo, ele nos diz que o que tem "valor incomparável, incondicional" é a dignidade (436). A dignidade, agora nós o sabemos, refere-se à *capacidade* de uma vontade de dar leis a si mesma. Uma vez que vontade que tem a capacidade de dar leis a si mesma não é necessariamente também uma boa vontade, Kant parece, pois, conceder valor incondicional a duas coisas distintas. Talvez nós nos equivocaríamos, contudo, se interpretássemos suas observações no início da seção I como sugerindo que o valor incondicional de uma boa vontade deriva de outra coisa que não sua capacidade de agir por dever, sua autonomia.

16 Sobre a equivalência entre as três fórmulas do imperativo categórico (436-437)

Nós exploramos acima (na seção 12) a relação entre as duas primeiras fórmulas da lei moral. Vimos que a FH traz a FLU e a FN "mais próximas da intuição", na medida em que a FH torna explícita uma ideia contida na compreensão de Kant sobre a FLU e a FN. Com a ajuda que Kant nos dá em (436) podemos agora especificar a relação entre a primeira e a segunda fórmulas em termos mais técnicos. A primeira fórmula (expressa seja como a FLU, seja como a FN) exige que nossas máximas tenham uma certa "forma". Nossas máximas precisam ter a forma da universalização. Dito de forma diferente, nossas máximas precisam ser capazes de alcançar o estatuto de leis da natureza. A segunda fórmula, a FH, esclarece quais máximas se qualificam como tendo aquela forma. A FH exige que nossas máximas tenham uma certa "matéria" ou "fim". Nossas máximas se qualificariam como universalizáveis, assim, apenas se possuem aquela matéria ou fim. A matéria ou fim que nossas máximas precisam ter é, segundo a FH, a natureza racional enquanto tal. As duas primeiras fórmulas da lei moral são equivalentes por estipularem os mesmos limites às nossas máximas. Essa equivalência apenas será evidente para nós, contudo, no momento em que compreendermos propriamente essas fórmulas. Nós podemos apenas entender propriamente a primeira fórmula com auxílio da segunda.

Kant observa que, além de poderem ser testadas com vistas tanto à sua forma como à sua matéria, nossas máximas podem também ser testadas com vistas ao que ele denomina sua "determinação completa". Como Kant escreve, elas podem ser testadas pela seguinte fórmula: "Que todas as máximas por legislação própria devem harmonizar-se para um possível reino dos fins enquanto um reino da natureza". Poderíamos muito bem ter esperado que Kant reafirmasse aqui a terceira fórmula, a FA, da lei moral, mas ele fornece, na verdade, uma outra fórmula. Essa nova fórmula reúne os conceitos de autonomia ("legislação própria") e de reino dos fins. Nós iremos nos referir a essa nova fórmula como a fórmula do reino dos fins, FRF.

Lembremos que a FA torna explícita a característica em virtude da qual a natureza racional se qualifica como um fim em si mesma. Kant isolou essa característica em (431), quando chamou nossa atenção para a "ideia da vontade de todo ser racional enquanto *vontade universalmente legisladora*". A FA comanda que a vontade aja, pois, apenas de modo que ela possa considerar "*ao mesmo tempo a si mesma como legislando universalmente*" (434). Se imaginarmos todas as vontades racionais unidas como membros em um reino governado por "leis objetivas comuns" (leis que as vontades racionais dão a si mesmas), somos então levados à ideia de um possível reino dos fins. Essa ideia é apreendida pela FRF, da qual Kant fornece uma versão em (438):

> todo ser racional tem de agir como se fosse sempre, através de suas máximas, um membro legislador no reino universal dos fins.

Como vimos, Kant afirma que essa outra fórmula, a FRF, testa nossas máximas com vistas à sua "determinação completa". Ele nos fornece uma pista sobre como isso se dá ao ligar a ideia da "determinação completa" de uma máxima à categoria de totalidade. Na *Crítica da Razão Pura* Kant define a categoria de totalidade como "não é outra coisa senão a pluralidade considerada como unidade"[134]. A FRF aprende, pois, a ideia de uma determinação completa da máxima ao referir-se a algo que é uma "pluralidade

---

134. *CRP* B 111.

considerada como uma unidade". Um reino de fins é uma pluralidade, pois colige seres racionais particulares, seres submetidos a uma lei que dão a si mesmos. Um reino dos fins é uma unidade, presumivelmente, pois seres racionais em tal reino estão unidos sob uma única lei, o imperativo categórico. Essa lei pode ser expressa de variadas formas; contudo, como sabemos, Kant sustenta que as várias fórmulas são fórmulas da mesma lei[135].

17 O "paradoxo" quanto ao que serve como um "preceito irremissível da vontade" (439)

Em suas observações em (439) Kant identifica como um "paradoxo" a sugestão de que uma "mera ideia" possa servir como um "irremissível preceito da vontade". A ideia a que Kant se refere figura proeminentemente nos parágrafos imediatamente precedentes: trata-se da ideia da "dignidade da humanidade". Nós sabemos que agir por dever significa ser motivado pelo respeito por essa ideia. O "paradoxo" mencionado por Kant em (439) surge não pela ideia de dignidade humana contradizer a si mesma ou ser incoerente. Pelo contrário, ela surge à luz do fato extraordinário de que nós realmente aceitamos a ideia de dignidade humana como uma condição limitante de nossas máximas, e aceitamos essa condição sem considerar "qualquer outro fim ou vantagem a se alcançar através disso".

---

135. Kant escreve nessas páginas que ocorre uma "progressão" da "forma" para a "matéria" até a "completa determinação" de uma máxima. A progressão, ele diz, ocorre "por meio" das categorias de "unidade", "pluralidade" e "totalidade" (Kant se apoia aqui em sua discussão sobre as categorias de quantidade na *CRP* A 80/B 106). A ideia aqui pode ser a de que as três diferentes fórmulas da lei moral correspondem, de alguma forma, às três categorias de quantidade. Kant também nos diz que uma fórmula, a saber, a FRF, "reúne em si as outras duas". Para uma análise mais aprofundada sobre isso, cf. PATON. *The Categorical Imperative*, p. 185. • WOOD. *Kant's Ethical Thought*, p. 185ss.

Kant já havia anteriormente defendido a mesma coisa. O que ele identifica nessa passagem como "paradoxal" é por ele descrito em outro lugar como "estranho". Na seção I, ele chamou de "estranha" a ideia de uma vontade cujo valor deriva não do que ela "efetua ou obtém" (a serviço da inclinação), mas apenas em virtude de ela agir por dever (394). Kant observa que a ideia de uma vontade motivada dessa maneira é tão estranha que muitos negam a sua possibilidade mesma. Esse tema foi retomado por Kant também nos parágrafos iniciais da seção II. Ele chamou atenção ali para o fato de que muitos duvidam de que possa haver de modo geral uma "intenção de agir pelo puro dever" – ou seja, sem ter em vista o amor de si (406). Kant concedeu que há grande dificuldade envolvida na tentativa de demonstrar com segurança que as pessoas têm a capacidade de agir dessa maneira (407). Em (439) Kant alude novamente a essa dificuldade, antecipando o trabalho que ele ainda tem diante de si. Pois na seção III ele procurará provar que podemos legitimamente nos pensar como capazes de ser motivados pela lei moral. Ele procurará provar que podemos legitimamente considerar a nós mesmos como obrigados pela ou submetidos à lei.

18 Determinação autônoma *versus* heterônoma da vontade (440-444)

18.1 Autonomia da vontade como o único e supremo princípio da moralidade (440)

Neste parágrafo Kant novamente descreve a autonomia como a capacidade da vontade de dar uma lei a si mesma. O que ele Kant denomina ser o "princípio da autonomia" parece muito ser uma variação da FLU:

não escolher de outra maneira senão de tal modo que as máximas de sua vontade também estejam compreendidas ao mesmo tempo como lei universal no mesmo querer.

Kant prossegue e nos diz que a "mera análise dos conceitos" não consegue provar que toda vontade racional é "obrigada" por essa regra. Com isso Kant pretende dizer que a análise não pode provar que toda vontade racional aceita essa regra como uma coerção válida sobre suas ações. O fato de que a análise não pode provar isso, Kant sugere, é de alguma forma ligado à natureza "sintética" da regra. Kant diz que tudo o que a análise pode provar é que o "princípio da autonomia é o único princípio da moralidade" (440).

Como acabei de observar, Kant irá empreender no momento oportuno uma tentativa de justificar sua tese de que toda natureza racional pode justificadamente pensar a si mesma como obrigada pela lei moral. Essa será a tarefa central da seção III, e Kant irá executá-la com ajuda de um método que ele descreve como "sintético". Eu irei postergar até a seção 19 uma comparação do método "analítico" das seções I e II com o método "sintético" da seção III. Minha presente tarefa é apresentar a forma geral do argumento que Kant acredita já ter fornecido para estabelecer uma conexão "analítica" entre o "princípio da autonomia" e o "único" e "supremo" princípio da moralidade.

18.2 Sobre o procedimento analítico das seções I e II

No final de nossa discussão sobre o Prefácio examinamos uma explicação preliminar sobre a noção kantiana de método analítico nas seções I e II. Relembremos que no método analítico começamos com um conceito que pretendemos elucidar ou compreender e, por meio de uma análise ou desmembramento desse conceito, retornamos às condições ou assunções sobre as quais ele repousa. No final da seção II Kant já chegou ao princípio da autonomia. Ele nos diz que chegou a esse princípio por meio de uma "mera análise dos conceitos da moralidade". Com auxílio de seu método analítico, Kant acredita ter demonstrado que o princípio supremo da moralidade "comanda nada mais nada menos" do que (aquilo que é expresso por) o princípio da autonomia (440).

Podemos ilustrar o emprego kantiano do método analítico destacando alguns dos passos principais do argumento que vai do começo da seção I até o final da seção II. Como vimos, a seção I começa com o conhecimento comum da boa vontade e termina com o primeiro surgimento do imperativo categórico. Por meio da análise daquela (boa vontade) é que chegamos a este (imperativo categórico). A análise do conceito de uma boa vontade revela que uma boa vontade é boa sem restrição. Ela é boa não devido aos seus efeitos, mas devido a seu querer. O dever é o que uma boa vontade quer. Pela análise kantiana do conceito de dever descobrimos que o dever é "*a necessidade de uma ação por respeito à lei*" (400). Uma vez que uma regra ou princípio possui o estatuto de lei apenas se for universal e necessariamente válido, segue-se que a vontade que age por respeito à lei age por máximas que têm validade universal e necessária. Essa argumentação prepara o caminho para o primeiro surgimento do imperativo categórico em (403) como a FLU.

A seção II dá continuidade a esse procedimento analítico, aprofundando nossa compreensão da lei moral. Em primeiro lugar, aprendemos que, como a lei comanda que respeitemos fins que são incondicionalmente válidos para todas as naturezas racionais, seu comando é categórico, não hipotético. O imperativo categórico comanda que ajamos apenas segundo máximas que todas as naturezas racionais possam querer. Tais máximas respeitam fins que são de valor absoluto, não meramente condicional. Kant argumenta, então, que apenas uma coisa se qualifica como de valor incondicional ou como tendo valor enquanto "fim em si", a saber, a natureza racional mesma. Essa ideia é apreendida pela FH, que comanda que tratemos a natureza racional sempre como um fim, nunca meramente como meio. Apoiado na sequência do argumento, Kant determina então que a característica da natureza racional que é responsável por seu valor incondicional é sua autonomia, sua capacidade de dar uma lei a si mesma (428, 432ss.). Ele exprime essa ideia na FA, que comanda que a vontade deve agir apenas de modo tal que possa *"mediante sua máxima se considerar ao mesmo tempo a si mesma como legislando universalmente"* (434).

Por meio das etapas acima descritas Kant completa a passagem do "conhecimento comum", com o qual começara sua análise na seção I, para a "metafísica dos costumes", à qual ele chega na metade da seção II. Baseado nessa análise, Kant se considera legitimado para concluir, nos parágrafos finais da seção II, que o "único" e "supremo" princípio da moralidade "comanda nada mais nada menos" do que a autonomia (440). Dessa maneira se completa a explicação para o conceito de uma boa vontade[136]. Uma boa vontade age por dever, e nós sabemos agora o que é o dever. Agindo por dever, uma boa vontade é motivada pelo respeito por sua capacidade de autonomia.

---

136. Cf. o resumo que o próprio Kant fornece em (437): "Podemos terminar agora por onde começamos, a saber, com o conceito de uma vontade incondicionalmente boa". Dito de outra maneira, Kant agora terminou, ou quase completou, sua explicação do conceito de uma boa vontade.

18.3 Heteronomia da vontade como a fonte de todos os princípios espúrios da moralidade (441)

Graças à sua capacidade de autonomia, uma vontade racional pode dar uma lei a si mesma. Quando uma vontade racional permite que essa lei (o imperativo categórico) governe sua vontade, a lei então funciona como uma condição limitante ou um constrangimento sobre suas máximas. Kant nos diz que, em tais casos, a lei determina "imediatamente" a vontade. Isso significa que ela determina a vontade sem que intervenham móbiles ou, ainda, "independentemente de toda constituição dos objetos do querer" (440). Nesses casos, a vontade é boa; ela age por dever.

Kant reconhece, porém, que naturezas racionais falíveis algumas vezes transgridem ou são indiferentes ao dever. Portanto, uma natureza racional falível nem sempre permite que sua lei governe sua vontade. Quando sua vontade é determinada não por si mesma "imediatamente", mas, antes, "por meio de um móbil", neste caso, com efeito, algum objeto é que "dá a lei à vontade" (441, 444)[137]. Quando isso ocorre, o seu fundamento de determinação é "heterogêneo". Se eu me contenho e não minto somente para assim proteger minha reputação, o objeto que determina minha vontade é a vantagem pessoal. Eu ajo por inclinação e o princípio que determina minha vontade é, portanto, heterogêneo; eu atendo a um comando ou imperativo que é meramente hipotético ou condicional. Contudo, se deixo de contar uma mentira, pois minha máxima falha no teste do imperativo categórico, eu permito a mim mesmo ser imediatamente governado por uma lei que eu, enquanto uma natureza racional, dou a mim mesmo. O princípio que governa

---

137. Esses mesmos termos reaparecem na *CRPra*, p. ex., em (33).

minha vontade é o imperativo categórico. Dito de outra forma, o princípio que governa minha vontade é o princípio da autonomia[138].

Uma coisa que não devemos deixar de notar aqui é a observação de Kant de que princípios heterônomos podem ser derivados não apenas por "inclinação", mas também por "representações da razão" (441). Nós não havíamos encontrado nada parecido anteriormente. Até aqui, os exemplos fornecidos por Kant de ações determinadas por algo que não o dever foram, em todos os casos, exemplos de máximas determinadas pela inclinação. Kant está agora sugerindo que nós podemos igualmente agir por fundamentos que são racionais e também heterônomos. Essa afirmação já seria curiosa apenas se considerássemos que, do Prefácio em diante, Kant insistiu que o fundamento supremo da obrigação tem de ser descoberto "*a priori* unicamente em conceitos da razão pura" (389). O que ele afirma aqui, contudo, é que alguns fundamentos racionais não são adequados para cumprir esse papel. Para concluir que Kant não incorre em uma inconsistência, precisamos antes considerar mais cuidadosamente o que ele entende por um fundamento que é racional e também heterônomo.

---

138. Nós devemos atentar aqui para uma distinção entre agir autonomamente e permitir que o princípio da autonomia governe minha vontade. Se permitimos que o princípio da autonomia governe nossa vontade, nós agimos por dever. Nossa máxima tem então teor ou valor moral. Mas daqui não se segue, para Kant, que nós somente expressamos nossa autonomia quando agimos por dever. Se nos considerarmos como seres que possuem uma vontade pura, então *todas* as nossas ações são expressões de nossa autonomia – mesmo ações que resultam de nossa decisão de ignorar ou transgredir o dever. Desse ponto de vista, nós somos livres e, portanto, culpáveis não apenas quando nossa vontade é boa, mas também quando ela é má. Kant é mais explícito sobre esse ponto nos primeiros parágrafos de sua obra *A religião nos limites da simples razão*.

18.4 Divisão de todos os possíveis princípios da moralidade derivados da heteronomia assumida como o conceito básico (441-445)

Nesses parágrafos Kant explica a diferença entre o que ele aqui denomina fundamentos heterônomos "empíricos" e "racionais". Em todos os casos de determinação heterônoma não é a vontade que dá uma lei a si mesma; pelo contrário, algum objeto é que dá uma lei à vontade. Em (444) Kant descreve esse objeto como um "impulso alheio". O impulso alheio que Kant tem em mente deriva, ele diz, da "natureza" ou "constituição natural" do sujeito. De acordo com a teoria de Kant, pertencentes à nossa constituição natural são a nossa faculdade da sensibilidade ("inclinação e gosto") e as nossas faculdades racionais ("entendimento e razão"). Os fundamentos heterônomos empíricos derivam de nossa faculdade de sensibilidade; os fundamentos heterônomos racionais derivam de nossa faculdade racional.

Kant aprofunda esse último ponto na *Crítica da Razão Prática*. Ele diz que os casos em que a vontade não determina a si mesma "imediata" ou autonomamente são casos em que a vontade é determinada "por meio de um sentimento interposto de prazer e desprazer" (25). Quando isso ocorre, o fundamento de determinação da vontade é algum objeto (ou matéria) do desejo. Kant indica que tanto nossa faculdade sensível como nossa faculdade racional podem ser a fonte dos objetos do desejo. Por vezes agimos meramente para satisfazer nosso desejo por comida ou sexo. Estes são claros exemplos de ações em resposta ao comando de nossa natureza sensível. No entanto, por vezes buscamos a gratificação de nossos desejos "superiores". Nós exercemos nossos poderes cognitivos, por exemplo, a serviço de alguma ideia de perfeição (24). Contudo, na medida em que o que nos determina no primeiro e no último casos é o desejo, nós agimos por fundamentos heterônomos. Nesse último caso, assim como em todos os casos de querer heterônomo, nossa vontade é governada não por uma "lei prática", mas por um princípio "empírico" (21)[139].

Há, pois, um sentido dos termos empregados por Kant em sua "divisão" dos princípios heterônomos em (442) o qual pode levar a equívocos. Ele pode levar a equívocos, pois os fundamentos heterônomos "racionais" aos quais Kant se refere nessa discussão são, em um aspecto, não menos empíricos do que aqueles por ele chamados de fundamentos "empíricos". Como acabamos de ver, para Kant, fundamentos *tanto* "empíricos" *como* "racionais" derivam, enquanto heterônomos, de nossa "constituição natural"[140]. Por "constituição natural" Kant entende, aqui, nossa natureza considerada empiricamente (nossa natureza como "fenômeno"). Quando agimos por fundamentos heterônomos ou empíricos ou racionais, é "natureza que dá a lei" (444). Uma vez que os dois tipos de fundamentos são heterônomos e, portanto, derivam de nossa natureza empírica, ambos são, em última instância, empíricos.

18.5 Fundamentos heterônomos empíricos (442)

Os princípios heterônomos empíricos são, de acordo com Kant, "derivados do princípio da felicidade" e "estão erigidos sobre o sentimento físico ou moral". Pela discussão desenvolvida até aqui já sabemos que, quando somos motivados por esses fundamentos, o objeto que dá a lei à nossa vontade é derivado de nossa natureza sensível. Quando nós satisfazemos nosso desejo por calor ou

---

139. Kant ressalta isso em *CRPra* (41).
140. Talvez seja para evitar essa confusão que Kant, quando retorna a esse tópico na *CRPra*, introduz um novo vocabulário para descrever a divisão de fundamentos heterônomos. Ele explicitamente descreve ali como "empíricos" todos os fundamentos "materiais" (i. é, heterônomos), incluindo aqueles que "repousam na razão" (41).

comida, é bem óbvio que estamos respondendo a princípios heterônomos empíricos. Em tais casos, nosso conceito de felicidade é "erigido sobre" o sentimento físico. Contudo, nós somos criaturas sensíveis altamente complexas e, dessa forma, temos desejos sensíveis igualmente mais complexos. Nós almejamos o amor e reconhecimento dos outros, ou nos esforçamos em obter bens como "poder, riqueza [e] honra" (393). Assim, nossas ações são às vezes motivadas pelo desejo de satisfazer nossas necessidades psicológicas. São essas necessidades que Kant classifica aqui sob a denominação de "sentimento moral". Quando somos motivados seja pelas nossas necessidades físicas, seja pelas nossas necessidades morais, o fundamento de nossa ação é heterônomo e, portanto, empírico.

Seria possível defender que não apenas todos os seres racionais desejam a felicidade, mas mesmo que todos os seres racionais entendem por felicidade precisamente a mesma coisa. Seria possível defender, além disso, que essa concepção de felicidade é fixa ao longo do tempo. Se essas teses fossem verdadeiras, nós estaríamos autorizados a afirmar que dessa concepção invariável de felicidade é possível derivar regras que têm validade universal e necessária. Nós poderíamos, assim, propor o seguinte princípio: "Promove a felicidade de todos os seres racionais".

Como sabemos, Kant admite que todas as naturezas racionais humanas desejam a felicidade. Ele acredita que esse é um fato sobre a natureza que "se pode pressupor com segurança e *a priori*" (415). Mas ele também acredita que o conceito de felicidade e, portanto, também o princípio que comanda que a promovamos são empíricos e, como tais, indeterminados. Enquanto um princípio empírico, o princípio da felicidade não "serve de modo algum para fundar as leis morais sobre ele" (442). Partindo de uma concepção meramente empírica sobre a "constituição particular da natureza humana" ou sobre o que as naturezas humanas desejam, nós não podemos fundar leis morais válidas para todos os seres racionais[141]. Nós tampouco podemos apoiar-nos em uma concepção empírica da natureza humana para fundar leis válidas meramente para seres racionais *humanos*. Devido à sua fundação empírica, pois, um princípio como "promove a felicidade de todos os seres racionais" não pode, para Kant, granjear o estatuto de lei e é, dessa maneira, heterônomo.

De todos os possíveis esforços para fundar a moralidade sobre princípios heterônomos empíricos, Kant insiste que o "mais repudiável" é o esforço de fundar a moralidade não no princípio que comanda a promoção da felicidade *de todos os seres humanos*, mas, antes, no princípio que comanda a promoção da felicidade *própria*. Voltemos ao caso do comerciante prudente da seção I. O comerciante é honesto com seus clientes, mas apenas por acreditar que ele futuramente obterá lucro com sua honestidade. A observação em (442) sugere que Kant não acredita que qualquer um de nós poderia aqui enganar-se e identificar como virtuoso esse tipo de comportamento em proveito próprio. Contudo, o que "é mais repudiável" sobre a tentativa de fundar a moralidade sobre o princípio da felicidade própria, Kant nos diz, é que ele "sotopõe à moralidade móbiles que antes a solapam e destroem toda a sua sublimidade". Embora não o expresse tão explicitamente, Kant está aqui presumivelmente reagindo ao esforço de fazer do egoísmo uma virtude. Em suas próprias palavras, essa visada coloca "as motivações para a virtude e as motivações para o vício em uma só classe, e apenas ensinam a fazer melhor o cálculo". De acordo com

---

141. Kant repete esse ponto um grande número de vezes na *Fundamentação*. Ele o menciona pela primeira vez no Prefácio (389). Para outras passagens, cf. tb. (408, 410, 425). Eu discuti esse tema anteriormente nesse capítulo, mais precisamente na seção 5.4.

essa concepção, as motivações do virtuoso e do vicioso estão "em uma só classe", pois tanto a pessoa virtuosa como a pessoa viciosa estão atrás da mesma coisa, a saber, a gratificação de seus próprios desejos. A pessoa virtuosa é meramente a pessoa que é mais bem-sucedida em calcular os meios para atingir esse objetivo[142].

Kant reserva uma parte dessa discussão para atacar uma concepção empírica particular da moralidade: a Teoria do "Sentimento Moral" do filósofo escocês Francis Hutcheson (1694-1746). Como Kant não revela aqui quase nada sobre os elementos da teoria de Hutcheson que ele crê objetáveis, nós teremos de voltar nossa atenção para outros textos uma vez mais. Na *Crítica da Razão Prática* ele nos diz que a Teoria do Sentimento Moral postula um senso ou sentimento particular para a moralidade (38). Essa teoria sugere que, da mesma forma como podemos sentir frio ou calor e ver formas e cores, também podemos sentir a diferença entre conduta virtuosa e viciosa. A Teoria do Sentimento Moral propõe, ademais, que nossos juízos sobre as condutas virtuosas e viciosas nada mais refletem do que os sentimentos despertados em nós por certos comportamentos. Assim, eu julgo que uma pessoa é boa ou má apenas na medida em que o comportamento dessa pessoa produz desprazer em mim. Eu julgo que uma pessoa é boa quando sua conduta produz em mim um sentimento agradável.

Embora Kant tenha endossado essa concepção da moralidade em 1762, ele agora a rejeita[143]. O motivo que ele fornece na *Fun-*

---

142. Para maiores discussões, cf. *CRPra* (35), onde Kant escreve que a felicidade é o "exato oposto" do princípio da moralidade. Ela "arruína" a diferença entre virtude e vício". Ela "sotopõe à moralidade móbiles que antes a solapam e destroem toda a sua sublimidade".
143. Sua defesa da Teoria do Sentimento Moral é evidente em seu ensaio de 1762 (o assim chamado *Ensaio Premiado*): *Investigação sobre a evidência dos princípios da teologia natural e da moral.*

damentação para tanto é familiar: nós não podemos obter de uma teoria moral baseada no sentimento um "padrão igual" do bom e do mau (442). Afinal de contas, o fato de uma conduta particular produzir desprazer em mim não é garantia alguma de que ela terá o mesmo efeito sobre você[144].

18.6 Fundamentos racionais heterônomos (443)

Kant escreve que os fundamentos racionais heterônomos são "baseados na razão". Como vimos em nossa discussão na seção 18.4., Kant entende por isso que eles gratificam objetos "mais altos" de desejo, objetos de desejo que são colocados não por nossa natureza sensível, mas sim por nossa faculdade racional. Relembremos que por faculdade racional Kant entende neste contexto a parte racional de nossa constituição natural. Assim, ele não está se referindo àquela faculdade especial (ou "metafísica") que é a fonte da motivação não empírica (390, 412). Em outras palavras, Kant não está se referindo à nossa faculdade da vontade livre ou à razão prática pura. No presente contexto, ele entende por razão a faculdade que temos enquanto seres empíricos, enquanto "fenômenos".

Os objetos do desejo produzidos por nossa faculdade racional derivam, segundo Kant, do conceito de perfeição – um conceito "baseado na razão", pois ele se refere a objetos que não podemos encontrar na experiência. A perfeição é um ideal; em sentido prático, ela se refere "à aptidão ou suficiência de uma coisa para todo

---

144. Kant fornece em outros textos motivos adicionais para rejeitar a Teoria do Sentimento Moral. Na *CRPra* ele chama a Teoria do Sentimento Moral de uma "ilusão". Kant duvida de que aqueles que alegam endossá-la de fato o façam de modo consistente. Como Kant escreve em (38), ao invés de derivar juízos morais a partir do sentimento, eles na realidade se apoiam em um conhecimento anterior da obrigação. Cf. tb. os comentários de Kant em *MC II* (400).

tipo de fins"¹⁴⁵. O que encontramos na experiência não são exemplos da perfeição, mas apenas exemplos de esforços para atingi-la.

Kant divide os fundamentos racionais em dois grupos, conforme os dois conceitos de perfeição: "ontológico" e "teológico". Ele não diz quase na *Fundamentação* sobre a versão ontológica. De passagens da *Crítica da Razão Prática*, contudo, podemos inferir que a versão ontológica depende, para seu padrão de moralidade, da ideia de perfeição humana. De acordo com essa perspectiva, nós agimos por dever na medida em que satisfazemos – ou nos esforçamos em satisfazer – aquele padrão. Kant seleciona o estoicismo como um exemplo dessa concepção de teoria moral. O modelo estoico de virtude busca a ideia do "heroísmo do sábio", que consegue ser bem-sucedido em governar pela razão seus desejos meramente animais¹⁴⁶. A concepção estoica é heterônoma, pois, ainda que a ideia de perfeição seja "racional" ao não corresponder a algo que podemos descobrir na experiência, o que em última instância serve de motivação para o esforço em alcançar a perfeição é o desejo por felicidade ou as "vantagens da vida"¹⁴⁷. Ainda que "racional", a ideia de perfeição humana é nesse aspecto igual a todos os outros fundamentos heterônomos.

A discussão de Kant sobre o conceito teológico de perfeição na *Fundamentação* é um pouco mais longa. A concepção teológica extrai seu padrão de conduta moral não da ideia racional de perfeição humana, mas de um conceito diferente de razão, a saber, aquele de uma "vontade divina perfeitíssima". Segundo essa concepção, nós agimos por dever quando colocamos nossa conduta

---
145. *CRPra* (41).
146. Cf. *CRPra* (127n.).
147. *CRPra* (41).

em concordância com essa ideia. Dessa maneira, para a concepção teológica de perfeição, os deveres são essencialmente comandos divinos. Eles são heterônomos, para Kant, pela mesma razão segundo a qual todos os princípios são heterônomos: o objeto que determina a vontade é posto por nossa natureza empírica (pelo desejo) e, portanto, serve em última instância aos interesses da felicidade[148]. Nós agimos por dever para agradar a Deus. Nós desejamos agradar a Deus seja porque tememos seu poder e caráter vingativo, seja porque temos a esperança de uma recompensa futura[149].

19 Observações finais de Kant (444-445)

No último parágrafo da seção II, Kant chama nossa atenção tanto para o que ele acredita ter conseguido realizar na seção quanto para a tarefa que acreditava ter ainda diante de si. Kant nos diz que pelo "desenvolvimento do conceito da moralidade universalmente aceito" ele fora capaz de mostrar que "uma autonomia da vontade" está "inevitavelmente anexada" a tal conceito, ou, mais precisamente, "serve-lhe de fundamento". O que ainda não foi mostrado, Kant diz, é como o imperativo categórico (uma "proposição sintética prática") é "possível" e "por que ele é necessário". Kant ainda não estabeleceu a "verdade" da lei, ou demonstrou que ela é algo mais do que uma "ideia quimérica". Ademais, Kant nos recorda aqui que a seção II é, como a seção I, "analítica".

---

148. Devemos ter em mente que, de acordo com Kant, os interesses da felicidade são variados e complexos. Para uma bem-argumentada defesa da tese de que a concepção de felicidade em Kant não é um hedonismo grosseiro, cf. o artigo de Andrew Reath, "Hedonism, Heteronomy, and Kant's Principle of Happiness", que compõe o segundo capítulo de sua coleção de artigos, *Agency and Autonomy in Kant's Moral Philosophy*, p. 33-66.

149. Em minha introdução (na seção 4) eu escrevo um pouco mais sobre os motivos de Kant estar convencido de a moralidade não poder ter a religião como seu fundamento.

Nós precisamos lançar luz sobre esses comentários obscuros de modo a tornar mais fácil a passagem para a seção III.

19.1 Sobre o que Kant acredita ter realizado na seção II

Consideremos, em primeiro lugar, a afirmação de Kant em (445) de que ele conseguiu mostrar que "uma autonomia da vontade" serve de fundamento ao "conceito da moralidade universalmente aceito". Como ele introduziu a noção de autonomia bem tarde na seção II (de (432) em diante), esse comentário reflete algo que ele havia acabado de realizar nas páginas finais da seção. Esse comentário destaca o que poderia ser considerado, com boas razões, como a *culminação* não apenas da seção I, mas mesmo das duas primeiras seções da *Fundamentação*. O "conceito da moralidade universalmente aceito" a que Kant faz referência em (445) é apenas um outro nome para o "conhecimento racional moral comum" explicitamente mencionado no título da seção I. Portanto, o que Kant alega ter demonstrado pelo "desenvolvimento" do "conceito da moralidade universalmente aceito" é que na base do conhecimento comum com o qual ele começa a seção I (o conceito de uma boa vontade) está a tese ou assunção da autonomia. Graças ao "desenvolvimento" ou análise do conceito, nós descobrimos, em primeiro lugar, que uma vontade que é boa age por dever. Descobrimos, em segundo lugar, que as máximas de uma boa vontade são universalizáveis, isto é, elas passam no teste do imperativo categórico. Descobrimos, em terceiro lugar, que o imperativo categórico é uma lei que a vontade pura dá a si mesma. Descobrimos, em quarto lugar, que a vontade pura é justamente a capacidade da autonomia. Como resultado do desenvolvimento do conceito da moralidade universalmente aceito, pois, descobrimos que uma vontade boa tem a autonomia "como seu fundamento".

19.2 O que ainda deve ser feito: o projeto da seção III (444ss.)

Das observações superficiais de (444ss.) fica difícil determinar com precisão o que Kant acredita ainda ser preciso fazer. Ele especifica a tarefa que ainda tem diante de si de duas maneiras. Ele diz que precisa provar:

(i) como uma "*proposição sintética prática*" (o imperativo categórico) é "possível" e "por que é necessária";

(ii) que a moralidade não é um "devaneio" ou "ideia quimérica".

Talvez Kant entenda que essas observações sejam diferentes descrições da mesma tarefa. Nós podemos avaliar essa hipótese apenas com ajuda de discussões adicionais.

A observação de Kant em (444), a saber, que ele ainda não havia estabelecido a verdade da assunção ou admissão que uma proposição sintética prática é possível, aparece em outro lugar da seção II. Em (420), por exemplo, Kant comenta sobre a dificuldade de demonstrar "inteiramente *a priori* a possibilidade de um *imperativo categórico*" (420). Ele enfatiza o termo "categórico" nesta última passagem por ter acabado de nos dizer que *nenhuma* dificuldade é encontrada na explicação da possibilidade dos imperativos hipotéticos. Ora, por que deve existir uma dificuldade na explicação da possibilidade do imperativo categórico, mas não na dos imperativos hipotéticos?

Como notei anteriormente na seção 5.7, Kant liga a facilidade com que podemos explicar a possibilidade dos imperativos hipotéticos ao fato de esses imperativos serem "analíticos". Recordemos a discussão sobre os imperativos de habilidade. Um doutor deseja ajudar um paciente que sente dores. Com esse fim em vista, ele deve fornecer os meios para realizá-lo. Seu imperativo é: "De modo a curar meu paciente, eu devo fornecer-lhe o tratamento adequado". Kant crê que podemos facilmente explicar da seguinte maneira a possibilidade desse tipo de imperativo: no querer que expressa o fim do médico (curar seu paciente), o querer que expressa os meios para realizar esse fim é "já pensado" (417). Uma vez dado ou pressuposto o fim, o querer que expressa os meios pode ser, portanto, analiticamente deduzido[150].

O imperativo categórico, Kant já nos disse, é uma proposição sintética. Assim, nesse tipo de imperativo não há presumivelmente uma tal conexão entre o fim ou objeto que se quer e os meios que se quer para atingi-lo. A dificuldade de fornecer a possibilidade desse imperativo tem de conectar-se de alguma forma com essa sua característica. Contudo, como sugeri em meus comentários anteriores sobre esse tópico na seção 5.9, a dificuldade aludida por Kant não é de jeito nenhum óbvia. Em ao menos um aspecto, o estabelecimento de uma conexão analítica entre o querer de um fim e o querer dos meios pode parecer *mais fácil* no caso do imperativo categórico do que no caso dos imperativos hipotéticos.

Para ver isso, consideremos novamente o fato de os imperativos hipotéticos serem, segundo Kant, relativos ou condicionais. Os fins ou propósitos aos quais eles se referem variam de pessoa para pessoa e de situação para situação. Por essa razão, eu não posso saber de antemão o que eu desejarei; sequer posso realmente saber de antemão o que eu desejarei amanhã. Como Kant diz, nós podemos deduzir o querer que expressa os meios a partir do querer que expressa os fins, mas somente é possível fazê-lo uma vez que o fim

---

150. Caso o homem pretendesse querer o fim, mas não os meios, nós teríamos de duvidar seja de sua sinceridade, seja de sua racionalidade.

esteja suposto ou pressuposto. Quando penso em um imperativo categórico, Kant escreve, "sei de pronto o que ele contém". Nós sabemos de antemão o fim referido em um imperativo categórico, pois esse fim *não* varia de pessoa para pessoa e de situação para situação. Pelo contrário, esse fim é universal e necessariamente compartilhado por todas as vontades racionais. Contudo, como o fim de um imperativo categórico pode ser conhecido de antemão, por que Kant parece sugerir que não podemos também conhecer de antemão os meios para obtê-lo? Diferentemente do que acontece com os imperativos hipotéticos, por que não é possível dizer neste caso que o querer dos meios já está pensado no querer do fim? Em outras palavras, por que Kant nega que haja uma conexão analítica ou conceitual entre: "eu quero realizar o objeto X" (onde "X" é um fim incondicional), e "portanto, eu devo fazer tudo o que seja necessário para realizar X"? A forçosa conclusão a essa altura é que nós ainda não conseguimos identificar a dificuldade que Kant reconhece haver no tocante à prova da possibilidade do imperativo categórico.

Talvez nossos esforços serão mais bem recompensados se seguirmos uma pista que Kant fornece em sua nota em (420). Ele nos lembra aqui que a vontade humana é imperfeita. Sugere que *se* nossa vontade fosse perfeita, *então* haveria uma conexão analítica entre nossos fins ou propósitos e os quereres que expressam os meios para atingi-los[151]. Uma vontade perfeita ou infalível, lembremos, quer necessariamente o bem; ela tem necessariamente o bem como seu fim ou propósito. Como ela quer necessariamente o bem como seu fim, ela também necessariamente quer

---

151. Kant repete isso na seção III. Aqui ele afirma que, se fôssemos membros do mundo inteligível, então todas as nossas ações *"seriam* sempre conformes à autonomia da vontade" (454).

os meios para atingir esse fim. Uma vontade imperfeita como a nossa, contudo, não quer necessariamente o bem. Em nosso caso, assim, nós sequer podemos pressupor pura e simplesmente que queremos de fato o bem. Uma vez que não podemos sequer assumir que queremos o bem como nosso fim, nós tampouco podemos assumir que queremos ações como meio para atingir aquele fim.

A dificuldade de provar a possibilidade do imperativo categórico parece estar ligada, portanto, ao fato de que carecemos de uma vontade perfeita. Esse fato sobre nós coloca um desafio diferente dos desafios ligados à prova da possibilidade dos imperativos hipotéticos. Se é verdade que eu não posso saber de antemão o que você deseja, ou até mesmo o que eu desejarei amanhã, eu posso saber de antemão (ou "*a priori*", como Kant escreve) que todas as naturezas humanas racionais desejam a felicidade. Esse é um fato necessário sobre aquilo que Kant denomina "particular constituição da natureza humana" (384, 442). O fim da felicidade é dado por nossa "constituição natural" (444). Ademais, esse fato sobre o papel da felicidade em nossas vidas é confirmado pela experiência, já que ela fornece inúmeros exemplos de ações realizadas em nome de fins heterogêneos. Porém, como Kant repetidas vezes nos disse na *Fundamentação*, a experiência não tem utilidade alguma em nossos esforços de demonstrar que ações são feitas realmente por dever (cf., p. ex., a discussão de (407)). No caso do imperativo categórico, nós carecemos, dessa forma, do benefício de sua "realidade" ser dada na experiência (419ss.). A questão que surge é, então, esta: Com que *direito* nós assumimos que o imperativo categórico é válido para nossa vontade?

O desafio colocado por essa questão torna-se mais aparente quando refletimos sobre tudo aquilo que pressupomos quando admitimos que o imperativo categórico é real para nós – quando admitimos que a lei realmente obriga nossa vontade. Mais obviamente, nós pressupomos ser possível para nós agir não apenas por inclinação, mas também por dever. Agir por dever, como sabemos, significa ser motivado por um tipo especial de lei, uma lei que não é derivada da "*constituição particular da natureza humana* ou [das] circunstâncias contingentes em que está posta" (442; cf. tb. (389)). A lei moral não é dada por nossa natureza enquanto criaturas suscetíveis de um estudo empírico ou científico. Antes, é a lei que damos a nós mesmos enquanto seres que possuem uma capacidade especial, a capacidade que Kant denomina autonomia. Com base nessa capacidade, podemos demonstrar que não somos meramente determinados em tudo o que fazemos por leis da natureza sobre as quais não temos controle algum, mas, antes, que agimos, ademais, segundo leis que damos a nós mesmos enquanto seres que possuem uma vontade pura.

A dificuldade de provar a possibilidade do imperativo categórico liga-se, portanto, à dificuldade de justificar essa concepção particular de si. Provar a possibilidade do imperativo categórico significa, com efeito, provar que somos mais do que meras peças da engrenagem da natureza. Isso equivale a estabelecer que há, de fato, sentido em tomar a nós mesmos como responsáveis pelo que fazemos, um sentido em atribuir a nós mesmos uma genuína capacidade de agir. Lembrando o enigma com o qual nossa discussão se iniciou, nós podemos agora ver que, para Kant, o problema de provar a possibilidade do imperativo categórico é, decerto, idêntico ao problema de demonstrar que a moralidade é para nós algo mais do que uma mera quimera ou devaneio.

19.3 Elaboração

Nós ainda precisamos refinar um pouco mais nossa compreensão do que Kant pretende dizer com sua declaração em (444) de que ele ainda não mostrou como o imperativo categórico é "*possível a priori*" e "por que ele é necessário". Consideremos duas possíveis explicações para o que ele poderia ter em mente com essas afirmações:

Interpretação 1: Ele pretende dizer que ainda não mostrou que nós de fato *pensamos* a nós mesmos como seres capazes de respeitar fins universais e necessários, seres capazes de agir por dever. Em outras palavras, ele não mostrou ainda que nós de fato tomamos o imperativo categórico como obrigante para nossa vontade. Dito de outra forma, ele ainda não mostrou que nós de fato consideramos a nós mesmos como seres que possuem uma vontade pura.

Interpretação 2: Ele pretende dizer que ainda não mostrou que *podemos legitimamente* pensar a nós mesmos como seres capazes de respeitar fins universais e necessários, seres capazes de agir por dever. Em outras palavras, ele ainda não mostrou que nós temos uma justificativa para supor que realmente há um imperativo categórico que comanda nossa vontade. Dito de outra forma, ele não mostrou ainda que estamos justificados em considerar a nós mesmos como seres que possuem uma vontade pura.

As evidências contra a Interpretação 1 são irresistíveis. Ao longo de toda a *Fundamentação* Kant repete a tese de que nós de fato consideramos a nós mesmos como capazes de agir por dever[152].

---

152. Cf., p. ex., na seção III (455): "Todos os seres humanos se pensam como livres quanto à vontade". Para uma passagem semelhante na *CRPra*, cf. (79ss.).

Como já vimos, Kant está convencido de que nós pensamos a nós mesmos dessa forma mesmo quando transgredimos a lei moral (cf. novamente a discussão em (424)). Kant escreve na seção III que mesmo o "pior vilão" acredita que ele é capaz de agir por motivos que são não heterônomos (454ss.).

A Interpretação 2, por seu turno, encontra apoio no texto. Kant observa em (425) que "não chegamos ainda ao ponto de provar *a priori* que semelhante imperativo tenha efetivamente lugar, que haja uma lei comandando por si só de maneira absoluta e sem quaisquer móbiles". Kant pretende dizer com isso que ele ainda não mostrou que somos *autorizados* a pensar a nós mesmos como capazes de sermos motivados pela lei moral. Em outras palavras, ele ainda não mostrou que estamos justificados em considerar-nos como "ligados à [lei] como condição" (440). Formulado diferentemente, ele ainda não estabeleceu nosso direito de pensar-nos como dotados de uma vontade pura. Como ele até então não estabeleceu isso, há ainda a possibilidade de a moralidade ser meramente "quimérica" e o que chamamos de "dever", um "conceito vazio" (421)[153].

19.4 Sobre o motivo de o método de Kant na seção III precisar ser "sintético"

Em seu Prefácio, Kant indica que o método "sintético" da seção III nos faz "avançar" de um "exame" do "princípio supremo e suas fontes", e então "volta até o conhecimento comum, onde se encontra o seu uso" (392). O "retorno" ao conhecimento comum já seria algo enigmático se fosse levado em conta que esse movimento de retorno não é refletido no título da seção III: "Passagem da metafísica dos costumes para a crítica da razão prática pura".

---

153. A seção III fornece mais evidências em favor da Interpretação 2, p. ex., em (449ss.).

Talvez o que Kant esteja nos dizendo aqui é que, no momento em que o livro estiver completo, ele terá então fornecido sua fundamentação do conhecimento comum. Ele terá então justificado o conhecimento comum de que estamos ligados à lei moral e, com isso, demonstrado que a moralidade não é uma quimera. Ele estará então em condição de dirigir sua atenção de volta ao conhecimento comum, com o qual começara, e então declarar ter conseguido assegurar sua justificação ou fundamento.

Contudo, em que sentido a seção III nos "faz avançar"? Nós estamos avançando em direção a quê? O movimento à frente refere-se ao projeto de finalmente fundar a metafísica dos costumes. Como o título da seção III sugere, esse trabalho de justificação precisa ser "prefaciado" por uma crítica da faculdade da razão prática. Em outras palavras, ele exige um argumento que demonstre nosso direito de pensar a nós mesmos como tendo uma vontade pura. Pelas razões que acabamos de ver, a demonstração não pode ser empírica. Como Kant afirma explicitamente em (444), o objetivo é provar que o imperativo categórico é possível (e por que ele é necessário) "*a priori*". A prova tampouco pode ser "analítica". Ela não pode proceder à maneira das seções I e II, começando com algum conceito condicionado e regressando às condições de possibilidade desse conceito. Ora, por que o procedimento não pode ser analítico?

Kant é mais explícito em (440) sobre o que nós, por meio de uma análise, não podemos esperar determinar. Ele primeiro especifica o princípio da autonomia ("não escolher de outra maneira, senão de tal modo que as máximas de sua vontade também estejam compreendidas ao mesmo tempo como lei universal no mesmo querer"). Ele então afirma não ser possível determinar pela análise que "a vontade de todo ser racional esteja necessariamente ligada" a tal regra "como uma condição". Aparentemente, o que Kant pretende dizer com isso é que essa condição não pode ser estabelecida por meio de uma análise dos conceitos contidos no imperativo categórico. Em outra passagem, na qual discute o caráter sintético da lei, Kant sugere que não podemos chegar à condição de que a lei é obrigante para todas as vontades racionais através apenas da análise do "conceito da vontade de um ser racional" (420n.).

Isso nos traz de volta ao ponto discutido acima na seção 19.2. Embora Kant nos diga que podemos justificadamente concluir da análise do conceito de um ser racional *perfeito* que ele está "necessariamente ligado" à lei moral entendida "como uma condição", ele alega que não podemos justificadamente fazer a mesma afirmação sobre *todo* ser racional. Diferentemente dos seres racionais perfeitos, as vontades imperfeitas ou finitas podem ser determinadas por fundamentos heterônomos. Por conseguinte, a mera análise do conceito de uma vontade racional não pode justificar a conclusão de que vontades racionais imperfeitas são necessariamente ligadas à lei moral. Como a análise não pode fornecer a prova de que precisamos, algum outro método de prova é exigido. Esse é o motivo pelo qual Kant insiste que o método na seção III será "sintético".

5
SEÇÃO III: PASSAGEM DA METAFÍSICA DOS COSTUMES PARA A CRÍTICA DA RAZÃO PRÁTICA PURA

1 A estrutura e as dificuldades da seção III

Devido às observações finais de Kant na seção II nós já sabemos que ele entende a tarefa da seção III da *Fundamentação* como aquela de fornecer de forma *a priori* a possibilidade do imperativo categórico. Como já vimos, Kant assume essa tarefa como equivalente àquela de demonstrar que a moralidade para nós não é um "devaneio" (445). Nós sabemos, ademais, que a prova que ele irá fornecer é "sintética" em oposição à demonstração "analítica" das seções I e II.

No entanto, o leitor não deve procurar evidências sobre a prova sintética de Kant nos parágrafos iniciais da seção III. Em vez disso, Kant destaca nesses primeiros parágrafos da seção as consequências centrais da análise conceitual que ele fez nas seções anteriores da obra. Ele tenta novamente traçar uma clara fronteira entre os resultados de sua discussão na *Fundamentação* até ali e o trabalho ainda a ser feito.

A prova sintética se inicia, finalmente, em (450). É aqui que Kant procura *justificar* nosso direito de pensar a nós mesmos como seres que possuem vontade livre e que estão necessariamente ligados à lei moral. Kant resume seu argumento na subseção

"Como é possível um imperativo categórico?" Nos parágrafos finais da seção III ele elucida com mais detalhes a natureza da prova que havia fornecido. Ademais, Kant nos alerta a não pretendermos conhecer, de forma ilegítima, a realidade de nossa liberdade.

Das três seções da *Fundamentação*, esta seção final é sem dúvida alguma a mais difícil. Parte da dificuldade deriva do fato de Kant estar longe de ser muito bem-sucedido em seus esforços para explicar a natureza da prova sintética e o motivo de tal prova ser necessária. Além disso, o argumento da seção III extrai algumas premissas centrais de obras que Kant já havia publicado. Assim, o leitor que espera revelar os mistérios da seção III sem um conhecimento anterior da *Crítica da Razão Pura* se encontra diante de uma tarefa intimidante.

Kant divide a seção III com ajuda de uma série de subtítulos. Eu tomei de empréstimo esses subtítulos para organizar minha discussão. Contudo, de modo a fornecer ao leitor indicações adicionais sobre como navegar ao longo do capítulo, eu inseri também alguns subtítulos de minha própria lavra. Aqueles que não têm familiaridade com a primeira *Crítica* de Kant podem beneficiar-se da consulta do material teórico de apoio que forneci em minha introdução, da seção 6 em diante. Eu recomendo que esse material seja consultado antes que se prossiga na leitura, seja da seção III da *Fundamentação*, seja dos comentários que aqui se seguem.

2 O conceito de liberdade é a chave para a explicação da autonomia da vontade

2.1 A conexão entre liberdade e autonomia

Kant nos introduziu ao conceito de autonomia na segunda metade da seção II. Quando ele agora define a autonomia, em (447), como "a propriedade da vontade de ser para si mesma uma lei", Kant na verdade não acresce nada de novo à sua caracterização anterior da autonomia[154]. O que *é* novo nesses parágrafos iniciais da seção III, porém, é a ideia de que a autonomia nada mais é senão a "liberdade da vontade" (447). Como o título desta subseção indica, Kant está convencido de que o conceito de liberdade pode ser útil para explicar ou elucidar o conceito de autonomia. A explicação depende crucialmente da distinção, introduzida por Kant nesses primeiros dois parágrafos, entre os conceitos "negativo" e "positivo" de liberdade. Kant afirma que o conceito positivo de liberdade "promana" do conceito negativo de liberdade. A ideia de Kant parece ser a de que a concepção positiva de liberdade emerge de uma concepção inteiramente desenvolvida das consequências que decorrem do conceito negativo. O objetivo central de Kant com esses parágrafos iniciais da seção III é argumentar que não podemos compreender a contento a ideia de autonomia a menos que avaliemos o conceito de liberdade em seu sentido inteiramente desenvolvido (i. é, em seu sentido positivo).

Kant escreve que, entendida de forma negativa, a liberdade é uma causalidade independente da "determinação por causas *alheias*". Por "causas alheias" ele entende as leis da natureza. A liberdade em sentido negativo é, pois, uma forma de causalidade diferente e independente da causalidade da natureza, ou seja, daquilo que Kant denomina aqui como "necessidade natural". Como notei em minha introdução, Kant defende a concepção de que objetos da nossa forma de experiência são, sem exceção, governados pela causalidade da natureza. Segundo essa concepção, no domínio da experiência não acontece nada que não tenha sido suficientemente

---

154. Comparar essa definição em (447) com a caracterização kantiana da autonomia em (432).

determinado por alguma causa antecedente. Ser livre em sentido negativo significa, pois, ser independente das leis que determinam todo evento ou acontecimento no reino ou domínio da natureza[155]. Kant sugere nesses parágrafos que tal liberdade é possível apenas para seres racionais.

Contudo, esse sentido negativo de liberdade falha em designar aquilo que Kant identifica, em (446), como a "essência" da liberdade. Para ele, a concepção negativa não torna explícitas duas características adicionais da liberdade. Uma delas é a natureza da liberdade enquanto algo governado por leis. Se é fato que um ato livre é independente das leis da natureza, ele não é, contudo, totalmente independente de leis em geral. A outra característica tem a ver com a origem das leis da liberdade. De acordo com Kant, as leis da liberdade se originam na vontade pura. Relembremos que ele escreve ao final da seção II que uma vontade heteronomamente determinada é aquela para a qual "a natureza dá a lei" (444). Quando a vontade é determinada por leis da liberdade, contudo, é a vontade pura que dá a lei. Quando agimos segundo leis da liberdade, nós conformamos nossas máximas a uma lei que nós, enquanto agentes racionais, damos a nós mesmos. Por ser capaz de fornecer uma regra ou lei que pode determinar nossa conduta, da vontade pura pode ser dito que ela possui um tipo de causalidade.

Juntando as duas características acima, descobrimos que a liberdade da vontade em sentido positivo nada mais é senão – Kant insiste aqui – autonomia. Ela nada mais é senão a capacidade da vontade de um ser racional de dar a si mesmo uma lei. A liberdade da vontade em sentido positivo é idêntica à autonomia, pois,

---

155. Na Introdução à *Metafísica dos Costumes* Kant caracteriza a liberdade em sentido negativo como "independência de sua determinação pelos impulsos sensíveis" (213). Cf. tb. na Introdução à *MC* (226).

segundo a definição de Kant, a autonomia é apenas "a propriedade da vontade de ser uma lei para si mesma" (447)[156]. Portanto, a ideia já inteiramente desenvolvida da liberdade do arbítrio nos ajuda a compreender melhor o conceito de autonomia.

2.2 Uma vontade pura é uma vontade sob leis morais (447)

Agora que Kant já chamou nossa atenção para as características do conceito positivo de liberdade, ele está em condições de afirmar uma conexão entre liberdade e moralidade. Se a "liberdade da vontade é, pois, pressuposta", ele diz, "daí se segue, por mera análise de seu conceito, a moralidade juntamente com o seu princípio". Kant acabou de argumentar que uma vontade livre, no sentido por ele pretendido, é uma vontade autônoma: ela é uma vontade que não apenas é independente da necessidade natural, mas também dá uma lei a si mesma. A tese de Kant agora é que a lei que a vontade livre dá a si mesma nada mais é senão a lei moral suprema. Ele acredita ser possível estabelecer essa conexão simplesmente através da análise do conceito de vontade livre.

O argumento de Kant se baseia nas seguintes teses, todas elas já defendidas na seção II[157]. Uma vontade que é autônoma é uma vontade que tem a capacidade de dar uma lei a si mesma. A lei que a vontade autônoma ou livre dá a si mesma tem sua fonte na faculdade que Kant denomina vontade pura, a faculdade que "nada mais é senão" razão prática (412). Por ter sua fonte na razão prática, a lei da vontade livre é válida para todos os seres que possuem razão prática. A lei que se qualifica como tendo esse tipo

---

156. Na Introdução à *Metafísica dos Costumes* Kant escreve que a liberdade em sentido positivo é a "capacidade da razão pura de ser prática por si mesma" (214).
157. Cf. esp. (426ss.). Eu discuti esses pontos no capítulo 4 (na seção 9.1).

de validade comanda, portanto, mais do que meramente fins contingentes, fins válidos para algumas naturezas racionais, mas não para outras. A lei, enquanto válida para todas as naturezas racionais, comanda fins que todas as naturezas racionais podem querer. Como Kant escreve aqui, a lei nos comanda "não agir segundo outra máxima senão aquela que também possa ter por objeto a si mesma como uma lei universal" (447). A lei que a vontade livre dá a si mesma é, em outras palavras, o imperativo categórico[158].

Com base no argumento acima delineado, Kant se considera legitimado a afirmar em (447) que uma vontade que é livre (no sentido completamente analisado ou positivo) e uma vontade "sob leis morais" são "uma e a mesma coisa". A expressão "sob leis morais" não deve nos enganar. Ao referir-se a "leis morais" nesse contexto, ele não está evocando inesperadamente um conjunto de padrões *diferentes* daquele padrão disponibilizado pelo imperativo categórico. Pelo contrário, ele tem em mente os deveres particulares (os imperativos categóricos particulares) que têm sua base ou justificação na lei moral suprema. Ademais, ao afirmar a equivalência de uma vontade livre e uma vontade sob leis morais, Kant não pretende sugerir que uma vontade livre age sempre por dever. Embora Kant não toque esse ponto aqui, suas observações em outros contextos deixam claro que, para ele, uma vontade livre pode escolher transgredir a lei moral[159]. Kant não sustenta, então, que nós apenas expressamos nossa liberdade quando agimos moralmente. Em sua concepção, uma vontade pura ou livre é uma vontade que "está sob" a lei no sentido de estar sempre *sujeita*

---

158. Para Kant, a rigor, a lei moral precisa ser especificada como comando apenas para vontades racionais *finitas*.
159. Kant é mais explícito sobre isso nas primeiras páginas da primeira parte da *Religião*, nas quais argumenta que a propensão ao mal é o produto do livre-arbítrio.

ao padrão do imperativo categórico. Dito mais precisamente, tal vontade considera a si mesma ligada à lei moral; ela reconhece a lei como válida para si. Enquanto livre, contudo, essa vontade pode escolher agir ou não por dever. Isso equivale a dizer que uma vontade pura ou livre não precisa ser sempre uma boa vontade.

2.3 O princípio da moralidade é uma proposição sintética (447)

As conexões que Kant traçou até aqui – entre liberdade e autonomia, e entre uma vontade livre e uma vontade sob leis morais – foram resultado da análise desses conceitos. Porém, Kant acredita ter chegado ao limite do que a análise é capaz de revelar. Por conseguinte, agora ele volta sua atenção ao complexo problema do estatuto sintético da lei moral suprema. Ele inicia com a seguinte observação:

> este último [i.e., o princípio da moralidade] é sempre uma proposição sintética, a saber, uma vontade absolutamente boa é aquela cuja máxima pode sempre conter a si mesma, considerada como lei universal, dentro de si; com efeito, por análise do conceito de uma vontade absolutamente boa, essa propriedade da máxima não pode ser encontrada

Nós precisamos, primeiro, estar seguros de termos compreendido o que Kant identifica aqui como uma proposição sintética. Ele indica que é o "princípio da moralidade" que é sintético. Como ele já identificou a lei moral como uma proposição sintética *a priori* em passagens anteriores da *Fundamentação*, essa observação não deve soar como uma surpresa[160]. A formulação de Kant para o princípio da moralidade nessa passagem é estranha, mas nós pode-

---
160. Cf., p. ex., (420, 444).

mos simplificá-la da seguinte maneira: o princípio comanda que as máximas de uma vontade absolutamente boa estão sempre aptas a serem leis universais. Formulando esse princípio de maneira diversa, ele afirma que uma vontade absolutamente boa deverá sempre agir segundo máximas que estão aptas a serem leis universais[161].

Nossas dificuldades se multiplicam consideravelmente, contudo, quando nós tentamos apreender o raciocínio por trás da insistência de Kant na natureza "sintética" desse princípio. Uma proposição é sintética, ele escreve aqui, se contém dois conhecimentos que "são ligados entre si mediante a conexão com um terceiro". O princípio da moralidade é, assim, sintético e não analítico presumivelmente devido ao fato de não ser possível, meramente através da análise do conceito de uma vontade absolutamente boa, derivar o "conhecimento" segundo o qual uma máxima de uma tal boa vontade deve sempre ser universalizável. Isso equivale a dizer que não podemos, meramente através da análise do conceito de uma vontade absolutamente boa, demonstrar que uma tal vontade é obrigada a agir sempre por dever. Como os dois conhecimentos não são analítica ou conceitualmente conectados, nós precisamos de outros meios para estabelecer sua conexão necessária. Kant indica aqui que o argumento que ele irá fornecer depende do "conceito positivo de liberdade". O conceito positivo de liberdade fornecerá, de alguma forma, o "terceiro conhecimento" que conecta os outros dois.

Kant tem plena consciência da obscuridade aqui envolvida; ele reconhece que não pode continuar determinando a natureza sintéti-

---

161. Notemos que Kant na passagem citada não formula o princípio da moralidade como um comando. Novamente, ele entende que a lei moral tem de ser formulada como um comando apenas para vontades imperfeitas como a nossa. O que parece estar enunciando aqui é que a lei moral é válida para todas as vontades racionais, incluindo as vontades perfeitas que não precisam ser comandadas.

ca do princípio da moralidade sem antes fornecer "algum preparativo". Como sua própria formulação do problema nessa passagem não é de grande ajuda, nós somos forçados a procurar elucidações em outros lugares da *Fundamentação*. Felizmente, outras passagens no texto podem nos ajudar a entender o sentido em que o argumento que Kant procura tem de ser sintético e não analítico.

Em (440) Kant escreve que nós não podemos mostrar por análise que "a vontade de todo ser racional esteja necessariamente ligada [ao imperativo categórico] como condição". Em (426) ele sugere que a análise é incapaz de mostrar que se trata de uma lei necessária "para todos os seres racionais" sempre avaliar suas ações a partir do padrão da universalização. Kant diz que não é possível estabelecer isso meramente a partir de uma análise do "conceito de um ser racional enquanto tal". Comparando essas duas passagens com a observação de (447) citada acima, nós percebemos a seguinte diferença fundamental: o objeto da observação de Kant em (447) é a "vontade absolutamente boa". Nas passagens de (440) e (426), contudo, o objeto é "todo ser racional". Parece, portanto, que há uma mudança quanto àquilo que Kant diz ser possível à análise mostrar: sua mensagem em (447) é que a análise não pode mostrar que uma vontade absolutamente boa deve sempre agir segundo máximas universalizáveis. Nas passagens anteriores, seu ponto é que a análise não pode provar que seres racionais são ligados à lei moral. Essa diferença é relevante?

Consideremos, em primeiro lugar, a substituição de "vontade absolutamente boa" em (447) por "ser racional". Nós provavelmente consideraremos significativa essa mudança se fizermos o erro de interpretar o uso de Kant da expressão "vontade absolutamente boa" na passagem citada acima como referindo-se a uma vontade que é infalível ou perfeita. Poderia então parecer que a atenção de Kant tivesse passado da preocupação, expressa nas passagens anteriores, em determinar o que a análise é capaz de descobrir no conceito de *todas* as vontades racionais (incluindo vontades racionais imperfeitas como as nossas), para uma preocupação com o que pode ser descoberto através da análise do conceito mais estrito de uma vontade infalível ou perfeita. No entanto, essa interpretação não pode ser correta pela seguinte razão: se por "vontade absolutamente boa" em (447) Kant não entende nada mais do que a vontade perfeita, então não temos como explicar o problema que ele ali nos aponta. Recordemos sua observação em (420n.): da mera análise do conceito de uma vontade racional perfeita ou infalível, nós *podemos* demonstrar uma conexão necessária com o conhecimento de que sua máxima pode "conter a si mesma, considerada como lei universal". Nós podemos demonstrar tal conexão, pois uma vontade perfeita é, segundo a definição de Kant, "necessitada" a agir em conformidade com a lei moral (414). A preocupação de Kant em (447), contudo, é que nós *não podemos* estabelecer essa conexão necessária através da análise do conceito à disposição, o conceito de uma vontade absolutamente boa. A preocupação de Kant em (447) evidencia, pois, que ele não pretende que a expressão "vontade absolutamente boa" simplesmente exprima, nesse contexto, outro nome para a vontade infalível ou perfeita.

Se a vontade absolutamente boa a que Kant se refere em (447) não é equivalente à vontade infalível ou perfeita, em qual sentido então ela é "absolutamente" boa? A resposta mais plausível para essa questão é a seguinte: de acordo com Kant, essa vontade é "absolutamente boa" em virtude de sua *capacidade* de agir por dever. Em outras palavras, nesse contexto Kant simplesmente entende por "vontade absolutamente boa" a vontade pura. O seu uso da expressão "vontade absolutamente boa" não é consistente na *Fundamentação*, mas ele algumas vezes a utiliza dessa forma[162]. Na seção I, por exemplo, Kant apresenta a ideia de uma vontade que é "absolutamente" boa no sentido de "boa sem restrição" (393, 402). A vontade descrita nessa discussão do início da obra claramente não é a vontade perfeita; diferentemente da vontade perfeita, ela pode agir por inclinação. Ela pode agir por inclinação, mas é também capaz de agir por dever. Quando ela age por dever (como no caso do filantropista desgostoso), sua capacidade para o bem torna-se patente. Em tais casos nós podemos legitimamente julgar que essa vontade é boa[163].

Em uma passagem da seção II Kant escreve sobre a "vontade absolutamente boa" que ela tem um valor que "se eleva acima de qualquer preço", pois seu princípio de ação é "livre da influência de todos os fundamentos contingentes" (426). Embora por si mesma essa descrição não permita determinar se Kant se refere à vontade perfeita ou à imperfeita, é digno de nota que na passagem em questão Kant esteja preparando a introdução do conceito de uma vontade pura. Como sabemos, ele define a vontade pura não como uma vontade que age necessariamente segundo a lei moral, mas como uma vontade que tem a "capacidade" de fazê-lo. A vontade pura *pode* ser boa; ela pode livrar-se "da influência de todos os fundamentos contingentes".

---

162. Uma passagem em que Kant *não* utiliza a expressão dessa forma está em (429), onde ele explicitamente identifica a vontade absolutamente boa com a vontade divina.

163. Na seção I, p. ex., nem sempre é claro se Kant entende por "vontade absolutamente boa" a capacidade de agir por dever (a vontade pura) ou a vontade que age por dever (a boa vontade). Alguns comentadores sugerem que por vontade pura e boa vontade Kant entende a mesma coisa. Cf., p. ex., o artigo de Allen Wood, "The Good without Limitation". In: HORN & SCHÖNECKER (eds.). *Groundwork for the Metaphysics of Morals*, p. 32.

Dessa maneira, há razões para supor que a "vontade absolutamente boa" aludida por Kant em (447) não seja a vontade perfeita ou infalível, que necessariamente age por dever, mas, antes, a vontade pura, a vontade que é meramente capaz de agir por dever[164]. Uma consequência dessa proposta seria a sugestão de que o objeto das observações de Kant em (447), a saber, a "vontade absolutamente boa", não é diferente da "vontade racional" a que ele faz referência nas passagens em (440) e (426).

Comparando novamente as passagens, recordemos que em (447) Kant nos diz que a análise não pode determinar que, de uma vontade absolutamente boa, sempre se exige moralmente que ela aja segundo máximas universalizáveis. Como eu já sugeri, esse ponto decorre do fato de que, para Kant, a vontade absolutamente boa não é uma vontade perfeita. Uma vontade que é absolutamente boa, mas não perfeita, é capaz de agir por dever, porém não age por dever necessariamente. Ela pode reagir a outras forças motivacionais. A vontade racional humana é imperfeita por ser sensivelmente afetada. Isso significa que a natureza opera sobre nós; ela exige a satisfação de nossas várias inclinações. À luz desse fato sobre nossas naturezas racionais imperfeitas, a questão surge: Que razão existe para supor que as exigências morais sejam válidas para nós? Ou, ainda, que razão existe para supor que a lei moral necessariamente obriga nossa vontade?

---

164. Para mais evidências em suporte da tese de que por "vontade absolutamente boa" em (447) Kant não entende uma vontade infalível ou perfeita, notemos que nas páginas finais da seção II ele nos diz que a "vontade absolutamente boa" precisa ser comandada para a moralidade; seu princípio, ele diz, "tem de ser um imperativo categórico" (444). Lembremos que, para Kant, uma vontade infalível ou perfeita não precisa ser comandada. Para uma tal vontade, pois, a lei moral não é formulada como um imperativo.

O problema que Kant identifica em (447) é, por conseguinte, meramente uma reformulação do problema que ele formulou nas passagens anteriores em (440) e (426). Nas passagens anteriores, Kant afirmou que a análise não pode demonstrar que todos os seres racionais – incluindo seres racionais imperfeitos ou falíveis – são ligados à lei moral. Mas a afirmação de que a análise não pode provar que todos os seres racionais são ligados à lei equivale, para Kant, à afirmação de que a análise não pode provar que a lei é válida para todas as naturezas racionais. Se a análise não pode provar que a lei moral é válida para todas as naturezas racionais, ela tampouco pode provar que da vontade absolutamente boa (a vontade pura) exige-se moralmente que ela aja segundo máximas universalizáveis.

Resumamos os resultados obtidos em nossa discussão: a denúncia de Kant em (447) consiste em afirmar que nós até agora carecemos de um argumento que demonstre que todos os seres racionais, incluindo os seres racionais imperfeitos, são necessariamente ligados à lei moral. No caso das vontades perfeitas, o argumento é satisfeito através de uma análise conceitual. Isso ocorre porque, para Kant, nós podemos derivar de nossa análise do conceito de uma vontade perfeita a ideia de que tal vontade necessariamente age por dever. No caso das vontades falíveis ou imperfeitas como a nossa, contudo, um tipo diferente de demonstração é exigido. O objetivo central de Kant na seção III é fornecer essa demonstração.

3 A liberdade tem de ser pressuposta como propriedade da vontade de todos os seres racionais

Nós precisamos em primeiro lugar ter claro o raciocínio que subjaz à tese que Kant exprime no título dessa subseção. Por que ele nos diz que a liberdade tem de ser pressuposta como propriedade da vontade de todos os seres racionais? Nós podemos descobrir a resposta para essa questão apenas se considerarmos uma a uma as teses que Kant levanta nessa subseção.

3.1 A moralidade tem de ser válida para todos os seres racionais (447)

Não se trata aqui de uma nova tese; nós já a encontramos uma série de vezes na *Fundamentação*, começando no próprio Prefácio de Kant (em (389)). Notemos aqui a palavra "todos". A lei moral é válida para *todos* os seres racionais de um ponto de vista prático, para *todos* os seres dotados de uma vontade pura, não apenas para seres racionais humanos. A explicação que Kant dá para essa afirmação de (447) é que a lei moral serve como uma lei para nós apenas "*enquanto* seres racionais" (grifo meu). Em outras palavras, apenas em virtude do fato de que somos racionais de um ponto de vista prático é que nós (assim como todos os outros seres racionais) estamos sob leis morais. Esse não é o caso de seres "não racionais", dado que tais seres são governados apenas pela "necessidade natural" (446). Embora Kant afirme aqui que a moralidade é válida para todos os seres racionais, no parágrafo anterior ele nos lembrou que deveria fornecer um *argumento* em suporte dessa tese.

3.2 A moralidade tem de ser derivada meramente da propriedade da liberdade (447)

Com essa observação Kant pretende chamar nossa atenção para o fato de o juízo moral e a imputação moral estarem fora de lugar a menos que a liberdade seja pressuposta. Em outras palavras, a afirmação de que a moralidade tem de ser válida para todos os seres racionais não tem legitimidade a não ser sob a pressuposição de que seres racionais têm liberdade. Para seres governados meramente pela necessidade natural, o "dever" moral não tem significado. Em minha introdução, eu ressaltei que a liberdade que Kant tem em mente como uma condição de possibilidade da moralidade é algo distinto da mera independência em relação à coerção externa. Como Kant nos apontou nesses primeiros parágrafos da seção III, a liberdade a que ele faz referência é a independência da necessidade natural de modo geral (ela possui, ademais, as características "positivas" que examinamos acima).

3.3 A liberdade tem de ser pressuposta como propriedade da vontade de todos os seres racionais (447)

Nós estamos agora em condições de explicar o subtítulo escolhido por Kant. Por que a liberdade tem de ser pressuposta? Ela tem de ser pressuposta para fundar ou legitimar as duas teses ou assunções que acabamos de examinar. Como acabamos de ver, a possibilidade mesma de imputação moral depende da pressuposição da liberdade. Ademais, a pressuposição da liberdade é necessária se devemos justificar a tese segundo a qual a moralidade é válida para todas as naturezas racionais.

3.4 Da pressuposição à prova (447ss.)

Kant passa rapidamente da asserção de que a liberdade tem de ser "pressuposta" como uma propriedade da vontade de todos os seres racionais para a asserção de que precisamos *provar* que a liberdade é uma propriedade de todos os seres racionais. Por que é exigida uma prova?

Em primeiro lugar, lembremos que o objetivo final de Kant na seção III é demonstrar uma conexão necessária entre a ideia da vontade de um ser racional e a ideia de que tal vontade é ligada à lei moral. Como vimos, estabelecer essa conexão não é desafio algum no caso de uma vontade imperfeita como a nossa. Se é verdade que ninguém duvida de que nossa vontade seja frequentemente motivada pelo desejo de satisfazer os apetites da inclinação, não é de forma alguma evidente que nossa vontade possa ser motivada pelo dever. Assim, qual é o fundamento para supor que vontades humanas de fato reagem a algo diferente dos desejos naturalmente dados? Tomando de empréstimo os termos que Kant utiliza para formular a questão no Prefácio, por que nós devemos pensar que nossa vontade seja até mesmo capaz de ser, "sem quaisquer motivos empíricos, plenamente determinada por princípios *a priori*"? (390). Em outras palavras, o que torna justificada a assunção de que temos uma vontade pura?

Quanto ao tipo de prova que irá fornecer na sequência, Kant nos relembra aqui de algo que ele já vinha ressaltando repetidas vezes ao longo do texto, a saber, que não podemos demonstrar a realidade de nossa liberdade apoiando-nos em "certas pretensas experiências da natureza humana". Como notamos anteriormente em (407), observações sobre o comportamento humano não podem fornecer um discernimento dos "princípios internos" que nos motivam. Ações que parecem motivadas pelo dever podem ter sido realizadas, na verdade, para servir aos interesses do amor de si. Apelos à experiência são, portanto, inúteis para demonstrar a realidade da liberdade. Como vimos, Kant rejeita ademais uma segunda estratégia de prova. Nós não podemos demonstrar meramente pela análise do conceito de um ser racional que um tal ser é necessariamente ligado ao dever ou que ele de fato age por dever. Portanto, a análise é inútil em nosso esforço de demonstrar que seres racionais são capazes de agir por dever e que são, por conseguinte, livres. Como nem a experiência e nem a análise conceitual podem demonstrar que a liberdade é "algo de efetivamente real [em] nós mesmos e na natureza humana" (448), é necessário algum outro método de prova.

3.5 Todo ser que não pode agir senão sob a ideia da liberdade é realmente livre de um ponto de vista prático (448)

Nós temos aqui uma primeira indicação sobre a estrutura do argumento que Kant utilizará em seu primeiro esforço por estabelecer a realidade de nossa liberdade. Ele nos dá uma pista na seguinte passagem:

> Eu digo agora: todo ser que não pode agir senão *sob a ideia da liberdade* é, por isso mesmo, de um ponto de vista prático, realmente livre, isto é, para ele valem todas as leis que estão inseparavelmente ligadas à ideia da liberdade, exatamente como se a sua vontade também fosse declarada livre em si mesma e de uma maneira válida na filosofia teórica.

Nessa passagem Kant afirma que, se há realmente um ser que não pode agir senão "sob a ideia da liberdade", então esse ser é "realmente livre [...] de um ponto de vista prático". Kant não sugere que nós já temos alguma justificativa em supor que *há* seres que não podem agir "senão sob a lei da liberdade". O seu ponto é, antes, apenas que, *se* há tais seres, então se segue que eles são "realmente livres de um ponto de vista prático".

O que significa ser livre "de um ponto de vista prático"? Em relação a uma natureza racional que tem uma vontade, Kant escreve, "nós nos representamos em pensamento uma razão que é prática, isto é, tem causalidade com respeito a seus objetos". Assim, um ser racional com uma vontade não apenas pensa; ele também age. Tal ser é dotado de uma vontade pura, da faculdade denominada por

Kant razão prática. Kant pretende convencer-nos de que a razão prática é uma faculdade de liberdade. Suas leis não são dadas pela natureza; elas não surgem como efeitos de "impulsos alheios". A razão prática é uma faculdade da liberdade na medida em que é a fonte ou autora de suas próprias leis ou princípios. Como Kant escreve, ela tem "causalidade com respeito a seus objetos" por poder determinar nossa vontade[165]. Com efeito, na determinação de nossa vontade, a razão prática governa nossas ações; ela faz surgir uma nova forma de conduta.

O que Kant entende por um ser que "não pode agir senão sob a ideia da liberdade"? Agir "sob a ideia da liberdade" significa representar-se de uma certa forma em pensamento. Trata-se de considerar a si mesmo não apenas como o produto da determinação das leis da natureza, mas também como capaz de liberdade ou como possuindo a faculdade da razão prática.

Na passagem citada acima, Kant afirma explicitamente que, da ideia de nós mesmos como livres, nós podemos inferir uma conclusão sobre a realidade de nossa liberdade. Um ser que "não pode agir senão *sob a ideia da liberdade*" é, Kant escreve, "realmente livre de um ponto de vista prático". Tendo isso em vista, o argumento de Kant não é dos mais convincentes. Eu certamente posso me considerar como a Cleópatra sem ser, de fato, Cleópatra. Por que então Kant supõe que pode provar a realidade de nossa liberdade apenas a partir de fato de nos pensarmos como livres? Sem dúvida, ainda há o que ser feito antes de podermos responder essa questão.

---

165. Cf. a descrição kantiana da faculdade da razão prática na *CRPra* em, p. ex., (42) e (46). Nesta última passagem, Kant diz que a razão prática pode determinar a vontade "imediatamente" – i. é, sem a ajuda de quaisquer móbiles empíricos.

4 Do interesse que se prende às ideias da moralidade (448-453)

Kant lida com uma série de questões nesta difícil subseção. É aqui que ele finalmente nos oferece sua prova da realidade da liberdade. Pelo tamanho e complexidade da subseção, subtítulos de minha responsabilidade foram acrescidos àqueles que o próprio Kant fornece ao longo do texto.

4.1 Sobre como é possível que nos submetamos às leis morais

Nós acabamos de ver que o argumento que Kant pretende avançar para estabelecer que a liberdade é "algo real [...] em nós mesmos e na natureza humana" depende da premissa segundo a qual nós consideramos a nós mesmos de uma certa maneira, a saber, como seres que agem sob ideia da liberdade. Um dos objetivos de Kant nos primeiros parágrafos dessa subseção consiste em perguntar como é possível essa forma de considerar a nós mesmos. O que pode sustentar ou legitimar essa concepção de nós mesmos?

Kant começa com a seguinte pergunta: Por que eu devo me submeter à lei moral simplesmente enquanto "um ser racional"? Os termos empregados aqui podem levar a equívocos por sugerirem que Kant crê que eu – assim como os outros seres racionais – preciso ser *persuadido* a submeter-me à lei moral. Como acabei de notar, contudo, sua concepção é, antes, a de que eu, enquanto um ser racional de um ponto de vista prático, necessariamente tomo a lei como um constrangimento válido exercido sobre minha vontade. A questão que Kant realmente está aqui formulando é, então, a seguinte: Como é possível que eu – conjuntamente a todos os outros seres racionais – me considere submetido à lei? Kant diz que a resposta não pode ser a de que eu sou "impelido" por algum "interesse".

A tese de que eu sou impelido a respeitar a lei é equivalente à tese de que eu sou determinado a agir segundo minha constituição natural. Essa espécie de determinação é heterônoma. Embora a determinação heterônoma explique por que eu ajo segundo imperativos hipotéticos, ela não pode explicar como é possível que eu aja segundo o imperativo categórico.

Kant escreve que, não obstante, eu "tenho [...] necessariamente de tomar um interesse" na lei. Presumivelmente eu "tenho de" tomar um interesse na lei, pois, se eu não o fizesse, não haveria nenhuma forma de explicar por que eu de fato sou às vezes motivado a agir segundo tal lei. Entretanto, novamente, qual explicação pode ser dada para a maneira como sou motivado a agir segundo a lei, ou para o motivo de eu por vezes limitar minhas máximas segundo a lei? Se eu não sou "impelido" por um interesse na lei, como é então possível que eu tome interesse nela?

É fundamental que entendamos por que Kant considera essa questão como particularmente urgente. Ele está perguntando, com efeito, como uma vontade humana racional pode ser determinada a agir por algo que não seja sua constituição natural, por algo que não sejam os móbiles que a natureza nos deu para assegurarmos nosso bem-estar ou felicidade. É inegável que nós de fato agimos para satisfazer nosso desejo por felicidade, e também que nós, enquanto seres "afetados pela sensibilidade", somos determinados por impulsos naturais (449). Contudo, como é que podemos também ser motivados a agir por "móbiles de outra espécie"? Em outras palavras, como é possível que vontades humanas racionais sejam motivadas por aquilo que Kant denomina razão em seu uso prático?

4.2 Kant chama atenção para uma limitação em sua discussão até aqui (449)

Ao invés de responder diretamente à questão que acabou de formular, Kant traz à tona vários pressupostos que subjazem a ela:

> Portanto, ao que parece, é como se, a rigor, apenas pressupuséssemos na ideia da liberdade a lei moral, a saber, o princípio da autonomia da vontade ele mesmo, sem que pudéssemos provar por si mesmas sua realidade e necessidade objetiva.

É estranho que Kant diga aqui ter pressuposto a lei moral na ideia da liberdade. À luz de seus comentários nos parágrafos anteriores, pareceria mais exato identificar na reversão dessa formulação aquilo que Kant pressupôs – ao dizer que ele pressupôs a liberdade na ideia da lei moral. Recordemos que, na primeira sentença dessa subseção, Kant anunciou que havia reconduzido o conceito de moralidade à ideia da liberdade (448ss.). Ele havia argumentado que a liberdade tem de ser pressuposta como uma condição para que nós nos representemos em pensamento como submetidos à moralidade. Ora, por que então Kant agora nos diz que "na ideia da liberdade" ele "pressupôs a lei moral"? Nós conhecemos o sentido em que ele pressupôs a ideia da liberdade, mas como ele pressupôs também a lei moral?

A resposta a essa questão é o que Kant *vinha assumindo* até aqui em toda a discussão sobre como nos pensamos a nós mesmos como ligados à lei moral. Começando com o Prefácio à *Fundamentação*, ele assumiu que nós de fato aceitamos o imperativo categórico como uma condição válida que limita nossas máximas. Kant não tem intenção alguma de voltar atrás dessa tese. Ele não só não tem intenção de desdizê-la, como a reafirma no começo do parágrafo seguinte (em 450): "[a]chamos, é bem verdade, que podemos tomar interesse por uma qualidade pessoal que não envolve qualquer interesse de nosso estado". Seu objetivo aqui é afirmar que pode decerto ocorrer que sejamos motivados por algo que não o desejo de atingir um fim meramente condicionado, um fim da inclinação ou felicidade. Nós até mesmo derivamos nosso sentido de valor pessoal do fato de que tomamos um interesse em agir por dever, do fato de que aceitamos o imperativo categórico como um teste válido de nossas máximas.

Portanto, Kant está correto em observar que vinha até então pressupondo que admitimos a validade da lei moral. Ele não tem dúvida alguma de que a natureza racional, incluindo a natureza racional humana, representa a si mesma em pensamento como submetida às leis morais e, por conseguinte, como também capaz da liberdade. Contudo, do fato de que nos representamos em pensamento como obrigados e motivados pela lei moral não se segue, decerto, que nós estamos *autorizados* a representar-nos dessa forma em pensamento. A verdade talvez seja que nós sofremos de um infeliz caso de autoengano, e que os móbiles que nos motivam não são nada mais do que heterogêneos. Em outras palavras, a verdade talvez seja que nós nunca reagimos a nenhuma outra coisa senão aos imperativos hipotéticos. Kant tem, pois, boas razões para se preocupar com os fundamentos que temos para representar-nos em pensamento como obrigados pela lei moral. Ele sabe que não forneceu ainda qualquer justificativa para essa nossa concepção de nós mesmos. Ele ainda não provou que a liberdade é "algo real em nós mesmos e na natureza humana" (449).

4.3 A preocupação acerca do argumento circular (450-453)

Um tema central dos oito parágrafos seguintes, de (450) em diante, é a preocupação expressa por Kant de ele talvez ter assumido algumas teses para cuja formulação ele não estava autorizado. Dito de outra forma, ele considera a possibilidade de seu argumento ter sido circular – que ele pressupôs o que procurava provar[166]. Ele explicita essa preocupação em (450):

> Nós nos consideramos como livres na ordem das causas eficientes para nos pensar sob leis morais na ordem dos fins, e pensamo-nos depois como submetidos a essas leis porque nos conferimos a liberdade da vontade.

Para tornar mais compreensível a suspeita circularidade, nós podemos reescrever da seguinte forma a primeira oração dessa complicada passagem:

i) Nós pressupomos que somos livres para justificar o pensamento de nós mesmos como submetidos a leis morais.

O ponto é que, se nós não fôssemos livres, nós teríamos de conceder que somos meramente máquinas complexas, determinadas por leis da natureza em tudo o que pensamos e fazemos. Em outras palavras, a assunção ou suposição da liberdade é uma condição de possibilidade da moralidade. Trata-se de uma suposição para a qual Kant chamou frequentemente nossa atenção.

Entretanto, surge naturalmente a seguinte questão: Que *justificativa* nós temos para pensarmo-nos como submetidos a leis morais? Ora, qual justificativa nós temos para supor que o imperativo categórico realmente obriga nossa vontade? O objetivo de Kant com a passagem acima é declarar que *não* será possível responder essa questão da seguinte maneira:

---

166. Em outras palavras, as preocupações de Kant de ter cometido a falácia de "petição de princípio". Ele se pergunta se assumiu a validade da lei moral como uma "*petitio principii*" (453).

ii) Nós estamos justificados em pensarmo-nos como submetidos a leis morais, pois pressupusemos que somos livres.

O ponto de Kant aqui é que não podemos *justificar* a suposição de que estamos submetidos à moralidade apenas indicando que o pensamento de nós mesmos como submetidos à moralidade apoia-se na pressuposição da liberdade. Kant não está colocando em questão a afirmação de que a liberdade tem de ser pressuposta como uma condição da possibilidade da moralidade. O objetivo dele aqui é, antes, mostrar que ainda há algum trabalho a ser feito. Ele ainda não forneceu *evidência* alguma em suporte de nosso *direito* de pensarmo-nos como livres. Em outras palavras, Kant ainda não nos disponibilizou nenhum fundamento para que assumamos que a liberdade é real para nós.

Kant fornece uma segunda formulação do círculo em (453):

> a suspeita de que talvez tivéssemos tomado por fundamento a ideia da liberdade só por causa da lei moral, a fim de inferi-la por sua vez da liberdade.

A preocupação expressa nessa observação não é distinta daquela contida na passagem em (450). Mais uma vez Kant exprime a preocupação de até ali ter simplesmente pressuposto que somos livres para, assim, fornecer um fundamento para o pensamento de nós mesmos como obrigados pela lei moral. Contudo, meramente pressupor que somos livres não é o mesmo que fornecer um fundamento para alguma coisa. Kant sugere, portanto, que até aqui ele apenas incorreu em uma petição de princípio sobre a realidade da liberdade para argumentar que somos justificados em nosso pensamento de nós mesmos como submetidos a leis morais. Kant nos alerta novamente para o fato de ele ainda não ter disponibilizado um argumento que provasse a realidade de nossa liberdade.

Como ele até agora falhou nisso, a moralidade e seu princípio supremo permanecem sem um fundamento. Assim, Kant ainda não realizou aquilo que no Prefácio havia dito ser uma tarefa central da *Fundamentação*: estabelecer ou justificar o princípio supremo da moralidade (392).

4.4 Liberdade e legislação própria da vontade como conceitos recíprocos (450)

Embora Kant admita não ter ainda fornecido um argumento seja para a lei moral, seja para a suposição da liberdade humana, ele nota ter feito, não obstante, "algo considerável" ao ter-nos chamado a atenção para a forma como liberdade e moralidade são conectadas. Kant mostrou que nós não podemos pensarmo-nos como sujeitos a leis morais, exceto quando pressupomos que somos livres; ademais, Kant mostrou também que, quando nos pensamos como livres, nós assumimos implicitamente que estamos submetidos a leis morais. Ele escreve em (450) que o conceito de liberdade e o da "legislação própria da vontade" são "recíprocos". Em outras palavras, os dois conceitos são "representações aparentemente diversas do mesmo objeto". Ademais, por serem recíprocos, nenhum desses conceitos pode "ser usado para explicar" e "fornecer um fundamento para o outro". Como Kant não explica na *Fundamentação* o que ele entende por conceitos "recíprocos", mais uma vez precisamos nos dirigir a outros textos para encontrar auxílio.

Na *Lógica Jäsche,* Kant define como "recíprocos" conceitos que têm a mesma "esfera" ou extensão[167]. Essa definição torna compreensível o exemplo que Kant nos dá na *Fundamentação*

---
167. *Lógica Jäsche,* § 12.

(450). Ele nos pede para que consideremos "diferentes frações de um mesmo valor" – por exemplo, 783/783 e 5/5. Se reduzirmos cada uma dessas frações às suas "expressões mais simples", nós descobrimos que cada uma delas é equivalente a 1/1. Ao reduzir as frações, nós aprendemos que as frações são recíprocas na medida em que têm a mesma esfera. Dito de outra forma, cada uma delas é uma representação diferente do mesmo objeto. Kant afirma que os conceitos de liberdade e de legislação própria da vontade são igualmente recíprocos por ambos serem, no fundo, "autonomia". O que custou tanto trabalho a Kant nos primeiros parágrafos da seção III foi justamente chamar a atenção para isso. Ele argumentou ali que, se considerarmos atentamente as características "positivas" do conceito de vontade, nós descobrimos que a liberdade da vontade nada mais é senão autonomia (447).

5 A solução para o problema da circularidade: considerar a natureza humana de dois pontos de vista (450-453)

5.1 Recapitulação: a tarefa de Kant na seção III

Antes de passarmos à solução que Kant dá ao problema da circularidade, será útil revisar mais uma vez a forma como ele interpreta seu projeto geral na seção III. Em poucas palavras, Kant está preocupado com um problema gerado pelo fato de a vontade humana não ser infalível ou perfeita. Caso nossa vontade fosse perfeita, seria então possível provar por análise uma conexão necessária entre nossa vontade (nossa natureza como seres práticos) e a moralidade. Em outras palavras, por meio da análise, nós poderíamos provar que as máximas de nossa vontade podem sempre ser consideradas como leis universais. Entretanto, dado que nossa vontade *não é* perfeita, então não podemos legitimamente afirmar que a lei moral seja válida para nós. Temos de encontrar, portanto, um outro caminho para provar que a lei moral é de fato válida para nós. No final de sua discussão em (450), Kant acredita que, se ele puder estabelecer a realidade de nossa liberdade, ele terá completado sua prova. Ele se apoia no seguinte raciocínio:

i) Se nós pudermos estabelecer a realidade da liberdade para seres racionais humanos, teremos demonstrado que mesmo seres racionais humanos são necessariamente ligados à lei moral.

ii) Nós teremos demonstrado que mesmo seres racionais humanos são necessariamente ligados à lei, porque uma "vontade livre e uma vontade sob leis morais são uma e a mesma coisa" (447).

iii) Uma vontade livre e uma vontade sob leis morais são uma e a mesma coisa, pois:

a) ser livre em sentido positivo significa apenas ser capaz de dar leis a si mesmo (ser autônomo) (447);

b) a lei que a vontade autônoma dá a si mesma é a lei moral suprema ou imperativo categórico (447).

Ao final de (450), pois, a tarefa que Kant tem diante de si é clara: ele tem de demonstrar a realidade da liberdade para a natureza humana (ele explicitamente indica que essa é sua tarefa no começo de (449)).

5.2 A estratégia dos dois pontos de vista (450ss.)

Recordemos que em (448) Kant nos deu uma primeira pista sobre como seria conduzido seu argumento para a realidade de nossa felicidade:

> Eu digo agora: todo ser que não pode agir *senão sob a ideia da liberdade* é, por isso mesmo, de um ponto de vista prático, realmente livre.

Kant inclui as vontades racionais humanas entre aquelas que "não podem agir senão sob a ideia da liberdade". Ele afirma em uma passagem de (455), por exemplo, que "todos os seres humanos se pensam como livres quanto à vontade". Como vimos, ele toma isso como um fato indisputável sobre nós – um fato que é verdadeiro mesmo para o "pior vilão". Mesmo o vilão reconhece que suas ações não são o que poderiam e deveriam ser. Ele reconhece, pois, a validade da lei moral, assim como sua liberdade para agir ou não segundo ela (454)[168].

Repetindo a pergunta que fizemos anteriormente na seção 3.5: mesmo se admitíssemos a afirmação de Kant segundo a qual nós necessariamente nos consideramos como livres, por que nós deveríamos assumir que desse fato se segue que nós "somos realmente livres de um ponto de vista prático"? Ocorre que Kant não espera nos convencer sobre a eficácia desse argumento apenas sob a forma como ele é enunciado na observação de (448) citada acima. Ele tem consciência de que o argumento é incompleto conforme sua formulação até aqui. Para que ele seja persuasivo são necessárias premissas adicionais que Kant ainda não trouxe à tona.

Como observamos em nosso exame anterior do argumento, a tese de que somos seres que não podem agir senão sob a lei da liberdade é obviamente uma tese sobre como nós pensamos sobre nós mesmos. É crucial que percebamos, contudo, que a tese vai mais longe do que isso. Para Kant, trata-se de uma tese sobre como nós *temos* de pensar-nos. Em outras palavras, Kant acredi-

---

168. Para passagens semelhantes na *CRPra*, cf. (79).

ta que essa concepção de nós mesmos é de alguma forma inevitável e necessária. Ele argumenta que, se conseguir nos persuadir sobre a necessidade de tal concepção, seu trabalho estará feito. Ele terá de estabelecer, por meio do método sintético, a realidade de nossa liberdade.

O que mais há para ser dito, então, sobre a premissa do argumento, a saber, a tese de que nós *necessariamente* nos consideramos como agindo sob a ideia da liberdade? Essa premissa é equivalente à tese de que nós necessariamente nos consideramos como mais do que máquinas complexas determinadas por leis da natureza em tudo o que pensamos e fazemos. Porém, em qual sentido nós *temos* de pensar-nos dessa forma? Se a resposta a essa questão for: a menos que nos pensemos como livres, nós não podemos sustentar a possibilidade da moralidade, então incorremos no problema da circularidade ao qual Kant nos alertou anteriormente. A resposta que Kant dá à questão assume, portanto, uma forma diferente. O que ele nos diz é algo nesse sentido: nós precisamos pensar-nos como agindo sob a ideia da liberdade. A razão pela qual temos de pensar-nos dessa forma é que a alternativa (a saber, a ideia de que nós somos meras máquinas biológicas) é insustentável. A resposta de Kant visa, pois, convencer-nos da inadequação da concepção alternativa de nós mesmos. A concepção de nós mesmos como nada mais senão máquinas é inadequada, na visão de Kant, se considerada como uma explicação *suficiente* de nossa natureza. Assim, nos parágrafos que começam ao final de (450), Kant afirma que temos de, pelo contrário, considerar-nos *tanto* enquanto criaturas determinadas por leis naturais em tudo o que fazemos, *como* enquanto capazes de liberdade. Para Kant, há boas razões para que nos pensemos em cada uma dessas formas. Ambas as concepções de nós mesmos ou os pontos de vista são legítimos ou bem fundados, e nenhum deles é por si mesmo suficiente enquanto uma explicação de nossa natureza.

Kant introduz a ideia dos dois pontos de vista em (450ss.). Do primeiro ponto de vista, ele diz, nós nos pensamos como "causas eficientes *a priori*"; do segundo, nós nos pensamos como "efeitos que vemos diante de nossos olhos". Para facilitar, na sequência eu me refiro ao primeiro ponto de vista como o "ponto de vista da liberdade". Desse ponto de vista nós nos consideramos como autônomos, como dotados da causalidade da razão prática, através da qual damos leis a nós mesmos. Eu me refiro ao segundo ponto de vista como o "ponto de vista da natureza". Desse segundo ponto de vista, nós nos consideramos como objetos da natureza, observáveis pelos sentidos e completamente determinados por leis naturais.

Eu irei agora oferecer uma descrição mais detalhada de cada um desses pontos de vista. Na sequência eu considerarei o motivo de Kant considerar inadequado o ponto de vista da natureza. Como se trata de temas que abordei em minha introdução, eu irei aqui repetir alguns dos pontos centrais daquela discussão anterior.

5.3 O ponto de vista da natureza

A primeira coisa a se notar sobre o sistema descrito por esse ponto de vista é que ele é completamente determinista. Do interior do ponto de vista da natureza, o ponto de vista a que Kant frequentemente se refere como o "mundo dos sentidos", não há liberdade. Tudo o que acontece é o produto de forças causais antecedentes. Por forças causais Kant entende as leis mais gerais da natureza (leis da mecânica newtoniana), às quais as ciências específicas, como a Biologia, a Psicologia e a Química, têm de conformar-se. Os objetos determinados por essas leis são objetos da experiência possível ou, como Kant os denomina, "fenômenos".

Como sabemos, segundo a definição de Kant, um fenômeno é um objeto dado no espaço e tempo. Fenômenos externos são dados no espaço e no tempo; experiências internas (como a alegria que eu sinto agora antecipando o *sundae* com calda de caramelo que irei tomar) são dadas apenas no tempo. Kant identifica o espaço e tempo como "formas *a priori* da intuição". Eles são *a priori* na medida em que estão em nós anteriormente a qualquer experiência sensível. Nós os trazemos à experiência ao invés de dela os abstrairmos. Ademais, espaço e tempo são formas da intuição e, pois, opostos às formas do pensamento. Ao passo que conceitos *a priori* ("categorias") representam o constrangimento a que está sujeito o pensamento dos objetos, as formas *a priori* da intuição condicionam o modo como objetos têm de ser-nos dados na sensação. Nós podemos conhecer objetos teoricamente (e não meramente pensá-los) apenas se eles são tanto pensados através das categorias como dados por meio das formas de espaço e tempo. Dito de outra forma, os únicos objetos possíveis do conhecimento teórico são os fenômenos.

Quando nós consideramos os sujeitos humanos como "efeitos que vemos diante de nossos olhos", nós os consideramos como possíveis objetos da experiência, como fenômenos. Considerar os sujeitos humanos dessa forma significa pensar todas as suas propriedades, incluindo suas ações e intenções, como causadas pela natureza. Enquanto um fenômeno ou enquanto pertencente ao "mundo dos sentidos", um sujeito humano é programado pela natureza para procurar sua própria felicidade ou bem-estar; ele é determinado de forma heterônoma em tudo o que faz. Ele não tem uma vontade livre.

5.4 O ponto de vista da liberdade

Se considerarmos os objetos em abstração de nossas formas de intuição, o que permanece, Kant nos diz, são coisas em si mesmas. Embora pensáveis, coisas em si estão fora de espaço e tempo e não são, portanto, objetos da experiência. Um exemplo frequentemente citado por Kant de um objeto que não é um objeto possível da experiência é Deus. Se assumirmos, como Kant o faz, que Deus é um ser que transcende espaço e tempo, então Ele não é um objeto adequado para a investigação científica. Pelo contrário, Deus é um objeto do conhecimento prático ou da fé.

Ocorre o mesmo com a análise de Kant a respeito do conceito de vontade livre. Para ele, a vontade livre não é encontrada em nenhum lugar do reino da natureza. Ela não é uma propriedade natural ou empírica de sujeitos humanos. Ela pertence apenas aos sujeitos concebidos como membros daquilo a que Kant agora se refere como o "mundo intelectual", "mundo inteligível" ou, mais literalmente, "mundo do entendimento"[169]. Como membros do mundo intelectual, os sujeitos não estão nem no espaço nem no tempo. Como livres, eles possuem uma forma especial, não empírica de causalidade. Nesses parágrafos da seção III, Kant descreve

---

169. Em (452) Kant chama nossa atenção para a distinção em seu sistema entre a faculdade da razão e a faculdade do entendimento. Para Kant, a faculdade do entendimento é a faculdade dos conceitos, incluindo os conceitos *a priori* que ele identifica como "categorias". As categorias têm como função unificar, enquanto um conteúdo pensável, o conteúdo dado a nós na sensibilidade. Do ponto de vista do conhecimento teórico, portanto, as categorias só se aplicam legitimamente aos fenômenos. Por sua vez, a faculdade da razão é a faculdade das "ideias". As ideias se referem a objetos que *não* são dados na sensação, p. ex., objetos como Deus, liberdade e imortalidade. Como Kant nota em (452), sob certa perspectiva a razão goza de uma independência em relação ao domínio da sensibilidade maior do que a do entendimento. Como seus objetos não são dados na sensação, a razão "ultrapassa assim tudo o que a sensibilidade possa lhe fornecer".

essa forma especial de causalidade como uma "atividade pura" ou "espontaneidade" (452). Uma vontade livre é uma forma espontânea de causalidade na medida em que tem o poder de iniciar uma série causal de um ponto de vista fora do tempo[170].

5.5 Sobre os limites do ponto de vista da natureza (451-463)

Como chamei atenção em minha introdução, Kant nunca coloca em dúvida a ideia de que a liberdade não pode ser descoberta em nenhum lugar do reino da natureza. Ele defende sem restrições a concepção segundo a qual a natureza ou mundo dos sentidos é um sistema determinista. Contudo, ele de fato insiste que o ponto de vista da natureza é incompleto ou limitado de alguma forma. Essa última tese é uma pedra angular de seu argumento pelo qual não só estamos autorizados a pensar-nos sob a ideia da liberdade, como também "temos" de pensar-nos dessa maneira.

Em minha introdução eu examinei dois dos argumentos de Kant em favor do estabelecimento da realidade da liberdade humana. O primeiro conclui, por fundamentos teóricos, que podemos legitimamente pensar-nos como livres. O segundo demonstra, novamente por fundamentos teóricos, que nós não temos outra opção senão pensar-nos como livres. Podemos resumir o primeiro argumento da seguinte maneira: Kant está convencido de ter estabelecido na *Crítica da Razão Pura* as condições necessárias e *a priori* da experiência humana. Ele demonstrou que os objetos do sentido têm de ser-nos dados através das formas *a priori* da intui-

---

[170]. Como Kant explica em A 551-2/B 579-80 da *CRP*, "[a] causalidade da razão no caráter inteligível não surge ou se inicia em um certo tempo para produzir um efeito. Pois nesse caso ela estaria ela própria submetida à lei natural dos fenômenos, já que esta determina séries causais no que diz respeito ao tempo; e a causalidade seria então natureza, não liberdade".

ção, espaço e tempo, e também que eles têm de ser pensados através dos conceitos *a priori* do entendimento ou categorias. Em (451) da *Fundamentação*, Kant nos chama a atenção para uma consequência importante dessa tese. De tal tese sobre as condições da experiência humana segue-se, Kant escreve, que somos capazes de conhecer "os objetos apenas da maneira como eles nos afetam, permanecendo-nos desconhecido o que possam ser em si". Embora possamos conhecer objetos como eles aparecem para nós, ou seja, conforme eles são dados a nós no espaço e no tempo, nós não temos legitimidade alguma para pretender conhecer os objetos considerados à parte de nossas formas da sensibilidade. Por conseguinte, nós não podemos conhecer objetos como eles são "em si mesmos".

Kant acredita ter realmente estabelecido um fato necessário sobre nós, a saber, que intuímos ou temos a sensação de objetos através das formas *a priori* de espaço e tempo. Ao mesmo tempo, contudo, Kant reconhece não ser possível estabelecer que nossas formas da sensibilidade sejam as únicas formas que existem. Em outras palavras, não possui fundamento algum a afirmação que exclui, dogmaticamente, a possibilidade de outros seres intuírem objetos de forma diversa ou possuírem uma experiência da natureza de maneira diferente da nossa. Esse reconhecimento dos limites do que podemos conhecer de uma perspectiva teórica é precisamente o que permite a especulação sobre outras formas de experiência. Abre-se assim a possibilidade de que a causalidade da natureza, da maneira como nós temos dela experiência, possa não ser a única forma de causalidade que existe. Kant nos lembra disso na seção III da *Fundamentação* quando escreve que o "mundo sensível" pode ser "muito diverso, segundo a diversidade da sensibilidade nos vários espectadores do mundo" (451). Como a causalidade da natureza pode não ser a única forma de causalidade que existe, é-nos permitido especular sobre a causalidade da liberdade. Nós não podemos nunca estabelecer teoricamente que temos liberdade; não obstante, é-nos permitido, segundo fundamentos teóricos, pensar-nos como livres.

O segundo argumento de Kant se apoia na premissa de que a investigação teórica ou científica não é autossuficiente. Na base da investigação empírica encontram-se teses para cuja justificação ela carece de recursos. Por exemplo, ela precisa pressupor uma causalidade da liberdade, mesmo a liberdade não sendo um possível objeto de seu conhecimento. Em minha introdução eu expliquei o argumento por trás desse segundo argumento com referência a uma lei identificada por Kant como um princípio *a priori* da possibilidade da experiência, a saber, a lei que expressa a causalidade da natureza. Essa lei afirma "que nada acontece sem uma causa suficientemente determinada *a priori*"[171]. A lei se apoia na ideia de uma causa que é suficiente – uma causa que não tem, ela mesma, uma causa. Como Kant nota, contudo, a ideia de uma causa suficiente ou incondicionada refere-se a um objeto que não é em si mesmo um objeto possível da experiência. A lei que expressa a causalidade da natureza, assim, postula a ideia de uma forma não empírica de causalidade. Uma vez que tudo o que acontece na natureza acontece em conformidade com a causalidade da natureza, tudo o que acontece na natureza depende, em última instância, da pressuposição dessa causa não empírica. Se quisermos explicar tudo o que acontece no interior do domínio da natureza, nós então não temos outra opção senão pressupor uma causa suficiente não empírica e não temporal. Trata-se de uma causa que é espontânea ou livre.

---

[171]. *CRP* A 446/B 474.

5.6 Kant é inconsistente com respeito à incognoscibilidade das coisas em si? (453)

À luz da repetida insistência de Kant em afirmar que não nos é possível conhecer teoricamente as coisas em si, nós podemos achar problemático que ele pareça sugerir que podemos ter o conhecimento de que as coisas em si "subjazem" aos fenômenos ou "estão no fundamento" dos mesmos. Em uma significativa passagem Kant escreve:

> o mundo inteligível contém o fundamento do mundo sensível, por conseguinte também das leis do mesmo (453).

Kant parece, assim, sugerir ser possível para nós ter o conhecimento de que fenômenos são fundados ou causados por coisas em si mesmas. Contudo, como ele pode consistentemente sugerir que temos esse conhecimento da relação dos fenômenos com as coisas em si e, ao mesmo tempo, que nós somos necessariamente ignorantes das coisas em si?

Partindo do princípio de caridade, podemos dizer que Kant não é culpado de inconsistência. Quando ele escreve que o "mundo inteligível contém o fundamento do mundo sensível", ele não está ignorando seu argumento que demonstra a incognoscibilidade do mundo inteligível. A tese é, antes, uma tese sobre os limites do nosso conhecimento a respeito do mundo sensível. O objetivo de Kant aqui é, uma vez mais, lembrar-nos que a investigação científica ou teórica apoia-se em teses sobre objetos que não podemos nunca conhecer – objetos ou "coisas em si" que pertencem propriamente ao mundo inteligível. O mundo inteligível "contém o fundamento" do mundo sensível na medida em que nosso conhecimento do mundo sensível exige, para sua completude, teses sobre o mundo inteligível. Kant não incorre em inconsistência alguma, pois assunções ou pressuposições sobre o mundo inteligível não se confundem com pretensões do conhecimento teórico.

6 Como é possível um imperativo categórico?

Após nos ter lembrado dos resultados de seus esforços na *Crítica da Razão Pura*, Kant acredita que estamos agora preparados adequadamente para compreender a solução ao problema que ele procura resolver na seção III. Consideremos mais uma vez a estratégia de sua solução:

> Eu digo agora: todo ser que não pode agir senão *sob a ideia da liberdade* é, por isso mesmo, de um ponto de vista prático, realmente livre (448).

Kant raciocina da seguinte forma: se ele conseguir estabelecer a verdade da premissa, a saber, que há seres que não podem agir "senão sob a ideia da liberdade", seu trabalho estará então realizado. Ele terá justificado sua conclusão de que tais seres são "realmente livres de um ponto de vista prático". Recordemos o que significa estabelecer que somos realmente livres de um ponto de vista prático. Em primeiro lugar, isso significa que estamos autorizados a pensar-nos como seres que estão fora do mundo sensível, como capazes de dar leis a nós mesmos devido à nossa liberdade no sentido positivo da autonomia. Em segundo lugar, como a lei que damos a nós mesmos como vontades puras ou autônomas é o imperativo categórico, isso significa também que temos um direito de pensar-nos como ligados à lei moral. Nós temos esse direito, pois a investigação de Kant a respeito dos limites do conhecimento teórico revelou que nossa forma da experiência pode não ser a única forma possível.

Estabelecer que somos "realmente livres de um ponto de vista prático", contudo, significa também uma outra coisa, a saber, demonstrar que nós "temos de" pensar-nos dessa forma (452, 457). Nós temos de fazê-lo, pois nosso conhecimento teórico ou científico – nosso conhecimento da natureza – depende, para sua possibilidade mesma, da pressuposição de uma causa não causada ou espontânea, uma causa que não pode ser descoberta no domínio da natureza. Em outras palavras, Kant acredita que sua investigação a respeito dos limites de nosso conhecimento teórico concluiu que a investigação teórica ou científica exige o ponto de vista prático como uma condição de sua possibilidade mesma. O conhecimento teórico não é autossuficiente; ele se apoia em teses ou pressupostos que ele não tem como justificar[172].

Como sabemos, Kant insiste que não é a análise do conceito de uma vontade pura ou racional que estabelece nosso direito de pensar-nos como livres e a necessidade de fazê-lo. A análise não pode provar que "a vontade de todo ser racional está necessariamente ligada" à lei moral "como uma condição" (440). Kant sugere que a análise só poderia ter alguma utilidade para nós caso nossa vontade fosse perfeita. Nós poderíamos então estabelecer meramente através do exame do conceito de uma vontade pura que tal vontade age necessariamente segundo a lei moral. Contudo, como nossa vontade é imperfeita – como nós somos seres afetados pela natureza –, não é claro se agimos segundo a lei moral, isso para não mencionar se temos a lei como um constrangimento válido para nossas máximas.

---

[172]. Uma passagem em que Kant é explícito sobre isso encontra-se em CRP A 543/B 571. Ele sugere aqui que, sem a pressuposição de uma causalidade da liberdade para além da causalidade na natureza, nós perderíamos não apenas a possibilidade da imputação moral, mas também nossa ciência da natureza. Ele nos lembra desse ponto no último parágrafo da *Fundamentação*.

6.1 Uma questão sobre a rejeição kantiana do método analítico de prova

Esse é um bom momento para colocar uma questão sobre os motivos de Kant para desqualificar a análise como seu método para provar a realidade de nossa liberdade. Em (447) Kant caracteriza como sua tarefa aquela de demonstrar uma conexão necessária entre o conhecimento de uma "vontade absolutamente boa" e o de uma vontade que deve sempre agir segundo máximas universalizáveis. Eu argumentei anteriormente, na seção 2.2., que por "vontade absolutamente boa" Kant entende não a vontade perfeita, mas a vontade pura ou autônoma, a vontade que é capaz de dar a si mesma a lei moral. Eu sugeri que, para Kant, a análise é incapaz de estabelecer que nossa vontade racional age segundo as exigências do dever e sequer que ela as reconhece como válidas. Apoiei minha interpretação sobre evidências extraídas de discussões iniciais de Kant sobre a tarefa que tinha diante de si, por exemplo, quando ele nos diz em (440) que a análise não pode provar que a "vontade de todo ser racional é necessariamente" ligada à lei moral "como uma condição".

O mais curioso é o seguinte: dada a própria definição kantiana de uma vontade pura ou racional – a saber, como uma vontade que é autônoma e, portanto, capaz de dar a si mesma a lei moral –, por que da análise de uma tal vontade *não* se segue que ela está "necessariamente ligada" à lei? Decerto, Kant enfatiza precisamente essa conexão conceitual nos primeiros parágrafos da seção III. Ele insiste aqui que, se compreendemos corretamente o conceito de autonomia, então sabemos que "uma vontade livre e uma vontade sob leis morais são uma e a mesma coisa" (447).

A solução para esse problema torna-se evidente dois parágrafos depois, mais precisamente na discussão de Kant em (447). A passagem crucial nesse sentido é sua observação de que "[n]ão basta atribuir liberdade à nossa vontade, não importa por qual fundamento"; pelo contrário, Kant prossegue, nós podemos "atribuir a liberdade a todos os seres racionais". Nós poderíamos, decerto, simplesmente postular que todas as vontades racionais, incluindo as vontades racionais humanas, são vontades puras ou autônomas. Nós poderíamos, então, apoiar-nos de fato no método de análise para tornar explícito o significado ou conteúdo de nosso conceito de uma vontade pura. Porém, isso não nos leva muito longe. Pois, como Kant sugere aqui, nós queremos saber mais do que simplesmente aquilo que está contido em nosso conceito de uma vontade livre ou autônoma. Nós queremos, ademais, alguma forma de provar que a liberdade é "algo real [...] em nós mesmos e na natureza humana". Quando Kant argumenta que nós não apenas podemos, mas até mesmo temos de "transferir-nos [...] para o mundo inteligível", sua intenção é responder precisamente a essa demanda (453).

6.2 O "terceiro conhecimento"

Já em (447) Kant fez a seguinte pergunta: "Como é possível um imperativo categórico"? Como vimos, a dificuldade de provar a possibilidade do imperativo categórico liga-se a seu estatuto como uma proposição sintética *a priori*. O imperativo é sintético e não analítico, pois não podemos, meramente pela análise do conhecimento de uma vontade absolutamente boa, derivar o "conhecimento" de que a máxima de uma tal vontade deve "sempre" ser apta a tornar-se uma lei universal. Kant afirma que, se há uma conexão necessária entre dois conhecimentos, ela então tem de ser possível por meio de algum "terceiro conhecimento". Esse terceiro conhecimento, Kant nota, é o "conceito positivo de liberdade", a ideia de liberdade como autonomia.

Nós estamos agora em condições de explicar o sentido em que, para Kant, a ideia de liberdade fornece o terceiro conhecimento exigido. Kant acredita ter estabelecido o terceiro conhecimento ao assegurar nosso *direito* de considerarmo-nos como livres, assim como a *necessidade* de fazê-lo. Dito de outra forma, ele acredita ter demonstrado que nós somos seres que não podemos agir "senão *sob a ideia da liberdade*" (448). Tendo justificado sua premissa de que não podemos agir "senão *sob a ideia da liberdade*", Kant pode agora concluir com segurança que somos "realmente livres de um ponto de vista prático".

7 Do extremo-limite de toda a filosofia prática

O objetivo principal de Kant nessa última subseção da *Fundamentação* é alertar-nos contra possíveis interpretações equivocadas sobre a natureza daquilo que ele realizou na obra. Assim como em outros de seus principais escritos filosóficos, aqui também Kant está preocupado em circunscrever com muito cuidado os limites do que podemos conhecer. Ele acredita ter estabelecido na *Fundamentação* nosso direito de pensar-nos como livres, bem como a necessidade de nosso pensamento de nós mesmos como livres. Mas Kant nos lembra aqui que ele *não* estabeleceu que a liberdade da vontade é um possível objeto de nosso conhecimento teórico ou científico. Esse é o motivo pelo qual Kant inicia essa subseção com a asserção de que "a liberdade não é [...] um conceito da experiência". A liberdade não é um conceito da experiência porque, para Kant, ela se refere a uma forma de causalidade que não pode ser descoberta no domínio da natureza. A liberdade é, pois, incognoscível de um ponto de vista científico.

Nos parágrafos finais da *Fundamentação*, essa tese kantiana sobre o estatuto da liberdade assume a forma de uma repetida abstenção: Kant nos diz muitas vezes que a ideia da liberdade não pode ser nem explicada nem compreendida. "[A] razão [...] transgrediria todos os seus limites", Kant escreve, se quisesse "explicar *como é possível a liberdade*" (458ss.). Kant não está sugerindo aqui que o conceito de liberdade é incoerente ou ininteligível. Ele tampouco está suprimindo o que acreditava ter assegurado nos parágrafos anteriores da seção III, a saber, nosso direito de pensar-nos como livres. Quando Kant afirma que nós não podemos nem explicar nem compreender a ideia da liberdade, seu objetivo é, antes, sublinhar que nenhuma explicação da liberdade aparecerá no interior do ponto de vista da natureza. Como ele escreve, nós não podemos explicar ou compreender a ideia da liberdade, pois somente são possíveis explicações para objetos "que podem ser dados em alguma experiência possível" (459). Nesse contexto, por "explicação" Kant claramente entende explicação científica. Os objetos da explicação científica têm de ser empíricos; eles têm de ser capazes de aparecer para nós no espaço e no tempo. A liberdade da vontade, como Kant a define, não se encaixa nessa categoria.

Como a ideia de liberdade não pode ser nem compreendida nem explicada do interior do ponto de vista da natureza, tampouco é-nos permitido esperar, do interior desse ponto de vista, uma elucidação sobre como nós podemos ser efetivamente motivados pelas leis da liberdade. Não podemos, pois, explicar como é possível que tomemos um interesse na moralidade (460). Tudo o que podemos explicar do interior do ponto de vista da natureza é como objetos empíricos ou fenômenos reagem a forças deterministas da natureza. Nós podemos remontar a origem de nossos pensamentos e ações a alguma condição antecedente, a impulsos ou desejos sensíveis que os causaram. Mas não é possível explicar a origem do que Kant chama nesses parágrafos de "sentimento moral" ou "interesse prático". O sentimento moral não tem uma causa sensível ou temporalmente antecedente. Ele surge como reação a uma causa que está fora do espaço e tempo, em reação a uma ideia da razão (460n.).

Se assumíssemos que o ponto de vista da natureza é suficiente para explicar tudo o que buscamos explicar, nós seríamos então forçados a concluir que a tese da realidade objetiva da liberdade é, como Kant escreve, "duvidosa"; pois a liberdade não é o tipo de objeto cuja realidade é suscetível de uma prova científica. Se assumíssemos que o ponto de vista da natureza é suficiente, nós não teríamos então como fugir da contradição que surge quando afirmamos, por um lado, que nossa vontade é determinada pela necessidade natural e, por outro, que ela é também livre. Nós não teríamos como evitar o que Kant denomina aqui a "dialética da razão" (455).

É claro que Kant acredita ter mostrado como evitar essa contradição ou dialética. O ponto central para tanto repousa na rejeição da tese de que o ponto de vista da natureza é suficiente para satisfazer os interesses da razão. Uma vez admitida a legitimidade de admitirmos, ademais, o ponto de vista prático (o ponto de vista da liberdade), nós então nos concedemos a permissão de considerar o mesmo objeto de dois pontos de vista. Do ponto de vista da natureza, um sujeito não tem liberdade. Porém, como agora nos é permitido considerar-nos também do ponto de vista da liberdade, nós podemos pensar-nos como também pertencentes a uma "ordem diferente das coisas". Considerados do ponto de vista da liberdade, nós temos uma vontade pura e, pois, somos capazes de dar leis a nós mesmos. De um ponto de vista prático, nós podemos legitimamente pensar-nos como causas de nós mesmos ou livres.

Como sabemos, Kant acredita ter assegurado, segundo fundamentos teóricos, a legitimidade da solução dos dois pontos de vista. Pois, se tomamos o ponto de vista da natureza como suficiente para satisfazer os interesses da razão, nós admitimos sem legitimidade alguma que nossa experiência da natureza é a única forma de experiência que existe. Nós esquecemos, além disso, que os princípios sobre os quais a investigação científica em última instância repousa não são princípios que a ciência é, por si mesma, capaz de justificar. Kant ressalta essa segunda justificativa teórica para o ponto de vista prático quando, no último parágrafo da *Fundamentação*, afirma que a satisfação completa dos interesses da razão – incluindo os interesses da investigação científica – exige que postulemos uma condição incondicionada, uma condição que exceda os limites do conhecimento humano.

REFERÊNCIAS

Traduções consultadas de obras de Kant em português[1]

Crítica da Razão Pura. Trad. Fernando Costa Mattos. Petrópolis: Vozes, 2012.

Crítica da Razão Prática. Trad. Monique Hulshof. Petrópolis: Vozes, 2016.

Fundamentação da Metafísica dos Costumes. Trad. Guido Antônio de Almeida. São Paulo: Discurso/Barcarolla, 2009.

Fundamentação da Metafísica dos Costumes. Trad. Paulo Quintela. Lisboa: Ed. 70, 2005.

Metafísica dos Costumes – Primeiros princípios metafísicos da Doutrina do Direito Trad. Clélia Aparecida Martins. • Primeiros princípios metafísicos da Doutrina da Virtude. Trad. Bruno Nadai, Diego Kosbiau Trevisan e Monique Hulshof. Petrópolis, Vozes, 2013.

Biografias

CASSIRER, E. *Kant's Life and Thought*. Trad. James Haden. New Haven, CT: Yale University Press, 1981.

---

[1]. Com exceção desta subseção das Referências, todas as demais são de responsabilidade da autora [N.T].

KUEHN, M. *Kant*: A Biography. Cambridge: Cambridge University Press, 2001.

SCHULTZ, U. *Immanuel Kant*. Reinbek bei Hamburg: Rowohlt Taschenbuch Verlag, 2003.

Outras obras citadas

ALLISON, H.E. *Kant's Theory of Freedom*. Cambridge: Cambridge University Press, 1990.

AMERIKS, K. *Kant and the Fate of Autonomy*: Problems in the Appropriation of the Critical Philosophy. Cambridge: Cambridge University Press, 2000.

BARON, M.W. *Kantian Ethics Almost without Apology*. Ithaca, NY: Cornell University Press, 1995.

BAUM, M. "Recht und Ethik in Kants praktischer Philosophie". In: STOLZENBERG, J. (ed.). *Kant in der Gegenwart*. Berlim/Nova York: Verlag Walter de Gruyter, 2007.

BECK, L.W. *A Commentary on Kant's Critique of Practical Reason*. Chicago/Londres: University of Chicago Press, 1960.

CARUS, P. (trad. e ed.). *Goethe and Schiller's Xenions*. Chicago, IL: The Open Court, 1896.

ENGSTROM, S. "Kant's conception of practical wisdom". *Kant-Studien*, 88, 1997, p. 16-43.

FLEISCHACKER, S. "Values Behind the Market: Kant's Response to the 'Wealth of Nations'". *History of Political Thought*, XVII, 1996, p. 379-407.

GERHARDT, V.; HORSTMANN, R.P. & SCHUMACHER, R. (eds.). *Kant und die Berliner Aufklärung*: Akten des IX. Internationalen Kant-Kongresses. Berlim/Nova York, NY: Verlag Walter de Gruyter, 2001.

GREENE, T.M. "The Historical Context and Religious Significance of Kant's 'Religion'". In: GREENE, T.M. & HUDSON, H.H. (trad.). *Religion within the Limits of Reason Alone*. Nova York: Harper & Row, 1960, p. ix-lxxviii.

GREGOR, M.J. "Translator's Introduction to the Metaphysics of Morals". In: GREGOR, M.J. (trad. e ed.). *The Metaphysics of Morals*. Cambridge: Cambridge University Press, 1991, p. 1-31.

_____. "Translator's Introduction to the Doctrine of Virtue". In: *Part II of the Metaphysics of Morals*. Trad. Mary J. Gregor. Filadélfia, PA: University of Pennsylvania Press, 1964, p. xvii-xxxvi.

_____. *Laws of Freedom*. Nova York, NY: Barnes & Noble, 1963.

GUYER, P. "The Form and Matter of the Categorical Imperative". In: GERHARDT, V.; HORSTMANN, R.-P. & SCHUMACHER. R. (eds.). *Kant und die Berliner Aufklärung*: Akten des IX. Internationalen Kant-Kongresses, p. 131-150.

GUYER, P. (ed.). *Kant on Freedom, Law, and Happiness*. Cambridge: Cambridge University Press, 2000.

HERMAN, B. *The Practice of Moral Judgment*. Cambridge, MA/ Londres: Harvard University Press, 1993.

HORN, C. "Kant on Ends in Nature and in Human Agency". In: HORN, C. & SCHÖNECKER, D. (eds.). *Groundwork for the Metaphysics of Morals*. Berlim/Nova York, NY: Verlag Walter de Gruyter, 2006, p. 45-71.

HORN, C. & SCHÖNECKER, D. (eds.). *Groundwork for the Metaphysics of Morals*. Berlin/Nova York, NY: Verlag Walter de Gruyter, 2006.

KORSGAARD, C.M. (ed.). *Creating the Kingdom of Ends*. Cambridge/Nova York, NY: Cambridge University Press, 1996.

LOUDEN, R. *Kant's Impure Ethics*: From Rational Beings to Human Beings. Oxford/Nova York, NY: Oxford University Press, 2000.

O'NEILL, O. *Constructions of Reason*: Explorations of Kant's Practical Philosophy. Cambridge: Cambridge University Press, 1989.

PATON, H.J. *The Categorical Imperative*: A Study in Kant's Moral Philosophy. Filadélfia, PA: University of Pennsylvania Press, 1971.

REATH, A. *Agency and Autonomy in Kant's Moral Philosophy*. Oxford: Clarendon, 2006.

_____. "Kant's Theory of Moral Sensibility: Respect for the Moral Law and the Influence of Inclination". *Kant-Studien*, 80 (1989), p. 284-302.

SCHMIDT, C.M. "The anthropological dimension of Kant's Metaphysics of Morals". *Kant-Studien*, 96, 2005, p. 66-82.

SEDGWICK, S. "On Lying and the Role of Content in Kant's Ethics". *Kant-Studien*, 82, 1991, p. 42-62.

WILLASCHEK, M. "Practical Reason". HORN, C. & SCHÖNECKER, D. (eds.). *Groundwork for the Metaphysics of Morals*, p. 130-132.

WILLIAMS, B. "Persons, Character and Morality". In: *Moral Luck*: Philosophical Papers 1973-1980. Cambridge: Cambridge University Press, 1981, p. 1-19.

WOOD, A. "The Good without Limitation". In: HORN, C. & SCHÖNECKER, D. (eds.). *Groundwork for the Metaphysics of Morals*, p. 25-44.

_____. *Kant's Ethical Thought*. Nova York, NY: Cambridge University Press, 1999.

Obras gerais sobre Kant não citadas

ALLISON, H.E. *Idealism and Freedom*: Essays on Kant's Theoretical and Practical Philosophy. Cambridge: Cambridge University Press, 1996.

BECK, L.W. "Apodictic Imperatives". *Kant-Studien*, 49, 1957/1958, p. 7-24.

DENIS, L. "Kant's Ethics and Duties to Oneself". *Pacific Philosophical Quarterly*, 78, 1997, p. 321-348.

EBBINGHAUS, J. "Interpretation and Misinterpretation of the Categorical Imperative". *Philosophical Quarterly*, IV, 1954, p. 97-108.

ENGSTROM, S. "The Concept of the Highest Good in Kant's Moral Theory". *Philosophy and Phenomenological Research*, 52, 1992, p. 747-780.

_____. "Conditioned Autonomy". *Philosophy and Phenomenological Research*, 48, 1988, p. 435-453.

HILL JR., T.E. *Human Welfare and Moral Worth*: Kantian Perspectives. Oxford/Nova York, NY: Oxford University Press, 2002.

_____. *Autonomy and Self-Respect*. Cambridge: Cambridge University Press, 1991.

NELL, O. (O'Neill). *Acting on Principle*: An Essay on Kantian Ethics. Nova York, NY/Londres: Columbia University Press, 1975.

SCHNEEWIND, J.B. *The Invention of Autonomy*. Cambridge: Cambridge University Press, 1998.

SULLIVAN, R. *An Introduction to Kant's Ethics*. Cambridge/Nova York, NY: Cambridge University Press, 1994.

TIMMERMANN, J. *Kant's "Groundwork of the Metaphysics of Morals"*: A Commentary. Cambridge: Cambridge University Press, 2007.

Coletâneas não citadas

ENGSTROM, S. & WHITING, J. (eds.). *Aristotle, Kant, and the Stoics*. Nova York, NY: Cambridge University Press, 1996.

GUYER, P. (ed.). *Kant's Groundwork of the Metaphysics of Morals*: Critical Essays. Totowa, NJ: Rowman & Littlefield, 1998.

TIMMONS, M. (ed.). *Kant's Metaphysics of Morals*: Interpretative Essays. Oxford: Oxford University Press, 2002.

Índice

Amor
  patológico *vs*. prático 111

Analítico
  método 73-77, 79-82, 225-227, 237, 248, 286s.
  seção da *Fundamentação* 74-77

Antropologia 64-66, 68

Autonomia 213-222, 224-229, 237s., 241, 243, 246, 249-252
  como fundamento da dignidade 219s.
  como princípio da moralidade 224-229
    cf. tb. determinação da vontade, autônomo.

Bem, sumo 95s., 134

Bens, condicionais *vs*. incondicional 84s.

Causalidade
  da liberdade 48-53, 279s., 282, 285
  da natureza 250, 280-282, 288-291

Ceticismo
  humeano 38s.
  sobre a moralidade 130-132

Circularidade 269-284

Coisas em si 283s.

Compatibilismo 42

Conhecimento material *vs.* formal 58-61

Conhecimento racional moral comum 73-76, 81s., 120s., 125-128, 136, 201-238, 245s.
  vs. opinião popular 136s.

Contradição
  no conceito 176-179, 182
  na vontade 182

Cristianismo 30

Deontologia *vs.* teleologia 92-95

Determinação da vontade
  autônoma 219s., 224-226, 229
  heterônoma 167, 216, 228s., 251, 267-269
    cf. tb. Heteronomia

Determinismo
  de Kant 45
  universal 41-45

Deus 279
  como objeto transcendental 50
  provar a existência de 30-32

Deveres
  agir por 105-108
  de virtude 23, 25, 184
    cf. tb. Deveres éticos
  éticos 22-24
  jurídicos 23-25

não é um conceito da experiência 130s.
perfeitos *vs.* imperfeitos 170, 182-186

Dignidade 26, 220, 223
relação com autonomia 219s.

Dogmatismo 67

Doutrina
da virtude 22-25, 93s.
do direito 22-25, 93s.

Epicuro e epicuristas 29

Espaço e tempo 49s., 281
cf. tb. Intuição, formas da

Espontaneidade 280

Estoicismo 236

Ética
aplicada 19-53
objeto da 59s., 63
parte empírica da 62-66
parte material da 59, 61s.
parte pura ou metafísica da 68-72
significado de 23s., 57-65

Felicidade
como um bem condicional 84-87
como um fim 34s., 122-125, 152-155, 188-191, 242, 267
dever de assegurar a 32, 109s.
fundar a moralidade na 33-40, 188-191

indeterminação da 154s.
princípio da 33-40, 231
sobre assegurar a 88-91
sobre promover a 34
tornar-se digno da 32

Fenômeno 49, 59, 278, 283

Filosofia moral popular 73, 75s., 79s., 129, 134

Filosofia prática
definição de 18
popular 75s., 79s., 133-137

Física, empírica *vs.* parte pura da 62s.

Fundação
empírica 33-39, 70
racional 30-32, 39-43
teológica 29, 31s.

Heteronomia 228-237, 251
como princípio da moralidade 228-237
cf. tb. Determinação da vontade, heterônoma

Hume, David 35s., 38s.
cf. tb. ceticismo, humeano

Hutcheson, Francis 234

Imperativo categórico
como princípio prático supremo 19-29
como sintético 254-260, 287

equivalência das fórmulas 211-213, 221-223
　　fórmula da autonomia 213-217
　　fórmula da lei universal
　　fórmula da natureza 167-178
　　fórmula do reino dos fins 221-223
　　matéria e forma 165-167
　　realidade do 198, 237, 284-291
　　　cf. tb. Lei prática suprema

Imperativos 143, 151s., 196-202
　assertóricos hipotéticos 147-154
　categóricos 149-152, 158-170
　categóricos *vs.* hipotéticos 144-146, 196s.
　hipotéticos 144-163, 233, 239-241
　problemáticos hipotéticos 146s.

Inclinação
　agir por 97, 99-109
　da felicidade 109s., 122-125, 152s.
　natureza da 103s.

Intenção moral, evidência de 130

Interesse prático 215s., 290s.

Intuição, formas da 49s., 278, 280s.
　　cf. tb. Espaço e tempo

Juízos, empíricos *vs.* não empíricos 35-37, 133
　necessários 28, 133
　universais 28, 39, 59

Lei prática suprema
　como o imperativo categórico 25-29, 55-57, 66
　fundação da 54-57, 283-285
　necessidade da 28, 240-246
　primeira aparição da 119s.
　universalidade da 26-28
　　cf. tb. Imperativo categórico

Leis
　da razão 28s.
　metafísicas 66-68

Liberdade
　causalidade da 48, 51-53
　como autonomia 249-252
　comparativa 43s., 46s.
　　cf. tb. Liberdade psicológica
　ideia de 19, 264s., 287-289
　possibilidade da 40, 48s.
　psicológica 43s., 46s.
　realidade da 280, 290
　salvando a 45-53
　sentidos negativo e positivo da 250-288
　transcendental 46-53

Lógica
　natureza formal da 58
　natureza pura da 61s.

Máximas 112s.

Metafísica
dos costumes 21-25, 65s.
significado de 67s.

Móbiles 201
vs. motivos 83

Moralidade
nosso interesse pela 266-273
significado de 23s.

Natureza
causalidade da 52s.
domínio da 30

Newton, Isaac 16

Objetos transcendentes 50

Perfeição
conceito de 235s.
moral 134

Pietismo 15s.

Pontos de vista, dois 274-282

Razão
destinação da 88, 90
cf. tb. Razão prática, fim da
fins da 188-191, 201-204

Razão prática
  como autora da lei moral 133s., 137-140, 252-254
  crítica da 76s.
  faculdade da 26, 31, 88-90, 138-140, 264s.
  fim da 96, 201-204

Regra de ouro 209

Reino dos fins 30, 217-219, 222s.

Religião, relação com a moralidade 30-32

Respeito
  conceito de 116-119, 125
  devido a todas as naturezas racionais 26s.
  objeto do 119

Rigorismo 191-195

Rousseau, Jean-Jacques 17, 90, 216

Schiller, Friedrich 106

Sentimento moral 234

Sócrates 127

Sintético
  método 76, 245, 247-249, 276
  seção da *Fundamentação* 74

Terceira antinomia 48

Vontade
  absolutamente boa 254-260
  boa 25, 79-88, 90-92, 94-97, 112-119, 129, 151, 198s., 254, 258

como razão prática pura 138-140
divina 32, 218, 258
  cf. tb. Vontade perfeita
humana 59s., 62, 71s., 148, 241, 259, 267, 273
imperfeita 242, 263, 273
infalível *vs.* falível 140-144
livre 119, 252-254, 274, 278-280
  cf. tb. Vontade pura
perfeita 141, 218, 236, 241s., 257-260, 286
  cf. tb. Vontade divina
pura 68, 71-73, 77s., 82, 139, 199-201, 251-254, 257-261, 263, 285-287
  cf. tb. Vontade, livre

Coleção Chaves de Leitura

Coordenador
Robinson dos Santos

- *Fundamentação da metafísica dos costumes – Uma chave de leitura*
Sally Sedgwick

- *Fenomenologia do espírito – Uma chave de leitura*
Ralf Ludwig

- *O príncipe – Uma chave de leitura*
Miguel Vatter

- *Assim falava Zaratustra – Uma chave de leitura*
Rüdiger Schmidt e Cord Spreckelsen

CULTURAL

Administração
Antropologia
Biografias
Comunicação
Dinâmicas e Jogos
Ecologia e Meio Ambiente
Educação e Pedagogia
Filosofia
História
Letras e Literatura
Obras de referência
Política
Psicologia
Saúde e Nutrição
Serviço Social e Trabalho
Sociologia

CATEQUÉTICO PASTORAL

Catequese
  Geral
  Crisma
  Primeira Eucaristia

Pastoral
  Geral
  Sacramental
  Familiar
  Social
  Ensino Religioso Escolar

TEOLÓGICO ESPIRITUAL

Biografias
Devocionários
Espiritualidade e Mística
Espiritualidade Mariana
Franciscanismo
Autoconhecimento
Liturgia
Obras de referência
Sagrada Escritura e Livros Apócrifos

Teologia
  Bíblica
  Histórica
  Prática
  Sistemática

REVISTAS

Concilium
Estudos Bíblicos
Grande Sinal
REB (Revista Eclesiástica Brasileira)
SEDOC (Serviço de Documentação)

VOZES NOBILIS

Uma linha editorial especial, com importantes autores, alto valor agregado e qualidade superior.

VOZES DE BOLSO

Obras clássicas de Ciências Humanas em formato de bolso.

PRODUTOS SAZONAIS

Folhinha do Sagrado Coração de Jesus
Calendário de mesa do Sagrado Coração de Jesus
Agenda do Sagrado Coração de Jesus
Almanaque Santo Antônio
Agendinha
Diário Vozes
Meditações para o dia a dia
Encontro diário com Deus
Guia Litúrgico

CADASTRE-SE
www.vozes.com.br

EDITORA VOZES LTDA.
Rua Frei Luís, 100 – Centro – Cep 25689-900 – Petrópolis, RJ
Tel.: (24) 2233-9000 – Fax: (24) 2231-4676 – E-mail: vendas@vozes.com.br

UNIDADES NO BRASIL: Belo Horizonte, MG – Brasília, DF – Campinas, SP – Cuiabá, MT
Curitiba, PR – Fortaleza, CE – Goiânia, GO – Juiz de Fora, MG
Manaus, AM – Petrópolis, RJ – Porto Alegre, RS – Recife, PE – Rio de Janeiro, RJ
Salvador, BA – São Paulo, SP